梁玉繩

梁玉繩研究

／

李淑燕 著

圖書在版編目(CIP)數據

梁玉繩研究 / 李淑燕著. —上海：上海古籍出版
社，2022.8
　ISBN 978-7-5732-0265-9

　Ⅰ.①梁…　Ⅱ.①李…　Ⅲ.①梁玉繩(1745-1819)
-人物研究　Ⅳ.①K825.81

　中國版本圖書館 CIP 數據核字(2022)第 094350 號

梁玉繩研究

李淑燕　著

上海古籍出版社出版發行

(上海市閔行區號景路 159 弄 1-5 號 A 座 5F　郵政編碼 201101)

(1) 網址：www.guji.com.cn

(2) E-mail：guji1@guji.com.cn

(3) 易文網網址：www.ewen.co

上海顓輝印刷廠有限公司印刷

開本 890×1240　1/32　印張 11　插頁 6　字數 246,000

2022 年 8 月第 1 版　2022 年 8 月第 1 次印刷

印數：1—1,100

ISBN 978-7-5732-0265-9

K·3142　定價：68.00 元

如有質量問題，請與承印公司聯繫

凡百三十篇

按撮目在篇目之後舊本如是　自序及司馬遷傳合　谷
本多誤刻總目于前而跳駮雜出有作帝紀年表有秦紀項
紀未嘗為帝世表月表不盡以年也有作秦以下十二者剛
是第十二卷第十卷也即作十二卷亦非蓋史記
無　卷數
東十卷凡　漢　得一篇為一卷補百
三十卷耶　百三十篇湖本作以上共一百三十篇俱悲

史記志疑卷一
　五帝本紀第一
　　　　　梁玉繩

黃帝者

按　孔子刪書斷於唐虞繫易起于包炎　史
公作史每祖述仲尼則本紀稱首不從尚書之助二帝即從
易辭解叙五帝庶先以黃帝顓嚳堯舜為五何耶
于是略其遺羲農者有之謂其缺少昊
者有之夫略三皇可也缺少昊不可也而道羲農不蓋先
儒舉三皇之名不一或以天皇地皇泰皇即人為三
農黃帝為三皇或以女媧或燧人或祝融或共工合羲為三
或以盤古至燧人統為三皇或以羲農黃帝為天皇地皇
人皇而宋羅沁路史復有初三皇中三皇凡斯眾說半歸証

上海圖書館藏《史記志疑》稿本（一）

父耶

自從窮蟬以至帝舜皆微為庶人

按自幕有虞國連傳至舜猶然諸侯耕漁陶販乃其初不得
於親之故苦伯奇重耳矣左傳稱自幕至瞽瞍無違命書之
師錫號為虞舜二女之降亦名嬪慶孟子迭象呼舜都君也紲
史㣲御言徹人細路何㣲庭多難厠身側陋與陳世家並誤耶
謂都為鄉字耶非都為鄉亦以其家庭多難厠身側陋不當四夫
謂匹夫而有天下者亦以其家庭多難厠身側陋不當四夫
況古之天子常不若後世之尊觀武丁祖甲可見也宋魏了
翁古今攷夗謂瞽瞍瞍失國承凱繼武不足据

兄弟孝慈

按此句與上下文義不相接貫疑是衍文□□辯義不收的

舜耕歷山歷山之人皆讓畔漁雷澤雷澤上人皆讓居陶河濱
河濱器皆不苦窳一年而所居成聚二年成邑三年成都

按耕稼陶漁乃舜㣲時事在竟妻舜前上文已載之矣讓
畔讓居以及成聚成都當并入上文何又重于蘆降後耶讓
畔讓居以成聚成都□□□□□□□□□□□□□疑
□□□□□□□□當移舜耕歷山至苦窳三十一字置
上文舜冀州之人也下而衍上文舜耕歷山漁雷澤陶河濱
十二字再移一年至成都十五字置上文就時于負夏之下
義始七蓋史文之復出錯簡者也

替使尚復欲殺之使舜上塗廩瞽瞍從下縱火焚廩舜乃以兩笠自扞而下
去得不死後瞽瞍又使舜穿井舜穿井為匿空旁出
舜既入深瞽瞍與象共下土實井舜從匿空出去象

序

　　李君淑燕《梁玉繩研究》將付梓，來函囑序。冗務纏身，遷延久之，唯時時縈懷，不能無感慨焉。我國文化之傳衍，實由家族而社會，而邦國，而天下。文王拘而演《周易》，周公居攝製禮作樂，此父子開啓我國經典製作見諸史册者。至於孔子、子思祖孫之儒學；司馬談、遷，班彪、固父子之史學；劉向、歆父子之校讎學；二戴叔侄之禮學；大小夏侯叔侄之《尚書》學；三曹、三蘇父子之文學，皆彪炳千秋。翰墨一道，莫盛於琅琊王氏，稱書法世家，千年而下堪與輝映者，則錢塘梁詩正、同書、敦書父子。竊謂梁氏一家之成績，有勝於王氏者，則在著述。梁詩正奉敕編《三希堂法帖》，名家薈萃，稱空前巨觀；梁同書著《頻羅庵遺集》《頻羅庵論書》《頻羅庵題跋》，多見稱引；梁敦書之子梁玉繩、履繩兄弟則爲乾嘉考據學名家。玉繩著《史記志疑》三十六卷，錢大昕認爲可與"三家注"並稱爲四家。又著《漢書人表考》九卷、《吕子校補》二卷、《瞥記》七卷、《元號略》四卷、《志銘廣例》二卷、《蜕稿》四卷等。履繩精研《左傳》，著《左通補釋》三十二卷，廣杜預注之未備。梁敦書之女德繩，感於陳端生彈詞《再生緣》至十七卷而卒，乃作《續再生緣》三卷以完之。又著《古春軒詩抄》二卷、《古春軒詞抄》一卷、《古春軒文抄》一卷。一門才藻，無慚魏晉風流；金聲玉振，有功周孔典範。其貢獻於我國文化學術者，何止於一人一族哉！

　　淑燕女史二〇〇二年來從學，讀碩士研究生，三年畢業，參加工作。二〇〇七年考取博士研究生，從學者又三年。課業之外，唯讀書爲事。又助余纂《清人著述總目》，孜孜不倦。耽於考據，每取梁玉繩《史記志疑》《漢書人表考》疏釋之，上溯太史公、班孟堅書，以探其源，每歎梁氏父子兒孫詩書名世，百代楷模，宜究其學問幽微，以爲治古學者勸。因取各書，條分而件繫之，更廣徵乾嘉以來學林著述，融會旁通，成《梁玉繩研究》，獲博士學位。既卒業，遂往河南中醫藥大學從事醫史文獻教學研究。神農《本草》，黄帝《内經》，固足與周孔同輝。古文奧句，大道一貫，正所謂弘通之學。淑燕於授課之暇，仍取梁氏書循覽不輟，取材益富，而分析益精，乃有問世之意。蓋去初成又十二春秋，信哉著述之不易！余知淑燕用功之勤與夫立説之慎，更知其採銅於山之心志，因書數語於簡端，以告世之君子。

二〇二二年三月十六日
滕人杜澤遜序於山東大學文學院

目　　録

緒　　論

　　清朝乾嘉時期，考據學成爲學術研究的主流，名家輩出。治經爲當時的大宗，戴震、段玉裁、王念孫、王引之等，引領時代學術風尚，在經學領域的研究方面取得了衆多卓絶成就。但經學研究並非獨領風騷，很多史學家的努力使得乾嘉學術中的史學研究也成爲一個重要的部分，從清初的黄宗羲、萬斯同等人開始，已在史學領域開闢了途徑，而乾嘉時期的錢大昕、王鳴盛、趙翼三人，以通史研究著稱，治史專著《廿二史考異》《十七史商榷》《廿二史劄記》被稱爲乾嘉史學的三大代表性作品。這種將多部史書進行綜合性研究的努力，有益於對不同史書的全面考查和整體比較，也具有前後連貫性和齊整性，顯示了作者通貫古今的學識才華與把握全局的著作能力。而無論是治經還是治史，乾嘉學術都明顯地體現出一個博通與專精並立的特點，學者們不僅有自己的治學專長，而且在其他學術領域也同樣得心應手。經學家戴震既對名物、典制有精核考證，又對古天算、古地理有深入研究，其弟子段玉裁、王念孫皆以精通小學和校勘學見長。同時他們又廣涉其他學術領域，如王念孫的《讀書雜誌》是關於校勘兼訓詁的讀書劄記彙編，包括對《逸周書》《戰國策》《史記》《漢書》《管子》《晏子春秋》《墨子》《荀子》《淮南子》《漢隸拾遺》等書的校釋,已超越經書的範圍,遍及史、子諸書,顯示了他博通的治學特點。而最能代表乾嘉學人博通特點的學者是錢大昕,江藩《國朝漢學師承記》稱:"先生不專治一經,而無經不通;不專攻一藝,而無藝不精。經史之外,如唐、宋、元、明詩文集、小說、筆記,自秦、漢及宋、元金石文字,皇朝典章制度,滿洲、蒙古氏族,皆研精究理,不習盡功。"①充分揭示了錢大昕治學淹博的特點。

　　然而,由於個人稟賦和學識積累等原因,治學的博通與專精並長,實非人人可行。因此,有的學者就依據自身特點選擇了專精的道路,梁玉繩就是其中之一。他首先是以史學文獻考據家的身份出現在乾嘉學術領域中,以史書作爲自己的研究對象,但又非如錢、王、趙的通史研究,而是將精力用在兩漢及之前的時代和著作上。他的史學考據主要體現在對《史記》《漢書》的研究方面,《史記志疑》和《人表考》是最重要的兩部代表作。《志疑》在《史記》研究領域中,以內容豐富、考證充分見長。對《史記》的研究,自裴駰《集解》、司馬貞《索隱》、張守節《正義》三家注之後,雖歷代有學者涉及,但從研究成果方面看,無論在豐富性和深刻性上,都與三家注相去甚遠。而梁玉繩的《史記志疑》,積近二十年之功,成書三十六卷,對《史記》作了極爲細緻深入的研究,堪與三家注比肩,不僅在清人《史記》研究方面獨樹一幟,而且在整個《史記》研究史上成就卓越,從而使他成爲乾嘉學術中的重要一員。這主要得益於他專精的選擇。對《漢書》的研究更加體現了這一選擇的正確性。出於一種畏難心理及認識上的偏差,歷代史書中設表者寥寥可數,同樣

――――――――――

① 江藩《漢學師承記》卷三,清光緒十五年刻《玲瓏山館叢書》本。

的原因，對史表的研究之作也甚少。《漢書》的《人表》，自古受到不少學者的譏評，本就聚訟紛紜，研究者更是不願涉足。清朝學人開始正確認識史表的意義和價值，梁玉繩的《人表考》既是撰著《史記志疑》的結晶，也順應了時代的學術潮流。《人表考》對《漢書人表》中的人物作了極爲詳細的考證，對《人表》在流傳過程中的舛譌作了糾正，力圖還原班固之表的原貌。在《漢書》研究史上，還没有人對《人表》做過如此精細的研究，因此《人表考》對《人表》研究具有開闢性。除了史學領域，梁玉繩在諸子學方面也頗有研究，《吕子校補》即是對《吕氏春秋》的考證之作，他曾參與畢沅組織的《吕氏春秋》校正工作，校正結束後，他重讀畢校本，又發現了關於《吕氏春秋》、高誘注文和畢沅校本的一些不足，因此作《吕子校補》以訂正和補充。另外，他的治學還涉及古代典制和金石學方面：《元號略》是對歷代年號的考證研究之作，收録的年號比較齊全豐富。《誌銘廣例》針對盧見曾彙編的《金石三例》而作，對元潘昂霄的《金石例》、明王行的《墓銘舉例》、清黄宗羲的《金石要例》多所指正，并自己歸納出諸多金石義例。《瞥記》是讀書劄記，這是當時頗爲盛行的一種著作方式，將日常治學所得一條一條地記録下來，從中可見作者廣博的涉獵和深入的思考。《瞥記》分經、史、子、集、雜五大部分，將無法在《史記志疑》《人表考》等獨立著作中表達出來的思想、觀點及對已成諸書的補遺，全都録入《瞥記》，内容十分豐富。《蜕稿》是詩文集，既是文學創作，也有考證的特點，尤其在雜文部分，多考辨之作。可以説，梁玉繩一生治學勤奮，筆耕不輟，著述豐富，是乾嘉文獻學的重要代表人物。

　　本書分爲六章，共三個大的方面。第一方面是關於梁玉繩的家世、生平和交遊。梁氏家族是乾隆朝高門大户，這主要得益於梁玉繩的祖父梁詩正。梁詩正是乾隆朝大學士，位高權重，名望遠播，由他帶來了整個家族的榮耀。詩正子同書，是梁玉繩的伯父兼嗣父，乃有名的書法家，德行操守爲時人稱賞。梁家還有不少的才子、才女。在這樣的家庭環境中，梁玉繩既受到家族成員政治成就的激勵，又在立身行事和治學等方面深受影響，對他個人成長道路的選擇至關重要。在交遊方面，由於長輩的交往及個人的好惡傾向，他所結交之人也多是名儒學者，杭世駿、陳兆倫、錢大昕、翟灝等人，既作爲長者給他以指導，也作爲益友與之切磋學問，而孫志祖、諸藹堂等人更是互相助益的知交好友，這些友人對他的治學影響深遠。第二方面是總結梁玉繩的學術特點和治學方法，在取證廣泛、考證嚴密、長久專於一事等方面，既具有乾嘉考據學的總體特色，又反映出他個人所獨有的特點。這些特色和方法都體現在他的各部著作中。第三方面是對他各部著作的詳細解析。《史記志疑》與《人表考》作爲他的代表作，各成一章，其他各部著作按照性質相類的原則，組合成章。最後對梁玉繩的學術地位作出基本定論：以專精見長，以先秦兩漢爲重點研究時段的一位優秀的史學文獻考據家。

　　梁玉繩在整個乾嘉學術領域中並非最有成就者，但在《史記》和《漢書·人表》方面的研究，他無疑處於領先地位。後人對他的研究成果多所提及和利用，在論及《史記》《漢書》《吕氏春秋》等書時，他的成就舉足輕重。作爲一個既具有乾嘉學術總體特色，又擁有自身獨特風格的學者，對其人其作進行研究，有助於我們對乾嘉學術和學者更全面的掌握和更深入的瞭解。

第一章　家世、交遊與經歷

梁玉繩，浙江錢塘人，字曜北，號諫庵，自號清白士，別號無心子。增貢生。生於清乾隆九年（1744），卒於嘉慶二十四年（1819），年七十六歲。

梁玉繩的家世顯貴，祖、父皆名宦，親戚中亦不乏著名學者，所交友朋多名儒大家。他所處的年代，正是清代學術異常繁榮的乾、嘉時期。因此，他的家世、交遊等因素，皆爲其治學打下了堅實的基礎。

第一節　名門世家

梁氏家族在南宋時由汴遷杭，遂世籍於此①，至清朝乾、嘉年間，因梁詩正、梁同書父子兩代而聲名鵲起，顯赫一時。詩正爲乾隆朝名臣，深受乾隆帝的賞識和重用，歷任户、工、刑、吏、兵五部尚書，累封協辦大學士、翰林院掌院學士、東閣大學士、太子太傅等

---

① 杭世駿《道古堂文集》卷四十一《大學士贈太保文莊梁公墓誌銘》，《續修四庫全書》據清乾隆四十一年刻光緒十四年汪曾唯增修本影印。

衔，位高名重，惠及家人，其曾祖、祖父、父親皆因之而得贈光禄大夫經筵講官太子少師協辦大學士吏部尚書，曾祖母、祖母、母親並贈一品夫人①。詩正長子同書雖居家不仕，但書法名滿天下，享譽内外，嘉慶十二年，又受賞翰林院侍講學士衔，重宴鹿鳴，轟動當時，爲鄉間閭里所稱羨。次子敦書恩蔭舉人，官至兵部右侍郎。梁氏高門貴族，備極恩寵，其影響至於數代而不衰。陳寅恪在《論再生緣》里説：“梁氏爲當時浙江最有名之家族。《儒林外史》所言之婁公子家，或即指梁氏。”②梁氏家族中除了詩正和同書，其他子弟也多是宿儒名家，文人雅士，在這樣的書香門第中，梁玉繩深受薰陶和影響。

一、祖父梁詩正

梁詩正，生於康熙三十六年（1697），卒於乾隆二十八年（1763），字養仲，號薌林。雍正四年（1726）舉人，八年進士，殿試探花，授編修，旋充《一統志》纂修官。累遷侍講學士。十三年，以母憂歸。清高宗即位，召南書房行走。乾隆三年，補侍讀學士。累遷户部侍郎。十年，擢户部尚書，十三年，調兵部尚書。十四年，加太子少師，兼刑部尚書、翰林院掌院學士、協辦大學士。十五年，調吏部尚書。十六年，從上南巡，父文濂年八十，予封典。十七年，疏乞終養。二十三年，父卒丁憂，召署工部尚書。二十四年，調署兵部尚書。二十五年，服闋真除，仍命協辦大學士，兼翰林院掌院學士。

---

① 杭世駿《道古堂文集》卷四十一《大學士贈太保文莊梁公墓誌銘》。
② 陳寅恪《寒柳堂集·論再生緣》，1980 年 6 月上海古籍出版社，第 71 頁。

二十八年，授東閣大學士，加太子太傅。尋卒，乾隆帝"命皇五子詣靈奠醊，晉贈太保，謚文莊。予入賢良祠，賜内府白金千兩治喪。……啟殯之日，復奉恩旨，所過沿途二十里内官弁並赴舟次吊奠，遣人護送。哀榮禮備，冠絶寮寀"①。詩正爲官剛直，曾多次上疏言事，建議對策，如論八旗當行邊屯，緑營當停募補等；又上書皇帝以節儉爲要，鋭意時艱，深謀遠慮。梁詩正的詩文書法皆獨步一時，幼即有異禀，五歲始能言，授以四五言詩，略上口，即能誦。長擅文學，常與兄啟心及友人遊覽唱和、詩文贈答。康熙六十一年三月，諸人結文社於西湖藕花居，梁啟心、杭世駿、梁詩正、陳兆倫等十八人相序以齒，裒其文曰《質韋集》②。二十七歲，從院長萬經讀書敷文書院。入官之後，他常隨乾隆帝出巡，重要文稿多出其手。由於官務繁冗，留下的個人集子不多，有一部隨筆《矢音集》五卷。其餘多爲應詔之作，如《唐宋詩醇》，該書雖題署爲乾隆帝"御選"，詩正也只是列名爲"校對"，但事實上，正如乾隆帝所言："去取評品，皆出於梁詩正等數儒臣之手。"③其他奉敕之作有《西清古鑒》附《錢録》《欽定叶韻彙輯》《西湖志纂》《三希堂法帖》《秘殿珠林》《石渠寶笈》等，又奉敕校《御製樂善堂全集》。還曾充任《文獻通考》館總裁。要之，梁詩正不僅是達官貴人，而且學問淵深，成就卓著。

　　梁玉繩是伴隨着梁詩正的升遷之路成長起來的，祖父的榮名漸盛和梁家地位的日益提高，給少年時期的梁玉繩留下了深刻的印象。雖然詩正長年在京城任職，玉繩與祖父並無很多相處的機會，他作品中也罕有詩正教導之語的記載，但梁詩正本身的政績和

---

① 杭世駿《道古堂文集》卷四一《大學士贈太保文莊梁公墓誌銘》。
② 見陳兆倫《紫竹山房集》前"年譜"，清嘉慶刻本。
③ 《御選唐宋詩醇序》，文淵閣《四庫全書》第一四四八册。

才學,已經足夠影響梁家的這個長子長孫了。關鍵的一點是,正由於有梁詩正,梁家才有顯赫的聲名,梁氏子弟才成爲高門貴胄。雖然梁詩正對玉繩並無多少直接的指導,但他所結交的朋友多大儒通人,這些人給了梁玉繩很多直接或間接的影響和指點。梁同書時時以詩正激勵後輩,曾作《先文莊公手鈔周禮檀弓公穀跋》,云:"此先文莊公未遇時手録也。……汝輩尚年壯,批閱之下,見其朱圍墨乙,無一筆苟便,當肅然起敬,甚勿作尋常兔園册子視也。"①而玉繩對身爲天子名臣的祖父也充滿了仰慕之情,他曾刻過梁詩正的幾種書法之作,並作詩記之,云:"公薨癸未生丁丑,海内比公陳堯叟。餘藝兼精三體書,遠近風行不脛走。三十年來誰比倫,至今名氏播人口。片縑尺素爭藏弄,錦贉裝池唯恐後。篋中存紙舊若干,豪奪巧偷十失九。我公書法凡數變,晚師顔趙初文柳。旁參諸家闖其室,興酣落筆篁星斗。骨氣端嚴更遒媚,字圓筆直工運肘。"②言語中充滿了對祖父的敬佩,表達了一種自豪之感。

二、伯父梁同書

梁同書,生於雍正元年(1723),卒於嘉慶二十年(1815),詩正長子,詩正兄啟心嗣子。字元穎,號山舟,又號不翁、新吾長翁③、

---

① 梁同書《頻羅庵遺集》卷十三,《續修四庫全書》據上海辭書出版社圖書館藏清嘉慶二十二年陸貞一刻本影印。

② 梁玉繩《蜕稿》卷一《刻文莊公遺蹟數種詩以紀之,用東坡石鼓歌韻》,清嘉慶五年刻《清白士集》本。

③ 張雲璈《簡松草堂文集》卷三《翰林學士梁公傳》云:"嘗得元貫酸齋書'山舟'二大字,遂以自號,並顔其齋,學者咸稱爲山舟先生。後自以'不生不滅不垢不净',因稱不翁,晚年又號新吾長翁。"《續修四庫全書》據上海圖書館藏清道光刻《三影閣叢書》本影印。

頻羅庵主①。乾隆十二年舉人，乾隆十七年特賜進士，改庶吉士，官至翰林院侍講。年四十，以父喪乞歸，後不復出。嘉慶十二年重宴鹿鳴，加侍講學士銜。無子，嗣玉繩爲後。同書雖爲高門貴胄，但生性淡薄，名不聞于朝廷，乾隆十七年，他參加會試未中，乾隆皇帝欲特賜進士，"傳旨詢公名，屬車無知者，最後太僕孫虛船先生聞之，始僭名入奏。公以貴公子而朝臣罕知其名，其平日恬静韜晦，不屑爲聲氣之求，於斯概見"②。他正當壯年，仕途暢達，却不慕榮名，激流勇退，爲人所賞。王昶在《春融堂集·與梁山舟侍講書》中説："執事承襲前光，早歷侍從，方駸駸向用，乃謝疾不出，較之右軍誓墓，實有過焉"，對同書之操評價甚高。梁同書無意仕途，却一心向學，詩文書畫皆工，尤以書法聞名天下，與翁方綱、劉墉、王文治齊名，並稱"清四大家"。許宗彦將其書與姚鼐的文相提並論："魏然江左兩靈光，姚筆梁書各擅場。"③王昶稱其"書法獨出冠時，上溯鐘王，下兼趙董"④，又説"人謂唐歐陽信本、明文衡山之比也"⑤。袁枚在《隨園詩話》中載："余過其家，見箋絹塞滿兩屋，余笑云：'君須有彭祖八百年之壽，才還清此債。'梁爲一笑，賦《自懺》云云。語似謙而實傲。"其書法既爲時人所賞，求者自是絡繹不絶，梁玉繩

<hr>

①　梁紹壬《兩般秋雨盦隨筆》卷三《頻羅庵主》云："釋氏呼木瓜曰'頻羅'，吾家堂前有一株，蓋前代樹也。山舟學士因自號頻羅庵主。"《續修四庫全書》據道光十七年汪氏振綺堂刻本影印。

②　張雲璈《簡松草堂文集》卷三《翰林學士梁公傳》。

③　許宗彦《鑑止水齋集》卷八《挽姚姬傳先生》，《續修四庫全書》據南京圖書館藏清嘉慶二十四年德清許氏家刻本影印。

④　王昶《春融堂集》卷四二《梁山舟八十壽序》，《續修四庫全書》據上海辭書出版社圖書館藏清嘉慶十二年塾南書社刻本影印。

⑤　王昶《湖海詩傳》卷十四《蒲褐山房詩話》，《續修四庫全書》據清嘉慶八年三泖漁莊刻本影印。

説："數十年來，士大夫家碑記誌銘咸欲藉家君之書以傳，踵門來請者無虛日。"①日本、朝鮮等國也有慕名而至者，許宗彥在《鑑止水齋集·挽梁山舟學士》一文中記載："日本國王子嘗介賈人求公書。琉球國人自太學歸，過杭，求一識公面。海外莫不重公，享名之盛，近古未有也。"但對於求書者，梁同書的態度却因人而異："四方寒俊之士有道而文者，希封暮景，踵門求見，無不倒屣迎之。及浙閩當事貴人軒車過訪，則報以一刺之外未嘗再往也。""東南碑版及琳宫梵宇有所題署悉求以君，君欣然捉筆，各得所求以去。而節鎮之索書者往往累歲不報。"②頗有魏晉名士之風。他認爲書法乃性情之所繫，常常告誡子孫要勤習書法："書之爲道，小道也。其妍醜不盡關乎學問，而性情之淺深因之。吾家自曾祖下皆善書，其性情深也。爾輩平日但疏淪其性靈，而復以書卷浸灌之，不患其不工。"③他所書碑文墓誌遍寰宇，又間作畫，善人物、花卉，宕逸有奇致。同時兼善詩文，高峻瀟灑。徐世昌《晚晴簃詩匯》載："山舟書名滿天下，亦工詩，喜集杜句，與儕偶酬唱，風華雋詹，神韻彌遠。……行年九十，不廢吟哦。"④他的詩雖佳，且吟詠不斷，但留存下來的却不多，究其原因，他自言道："吾已爲人役書，那堪更爲人役詩。"⑤不欲以詩名爲累。所作詩文後經玉繩搜集，得十之二三，編爲《頻羅庵遺集》十六卷，包括《直語補證》一卷，《筆史》一卷，《日貫齋圖説》一卷，《頻羅庵題跋》四卷，《頻羅庵文》四卷，《頻羅庵詩》三卷，

---

① 梁玉繩《蛻稿》卷四《贈陳雲杓序》。
② 王昶《春融堂集》卷四二《梁山舟八十壽序》。
③ 梁同書《頻羅庵遺集》卷一一《爲從孫祖恩寫論書册》。
④ 徐世昌《晚晴簃詩匯》卷八一，《續修四庫全書》據民國十八年退耕堂刻本影印。
⑤ 梁紹壬《兩般秋雨盦隨筆》卷八《頻羅庵詩》。

《集杜》二卷。又有楹聯著述《梁山舟楹帖》傳世。

　　如果説祖父梁詩正給玉繩的影響主要是一種對於家族榮耀的自豪感和身爲高官之孫的優越感，那麽，嗣父梁同書則更多給予了他一種實實在在的言傳身教。作爲梁敦書的長子、梁同書的嗣子，他受到居家的同書和歷官在外的敦書的雙重教誨和指導。同書既無意仕途，遂長年居家，而敦書則歷官在外，於是教育子侄之事自然就成爲同書的責任和義務。他對玉繩這個嗣子一直是愛護有加的，梁玉繩嘗作詩云："老親尚作嬰兒看，年例還分壓歲錢。"①又云："尚有老親呼小字，扶藜不敢過庭前。"②即使玉繩已是知天命之年，同書仍把他當作孩子看待，父子之間的親密之情可見。玉繩嗜酒，暢飲成性，嘗因此而遭同書訓斥，但他終不能改③，亦可見同書對玉繩的寵愛。梁氏家族多學者名士，玉繩身處其中，或多或少地受到影響和激勵，而最直接的教導，還是來自梁同書。對於梁同書來説，居家奉養既爲盡孝道，同時也與他天性韜晦、不喜張揚的性格有關。他既承擔起教育督促子侄的任務，而玉繩、履繩兄弟等也視其爲己父："公孝友性成，視猶子如所生，諸子亦奉命，毋敢怠。出告反面，同于嚴君。"④同書淡泊名利，生活簡樸，王昶《春融堂集·梁山舟八十壽序》稱："偶逢春秋佳日，青鞋布襪，一老僕隨之，往來於丘壑間，見者不知爲相門之貴胄、詞林之碩望也。"頗有隱士之風。他自己這樣行事，必然以此教育子侄輩。而梁氏兄弟也皆

①　梁玉繩《蛻稿》卷三《癸丑小寒後九日五十初度自述》。
②　梁玉繩《蛻稿》卷三《癸亥六十生朝口占》。
③　梁玉繩《蛻稿》卷三《題叟湘芷丈花隝讀書圖》稱："吾翁惡酣飲，作詩戒酒友。予性不能止，往往遭訶詬。"
④　張雲璈《簡松草堂文集》卷三《翰林學士梁公傳》。

能承繼家風,生活上既崇尚簡樸,日常中又以治學相激勵。光緒元年汪曾唯重刊《左通補釋》作識語云:"梁氏家法最嚴,故文莊父子功名赫然,而後人皆能砥礪讀書,不異寒畯。"①因此,雖然梁玉繩生長在一個聲名顯赫的富貴之家,却並没有一般紈綺子弟的那種驕奢之風、跋扈之氣。身爲長子、長兄,他一直都恪守謹嚴家風,"最怕朋儕呼貴胄"②,不以富貴高門自矜,而是閉門讀書、專心治學。在這方面,同書既以身教,也以言傳,他曾作詩告誡子孫:"青鬢紅顔歲不居,卅年兄弟戰秋餘。退飛已分平生了,進取唯愁若輩疏。便入驥群皆辱馬,不成龍去定凡魚。人情大抵論成敗,望眼何時更一舒。"③在這種謹嚴的家風和同書的言傳身教之下,玉繩自然勤於治學,不敢倦怠,終成就自己的一番學術事業。

三、父親梁敦書

梁敦書,生於雍正三年(1725),卒於乾隆五十一年(1786),詩正次子,同書弟。字幼循,號沖泉,晚號鐵幢。乾隆十五年恩賜舉人蔭生。十六年遷奉天府治中,奉旨留部,以員外郎用。十七年補刑部員外郎。二十年,授貴州同仁府知府。二十四年,調遵義。二十八年,奉滿,特命以户部郎中用。尋丁父憂,服闋,補户部郎中。三十三年,調吏部郎中。三十四年,授江蘇常州府知府。三十五年,遷湖南岳常澧道。三十八年,調邑鹽道。四十一年九月,遷福

---

① 梁履繩《左通補釋》,《續修四庫全書》據復旦大學圖書館藏請道光九年汪氏振綺堂刻光緒元年補修本影印。

② 梁玉繩《蜕稿》卷三《癸丑小寒後九日五十初度自述》。

③ 梁同書《頻羅庵遺集》卷二《八月九日憶猶子輩應試闈中》。

建按察使，十一月，調湖南。四十三年，調廣東。四十四年，擢湖北布政使。四十七年，授左副都御使。五十年七月，遷工部右侍郎，八月，署兵部右侍郎。未入官前，敦書常與兄同書一起參加文人間的交遊唱和、分韻作詩①。同書很早就退隱家居，敦書則常年在外任官，二人聚少離多，但感情深厚，既爲兄弟亦是友朋。早年一起賦詩飲酒，瀟灑風流。後敦書外任各地，同書每爲之送別，總免不了離愁牽掛②，《送沖泉弟出國門》稱："與君及壯未輕離，此日能無淚灑衣。揮手始知行役苦，回頭畢竟宦遊非。三年我亦匏同係，萬里誰憐雁獨飛。莫說歸期渺難定，尋常須不祝君歸。"其中包含了他對敦書的教導和關懷。敦書常年在外，所到有時是比較偏遠的邊地③，二人的生母早卒，同書身爲長兄，長兄如父，他對敦書就更多了一份愛護。敦書好石，以集石爲樂。守黔陽時，其轄思南郡鷺洲產文石，他嘗購得若干枚，各命以名，爲几席之玩。並作《文石歌》，一時和者甚衆。同書見之，恐其玩物喪志，特作和詩以規誡之。同書壽高，卒年已九十三歲，而敦書之逝遠早於同書，令同書痛心不已，作《葬沖泉弟告墓文》云："雁行中斷，荆樹半摧。境有幽明，情無暌隔。憶昔童年喪母，吾兩人如形影之相隨。壯歲登朝，吾兩人亦駏蛩之相負。自夫宦分京外，合少離多，迨後病滯鄉閒，我南爾北，方冀歸田有日，白首

---

① 《頻羅庵遺集》中，有不少詩從題目即可見敦書曾經參與的文人活動：《人日同耦堂、沖泉弟分韻得二蕭》《乙亥三月三日同謝東君金圃、施耦堂、陳寶所、沖泉弟城東修禊訪馮相國萬柳堂故址用少陵〈麗人行〉首句分韻得三字》《八月二十九日同金圃、耦堂、寶所、沖泉弟食蟹，各賦近體七律一首》。又《瞥記》卷六錄乾隆五十一年翁方綱爲梁敦書作祭文中稱："惟公伯仲出自相門，綠野堂蔭，紫藤花繁，一家詞筆，奕葉蟬聯。"

② 梁同書《頻羅庵遺集》卷一："沖泉弟改任黔陽，同人各賦秋柳五律贈行，余亦繼作。蓋古人兄弟之義等於友朋而又重惜其行役，其何能已於言"。

③ 張雲璈《簡松草堂詩集》卷三《常州太守梁沖泉表兄》云："回首天南真萬里，夜郎城外聽邊箛"。

同依。不圖先我云亡,黃腸空遞。悠悠逝水,寂寂荒祠。婦没早殯
於前楹,歲久未安乎。"兄弟情深,讀之令人泫然。

梁敦書一生的主要精力放在仕途上,雖然四處任官,没有太多
時間教育居家的子弟,但他經常會將兒女們帶到任所,增廣了他們
的見聞。玉繩八九歲時曾隨敦書入京,得識不少大德俊彦。乾隆二
十七年,又隨敦書入黔生活達八年之久,遍游當地,不畏險阻:"我昔
游黔陽,歷探山水窟。俯瞰蛟龍湫,仰攀神仙室。"①青年時期的這種
遊歷生活增長了見識,開闊了眼界,爲以後的治學作了有益的準備。

四、胞弟梁履繩

梁履繩,生於乾隆十三年(1748),卒於乾隆五十八年,敦書次
子,玉繩弟。字處素,號夬庵。乾隆五十三年舉人。性情恬淡平
和,"爲人和易,無疾言屬色,又誠謹重然諾,不輕爲人謀事,謀則必
要其成"②。爲盧文弨所賞識,履繩有作成,則持之以示盧。卒後,
盧文弨爲作小傳,對其才行大爲褒揚:"君生宦家,家門鼎盛……設
以常人處之,不爲裙屐風流,則爲裘馬清狂,以遊戲徵逐爲事,不復
知有文字之樂者,比比然矣。君獨蕭然若寒士,衣不求新,出則徒
步,不以所能病人,不以所不知愧人。博學而屢守之,故名不涉於
愛憎之口。""余友孔繼汾爲君之外舅,以君處族黨間,可以無愧色
矣。"又將玉繩和履繩相比:"其氣象曜北侃侃然,君則誾誾然,和易
近人,人尤樂親之。"對其早逝,盧氏甚爲痛惜:"使老,其材其成就烏

---

① 梁玉繩《蜕稿》卷二《自楓涇至石門》。
② 張雲璈《簡松草堂文集》卷二《梁孝廉小傳》。

能測其所至……在梁氏失一佳子弟，在宇内少一讀書人，則又不獨老人失一益友也。"①履繩早年喜作詩，有集《澹足軒遺詩》。又常與張雲璈、梁玉繩聯句吟唱，合刻爲《梅竹聯吟集》。張雲璈稱其"詩才清拔，年才終賈已句錘字煉，有老宿所不能道者"②。後棄詩文而專攻經史，通《説文》，下筆無俗字。尤于《左傳》用力至深，嘗鐫小印，文曰"臣有左傳癖"③。因感於前人注《左傳》者"大抵詳書法而略紀載"④，欲作《左通》一書，計畫從六個方面來考查："一曰廣傳，取諸子雜家之與傳相表裏者，以補左氏。一曰補釋，采諸書以廣杜注之未備。一曰考異，有石經考異，有群書考異。一曰駁正，搜采諸書及師友緒論駁杜氏偏執之處。一曰古音。一曰臆説，統名之曰《左通》。"⑤但因早卒而僅成《補釋》一門，其餘"考異已有定本，廣傳、駁正止存底稿，古音、臆説有録無書"⑥。不過僅是《補釋》三十二卷，已足見其治《左傳》之功，該書也成爲《左傳》研究的名作。錢大昕見其書，嘆爲絶旨。道光六年朱文翰作《左通補釋後案》稱："維時戚黨尊屬中，性情學術極相似者，曰三先生。先生著《左通》，同産兄曜北先生著《史記志疑》三十六卷，曲阜孔巽軒先生著《大戴禮記補注》十四卷，《公羊經傳通義》十二卷。大雅爲群極一時之盛。"可見時人的稱賞。該書由汪遠孫振綺堂刻於道光九年，光緒元年汪曾唯又予補修。

---

① 盧文弨《抱經堂文集》卷三十《梁孝廉處素小傳》，《續修四庫全書》據清乾隆六十年刻本影印。

② 張雲璈《簡松草堂文集》卷二《梁孝廉小傳》。

③ 吳慶坻《蕉廊脞録》卷三，《續修四庫全書》據民國十七年劉氏求恕齋刻《求恕齋叢書》本影印。

④ 梁履繩《左通補釋》自序。

⑤ 張雲璈《簡松草堂文集》卷二《梁孝廉小傳》。

⑥ 同上。

履繩與兄玉繩年齡相仿，雖性情有所差異，但手足情深，早年一起學詩，互相唱和。玉繩《蛻稿》中多寄弟、懷弟及與弟聯句之作①。《歷亭借前韻述懷見示再答》稱：“蟫蠹堆中老我身，連牀接席昔年因（爲亡弟處素）。那堪夢斷西堂後，吹笛還驚向秀鄰。”午夜夢回，念及前因，不勝悲涼之感。二人不僅在詩文上互相切磋，更多學術研究方面的交流探討。早年一同學詩，後皆潛心治學，專攻經史，玉繩在《祭仲弟文》中回憶：“經史席并，風雨牀連。及余徙舍，往來辰夜。互相咨訪，袪疑補罅。”②二人互相薑錯，有“元方季方”之目。經常一起從事學術活動，如共同參加畢沅刻《呂氏春秋》的考校工作，後玉繩撰《呂子校補》，履繩亦貢獻意見，書中有數十條校語，都來自履繩。又參與盧文弨《群書拾補》的審定工作，其中對《列女傳》一書，兄弟二人與孫志祖一起，詳爲校勘。乾隆五十六、五十七年間，二人又擬合作《廣釋親》一書，功未及半，履繩下世，玉繩意興衰索，此事遂廢。二人還一起校刊過趙一清的《水經注釋》。因取戴震之注校趙書，致戴震弟子段玉裁詰問③。梁氏集中未有回應之書信，未知段氏所言之是否④。玉繩在著書過程中，

---

①　如《秋夜寄處素》《借處素風篁嶺聽泉》《風栗和處素》《癸巳春分日雪用東坡癸丑春分後雪詩韻全處素作》諸詩。

②　梁玉繩《蛻稿》卷四。

③　段玉裁《經韻樓集》卷七《與梁曜北論戴趙二家水經注》云：“丙午、丁未間，盧召弓先生爲予言：‘梁氏曜北、處素昆仲校刊趙氏《水經注》，參取東原氏書爲之。’僕今追憶此言，意足下昆仲校刊時一切仍舊，獨經注互譌之處不從戴，則多不可通……足下昆仲之意則善矣，但足下亦不宜深没其文默默而已也。”

④　梁啟超《中國近三百年學術史·清代學者整理舊學之總成績》云：“張石舟、魏默深則謂趙書未刊以前，先收入《四庫全書》，今刊本與《四庫》本無二，明非梁氏勘戴改作，實爲戴在四庫館先睹預竊之明證。但據段茂堂説，戴未入四庫館以前，曾以所著示紀曉嵐、錢竹汀、姚姬傳及茂堂，皆録有副本。似此，則戴非勘趙又其明。”2006年8月團結出版社，第279—280頁。

也常常與履繩討論，在著作中，又大量引用履繩的觀點。雖然履繩早早過世，但他對玉繩治學的影響是非常深遠的，二人既是兄弟，也是良師益友。

履繩有子祖恩，生於乾隆三十五年(1770)，原名常，字眉子，號久竹。嘉慶三年舉人，官廣東始興知縣。《東軒吟社同人小傳》稱其"初宰江蘇宜興，以不屑抗塵奔走，遂棄官歸。喜游山，頗善濟勝之具，飢寒風雪皆所不顧。文讌流連，有終焉之志。家人故强之出，復官始興。"①可見其有伯祖之風。胡敬所撰《輓梁久竹》詩有句云："史家通例春秋學，聞尚遺編校未成。"②知其亦有學術著作。祖恩子紹壬(1792—?)，字應來，號晉作。道光元年(1821)舉人，官内閣中書。李堂《緣庵詩話》稱其"才思瑰麗，能傳祖庭法鉢"③。有《兩般秋雨盒隨筆》，汪適孫爲作序稱："紹矢音之遺芬(文莊公集名《矢音》)，演瞥記之餘緒(諫庵先生有《瞥記》)"。爲同輩子孫中之佼佼者。

五、胞妹梁德繩

梁德繩，生於乾隆三十六年(1771)，卒於道光二十七年(1847)，敦書次女，字楚生，晚號古春老人。性情温良，賢淑敦厚。自幼隨父宦游。工詩詞書畫，尤善篆刻。又性耽吟詠，才名頗著。適德清許宗彦，夫唱婦隨，互相應答④。宗彦不問家事，德繩一力

① 潘衍桐輯《兩浙輶軒續録》卷十九，《續修四庫全書》據清光緒十七年浙江書局刻本影印。
② 汪遠孫《清尊集》卷十六，道光十九年振綺堂刻本。
③ 錢仲聯主編《清詩紀事(乾隆朝卷)》，1989年7月江蘇古籍出版社，第6666頁。
④ 周慶雲《歷代兩浙詞人小傳·梁德繩傳》稱："伉儷唱和，如秦嘉之于徐淑。"民國十一年周氏夢坡室刻本。

主之，使宗彥得以專心學問，優遊林泉二十載。宗彥早卒，遺集皆德繩手定。又以一人之力持家教子，頗爲不易。宗彥生前常遊歷在外，德繩難免離別思念之苦，發而爲詩，集中多離愁別緒、命蹇哀嘆。所著有《古春軒詩鈔》《古春軒詞》《詠春軒詩草》《冷廬雜識》等。最爲世人樂道的是她續寫了著名彈詞女作家陳端生的《再生緣》①。陳端生作《再生緣》至十七卷而卒，德繩爲續後十二回，以大團圓結局，且爲之刊行，一時文壇傳爲佳話。許宗彥與阮元爲兒女親家，許子延馼取阮元之女，許女延錦適阮元之子阮福。德繩卒後阮元爲作《梁恭人傳》。

　　德繩夫許宗彥，生於乾隆三十三年(1768)，卒於嘉慶二十三年(1818)，初名慶宗，後改今名。字積卿，一字周生，德清人，寓杭州。乾隆五十一年舉人，嘉慶四年進士，授兵部車駕司主事，故人稱“許駕部”。性情淡泊，生活節儉。居官兩月，便辭歸故里，閉門讀書著述長達二十年。通經史，善屬文，著有《鑑止水齋集》二十卷。又精天文曆算。藏書豐富，凡見異書，不惜重金，所藏素爲世重。常與段玉裁、孫星衍、王昶、阮元等人往來切磋。他爲梁家之婿，與同書關係尤爲密切，對同書極爲欽仰，同書也很賞識他。嘉慶十二年，同書重宴鹿鳴，宗彥爲作長律七十韻，稱：“天與神仙骨，人尊宰相家。科名前輩重，甲子一周賒。”又《秋懷》第十首稱：“白頭書聖還無恙，細數名流與品評。”他與同書都是淡泊之人，天性豁達，故能

---

　　① 陳文述《西泠閨詠》稱“夫婦爲足成之”。按《古典戲曲叢考·再生緣續作者許宗彥梁德繩夫婦年譜》辯：“此書後十二回自叙之詞，顯爲婦女口吻。而自第七十二回又爲德繩之語，乃作于宗彥下世以後至道光十四年之前。此顯然與宗彥無涉也。意者續作草創之初宗彥或參與其事，或曾潤飾一二，然執筆與否固非重要也。陳文述記述簡略，遂以爲十二回全爲許梁夫婦合撰。不知續作之執筆者爲德繩，亦不知自第七十二回以下乃撰于宗彥去世以後也。”

莫逆于心。同書逝前，宗彥前去探望，二人相視微笑①。同書卒，宗彥爲作輓詩："湖山秋氣黯然悲，九十三翁謝世時。争説百年寧不待，自傳千載定無疑。先朝侍從晨星大，過海聲名戴斗知。如此人亡天下惜，傾河一慟豈吾私。"②又應玉繩之請作《學士梁公家傳》，後又作《祭學士梁公文》。宗彥是玉繩妹夫，二人也經常有學術上的交流切磋。玉繩作《吕子校補》時，嘗至其家，就"古不聞釁旗"一事相與討論，後宗彥專門寫信詳爲闡述。又校勘玉繩《蜕稿》，並爲之作跋，並指出《史記志疑》中的不確之處，玉繩都虚心接受，録入《瞥記》中，並時常在書中引用宗彥的觀點。

六、表叔張雲璈

張雲璈，生於乾隆十二年（1747），卒於道光九年（1829），梁詩正胞妹之子。字仲雅，一字簡松，晚號復丁老人。乾隆三十五年舉人。選湖南安輻知縣，調湘潭。居官有政聲，治潭五載，人呼之"張佛子"、"張青天"。但其一生頗爲坎坷，自父喪後，家道漸落。因岳父稽璜數爲考官或稽璜子承謙分校，張雲璈依例當回避，因此往往不能參與會試。雲璈雄才博學，卒後汪遠孫爲作輓詩稱"從此湖山失主盟，先生騎鶴返瑶京。十年宦績留遺愛，一代文章負盛名。"③其詩憑衿發詠，無寒苦穠纖之習。著述頗豐，有《簡松草堂詩集》《文集》《蠟味小稿》《三影閣箏語》《選學膠言》《選藻》《四寸學》《垂

---

①　梁紹壬《兩般秋雨盦隨筆》卷三《病詩輓聯》載宗彥歿前三日自撰輓聯云"月白風清其有意，斗量車載已無名"，紹壬稱其"是能了然於去來者矣"。

②　許宗彥《鑑止水齋集》卷八《輓梁山舟學士》。

③　汪遠孫《清尊集》卷七。

緌録》等。

　　張雲璈雖比梁玉繩、履繩兄弟高一輩，但因年齡相仿，自幼即
與二人友好。他每回杭祭祖，皆住在城西竹竿巷梁家。後遷至錢
塘，住城北梅東皋橋，與梁家相距僅三里。時梁氏兄弟正耽於作
詩，三人遂一起登高吟詠，往來唱酬。張雲璈憶當時情景曰："詩筒
往復，殆無虛日，小僮疲於奔命。見則抵掌造膝，語刺刺不能休。
或時狂笑翻箸，旁人張目不曉何謂。三人者意益得。"①可見他與
梁氏昆仲的瀟灑豪邁之情，惺惺相惜之意。他們將所作之詩合爲
一編，以所居命名爲《梅竹聯吟》。張雲璈與梁氏兄弟情義甚篤，他
嘗作詩曰："城西只有同心侶，還共年年拂劍塵。"②對二人的才學
也倍加讚揚："此間二梁頗精鋭，健筆共樹靈姑鈝。"③尤與履繩相
善，履繩卒，雲璈爲作《哭梁夬庵一百二十韻》，回顧了與履繩相交
的點滴。後又爲履繩的《澹足軒遺詩》作序，其中有言："梁君其有
知耶，其無知耶？ 九京不作，吾誰與歸？"悵然落寞之感，溢於言表。
他與玉繩亦多切磋合作。玉繩詩稿成，請其爲序，云璈爲作長歌
曰："梁生玉立七尺長，詩意瀟灑開老蒼。偶然縱筆出奇氣，硬語十
萬撐空腸。狂搜險覓竟成癖，短詠長歌動朝夕。軒昂盡向紙上來，
峭絶天邊老風格。有如躒躑不受調，寒沙大野瘦骨驕。又如秦州
舊戰士，拔劍氣與秋雲高。看君意氣多骯髒，落墨錚錚無細響。二
十四則詩品中，不貴纖穠貴豪放。幼年曾居夜郎天，黔山黔水路八
千。蠻城沙磧皆異料，佳句往往弓衣傳。歸來八載鄉園住，窗雨簷

---

① 張雲璈《簡松草堂文集》卷五《梁孝廉〈澹足軒遺詩〉序》。
② 張雲璈《簡松草堂詩集》卷四《秋盡氣悲，索居如蟄，適當炊斷之際，嘅然賦詩二
　章，兼呈梁氏昆季》。
③ 張雲璈《簡松草堂詩集》卷五《題高蕲至表弟詩草兼與論詩》。

風幾回度。漸教衆口有詩名,只怪青衫尚如故。……君今年少何婉孌,生來不作尋常燕。奕葉黃金甲第高,行人指點皆生羨。……君才自昔多磊落,開卷令我神氣索。由來詩里有功名,送君直上麟麟閣。"①既可見他們當年的意氣風發,又對玉繩之人之作高度褒揚。他的詩集里也有很多與玉繩的相和、唱酬、聯句之作,如《早春遣意二首和梁諫庵》《和梁諫庵春日讀書》《二月二日偕梁諫庵、汪省吾湖上閒行,用少陵〈江上獨步尋花〉七首韻》《謝諫庵惠蘭》《小樂府二首和諫庵》《春半偕孫春江梁諫庵孫誦芬陳懷祖汪亢宗湖上》《舟過蓉湖同應書雅梁諫庵坐篷背玩月小飲作歌》《歸舟偕諫庵游惠山秦園》《呂耡堂姨丈人招同曹荔帷梁曜北方嘉穗包蘊抒兄軒伯湖上納涼遇雨,用東坡〈夜泛西湖〉五絕韻同荔帷作,即呈耡堂先生》《次韻梁諫庵無題四首兼以慰之》《老馬和梁諫庵》《梁諫庵分住塔巷,予於故鄉無一椽之地,睹之增感,賦此奉贈》《次韻梁諫庵秋日雜感四首》《雞毛帚聯句用韓孟鬥雞韻》諸作。除了在詩歌方面的密切往來,張雲璈與玉繩也有學術上的交流,玉繩在自己的著作中提到張雲璈時,有時稱其字"仲雅",有時則直呼其名,如《人表考》"邿悼公:張雲璈曰:'悼公爲莊公之父,不應列莊公後,此必隱公益也。'"可見二人關係之親密。

七、世代聯姻的錢塘汪氏

錢塘汪氏,指藏書世家汪憲及後人。汪憲,生於康熙六十年(1721),卒於乾隆三十六年(1771),字千陂,號魚亭。乾隆十年進

---

① 《蛻稿》張云璈跋。

士,官刑部主事,遷員外郎。性好蓄書,所藏多善本,築振綺堂以存之。汪憲博雅好古,尤長於經,與朱文藻、嚴可均、鮑廷博等人相友善,日夕討論經史疑義,又悉發所藏秘笈,相與校讎。著有《振綺堂稿》《易説存悔》《説文繫傳考異》等。汪憲長子汪汝瑮,以捐仕,官大理寺寺丞。乾隆時修《四庫全書》,汪汝瑮獻書二百一九種,得賜《佩文韻府》一部。次子汪璐,是汪憲之後振綺堂藏書的主要繼承者,輯《藏書題識》五卷傳世。汪璐子汪誠,乾隆五十九年舉人,性嗜藏書,撰《振綺堂書目》五卷,著録圖書三千三百餘種六萬五千餘卷。汪誠子汪遠孫、汪適孫、汪邁孫,皆爲振綺堂藏書作出了貢獻。汪遠孫,生於乾隆五十四年,卒於道光十五年(1835)①,字久也,號小米,又號借閒漫士。嘉慶二十一年舉人,官内閣中書。致力經史,於《國語》用力尤深,嘗著《國語三君注輯存》《國語發正》《國語明道本考異》,又有《漢書地理志校本》《遼史紀年表》《借閒生詩》《借閒隨筆》等。汪適孫、汪邁孫編有《振綺堂簡明書目》,著録宋元刊本、抄校稿本及普通本二千七百餘種。咸豐年間,太平天國戰亂,振綺堂藏書散佚殆盡。振綺堂藏書傳了數代,當時當地的藏書樓,如趙氏小山堂、吳氏瓶花齋皆散佚,未有如振綺堂保存之好的,這與汪家四世皆愛好藏書、一力維持的努力是分不開的。汪邁孫子汪曾本,汪曾本子汪康年,爲中國近代資産階級改良派,報刊出版家、政論家。中日甲午戰爭失敗後,汪康年支持康有爲的變法主張。一八九六年初參加强學會,又與黄遵憲、梁啓超等創辦《時務報》,任經理,並著文提出“參用民權”主張。在報紙的經營管理和

---

① 《補疑年録》作生於乾隆五十九年,卒於宣宗道光十六年,年四十三歲。此從《清史列傳》。

業務改革方面做過一些探索，在當時的新聞界有較大影響。他也喜歡讀書、抄書、藏書，晚年曾刻有《振綺堂叢書初集》十種。

　　錢塘汪氏是當地的名門，而梁氏亦是顯貴，因此兩家接連三代聯姻，皆梁家女適于汪家子。第一代，梁敦書長女瑤繩適汪憲季子汪瑜。汪瑜，生年不詳，卒於嘉慶十四年（1809），字季懷，自號天潛山人。有子汪初、汪潭，女汪筠、汪端，皆飽學之士。汪初，生於乾隆四十二年（1777），卒於嘉慶十四年，字問樵，號絳人。官四川候補布政司庫大使。喜愛搜集名跡詩箋，藏弆極富，著有《清畫家詩史》。善作山水小品，清拔爽麗。尤工填詞，有《滄江虹月詞》。汪端尤有才名。汪端，生於乾隆五十八年，卒於道光十八年（1838），字允莊，號小韞。七歲能詩，嘗與嫂湯香綠及姊汪筠著有《春夜聯吟集》[1]。梁瑤繩早卒，汪瑜不再娶，延人教其讀書。嘉慶十四年兄汪初卒，未幾父逝，汪端遂被姑母梁德繩接至家中。她冰雪聰明，頗得許宗彥、梁德繩夫婦的喜愛。許宗彥贊其"弄筆牽衣玉不如，阿端生小愛讀書。一家韻事添閨閣，可是前身宋若虛"[2]。嘉慶十五年適陳文述之子陳裴之，裴之幼承家學，聲名早著，其才爲梁同書、許宗彥等所激賞。因此汪端之歸裴之，一時有金童玉女之譽，擬於祁彪佳與商景蘭。汪端編有《明三十家詩選》，爲世人稱道，以爲遠勝於朱彝尊《明詩綜》、沈德潛《明詩別裁》。又有《自然好學齋詩鈔》四卷，張雲璈爲作序稱："天之生一才人也不易，生一閨閣之才更不易，閨閣有才而又得全家之多才以張其才則猶不易……其夫婦娣姒姊妹間皆出風入雅，小韞爭奇角勝，於紗帷鏡檻

①　許宗彥《鑑止水齋集》卷四《汪甥問樵（初）招飲小塘口占七首》之第七首。
②　同上。

之際,雄視一時。諸人或爲之退舍。君舅雲伯大令(陳文述)胸羅武庫,視當世鮮輕許者,獨於其子婦,以爲一家巨擘……余讀其《明三十家詩選》,所論磅礴千古,眼光如月,嗚呼,直今之曹大家耳。"①對汪端推崇備至。第二代,梁履繩女適汪誠,生子汪遠孫等六人,女一人。第三代,梁玉繩子梁耆女梁端適汪遠孫。梁端,生於乾隆五十五年,生於道光五年,字無非。幼聰穎,爲玉繩所喜。有《列女傳校注》,卒後遠孫爲刻行。汪、梁兩家的三代聯姻,密切了關係,加深了交流,對其家族成員的治學,無疑有深遠影響。

八、其他宗親

梁氏家族中,除了上述幾位高官碩儒、學者才女外,其他親屬也多一力治學、勤於著述者:

詩正父文濂,生於康熙十一年(1672),卒於乾隆二十三年(1758),字次周、溪父,號蓮峰。歲貢生,選授諸暨縣學訓導,不就。"喜吟詠,老而彌篤。春秋佳日,輒與耆老名德、閒僧曠士往來西湖之上。"②有《桐乳齋詩集》。文濂兄文瀚,字海觀,號二鄉先生。卒年七十六。有《二鄉先生詩》,玉繩曾爲作跋。文濂弟文泓,字秋潭,號龍泓,又號深父。諸生。天性孤介,寡於交遊,雖家貧但布衣蔬食,泊然自甘。以兄爲師,終生執弟子禮。工書法,日以臨撫法帖、背誦經書爲課,抄許慎《説文》數遍,爲補注若干卷③。

---

① 張雲璈《簡松草堂文集》卷五《女士汪小韞〈自然好學齋詩〉序》。
② 徐世昌《晚晴簃詩匯》卷七五。
③ 鄭澐修,邵晉涵纂《[乾隆]杭州府志》卷九四《文苑》,乾隆四十四年修四十九年刻。

　　文濂長子啟心，生於康熙三十四年(1695)，卒於乾隆二十三年(1758)，初名詩南，字守存，號蔎林。乾隆四年進士，改庶吉士，授編修。啟心侍父至孝，入翰林後不久即乞歸養。文濂與友人詩會，啟心輒相從，爲觀者所嘆。文濂歿，啟心哀勞逾節，疾發而亡①。無子，嗣弟詩正長子同書爲後。喜作詩，嘗與陳兆倫、厲鶚、吳焯、丁敬、金農諸人組織詩社②。《杭州府志》稱其詩文“意境澄夐郁遠，不染纖埃，而又如越人之醫，能隨俗爲變”③。有《南香草堂詩集》。文濂三子夢善，生於乾隆四年，卒於乾隆四十四年，文濂妾許氏所生。字兼士，號午樓。體弱多病，禮闈困頓，乾隆十八年中舉後，六上春官皆不第。又仕途不暢，二十年出宰直隸蠡縣，卒於官。其人高雅曠淡，風神簡遠。嘗寓王昶蒲褐山房，作《木雁圖》以自況，王昶稱“覺魏晉風流去今未遠”④。袁枚《隨園詩話》稱其“娟潔靜好，《孟子》所謂‘無獻子之家者’也。”⑤好學思深，所交皆老名宿，如丁敬、厲鶚、金農、杭世駿、袁枚等。作詩輒“冥思殫慮，必造古人幽微單渺之境而後止，故知其詩品之高，必不如世人之好爲泛濫也。”⑥著有《木雁齋詩鈔》。生有二子早殤，僅存一女，生於乾隆三十一年，卒於嘉慶十三年(1808)，有才名，嘗輯《音韻纂組》若干卷，搜羅頗富，論者比于錢諷、陰時夫書。詩亦婉約可誦⑦。梁啟

---

①　徐世昌《晚晴簃詩匯》卷七五。
②　梁紹壬《兩般秋雨盦隨筆》卷六《問宅詩》注。
③　《［乾隆］杭州府志》卷九四《文苑》。
④　王昶《湖海詩傳》卷十五《蒲褐山房詩話》。
⑤　袁枚《隨園詩話》，《袁枚全集》本，王英志主編，1993 年 9 月江蘇古籍出版社，第 325 頁。
⑥　阮元《兩浙輶軒録》卷二十七引程晉芳《木雁齋詩序》，清嘉慶六年刻本。
⑦　梁同書《頻羅庵遺集》卷九《從妹汪安人傳》。

心、詩正皆文濂正室淩氏所出，淩氏又育有三女，一適呂伊，字稼莘，號耜堂，諸生，卒年九十三。一適包榕，廣西遷江令。一適張映辰，即雲璈父。字星指，號藻川，雍正十一年（1733）進士，改庶吉士，授編修，累官兵部侍郎，降左副都御使。有《露香書屋集》。

玉繩三弟寶繩，約生於乾隆二十四年（1759），字匠誨，號接山。生於父敦書之任所遵義，自幼隨敦書外任，輾轉各處①。敦書卒後不久即舉孝廉，歷官各地。嘉慶九年，出令廣東博羅縣，“不數年告歸，又守粵西，復歸，歸而復出……歷慶元、梧州、桂林諸郡……最後守太平”②。寶繩爲官正直，治理有方。博羅俗號難治，寶繩到任首繩其頑梗不法者，境内肅然，期年俗爲之變”③。一生如其父歷官在外，以仕途爲務，不以學術文章名。嘗從梁同書教導，長於鑒古，凡圖書彝鼎，下及花瓷文竹，無不經辨而力購之④。玉繩著作中也嘗提及寶繩之見，如《人表考》“晉趙文子：叔弟寶繩曰：‘前已書趙武，故《繹史》以此爲重出，然非也。《表》不列文子之子，則文當作景。’”“諸稽郢：案弟寶繩曰：‘《韓詩外傳》八句踐使廉稽獻民于荆王，《説苑・奉使》作諸發，疑即諸稽郢。’”對玉繩之作亦多有助益。

玉繩妻孫氏乃孫宗溥之女，孫宗溥，生年不詳，卒於乾隆三十三年（1768），字守愚，自號牧堂。乾隆二年進士。梁同書《頻羅庵遺集》稱：“先文莊公未第時，公嘗從問字，遂師事終身。”因此，他與梁家的關係非同一般。其弟孫宗濂藏書甚富。乾隆間修《四庫全書》，宗濂

①　張雲璈《簡松草堂文集》卷七《榕陰聽鶴圖記》：“隨少司空自黔而京師，復自京而江南而南楚而東粵而楚北而又京師，數十年中，水陸數萬餘里。”
②　張雲璈《簡松草堂文集》卷七《榕陰聽鶴圖記》。
③　同上。
④　同上。

子仰曾獻書頗衆。孫仰曾，字虛白，號景高。玉繩《蛻稿》有《冬菊賦謝孫景高》一首，可見二人亦有詩文往來。

玉繩之子亦皆好學之士：長子學昌，字蛾子，晚號道子，諸生，好道裝，講求服食之法①，有《焦屛覆瓿集》。次子耆，字萊子，乾隆六十年(1795)舉人，武昌縣教諭。玉繩《人表考》中有數處引用了梁耆的意見，如"少典(炎帝妃，生黄帝)：案次子耆曰：'以少典爲炎帝之妃，以黄帝爲炎帝之子，孟堅不應舛誤如此，疑原《表》大字少典、有蟜並列，而于有蟜注云少典妃，生炎帝、黄帝，傳寫譌脱耳。'""離朱：案次子耆請曰：'離朱之名甚著，班氏不應鹵莽若此。《表》有墨翟而無楊朱，疑離爲楊字之譌，等次時代皆相近也。'"在四子中，梁耆對玉繩著作所提供的意見最多。三子衆，生於乾隆三十四年，卒於乾隆五十四年，字成子，因病早卒。四子田，字力子，順天府經歷。兄弟四人自爲師友，"朝經暮史，樂以忘榮"②。玉繩《史記志疑》及《人表考》等付梓之後，續有增加，不能刊改，則隨筆記於刻本上方，後學昌輯録於《庭立記聞》中。《庭立記聞》四卷，學昌四人各輯一卷。嘉慶十七年陸準爲《庭立記聞》作跋稱："吾吳惠氏代傳經學，名重儒林，著述布海内。梁氏足可頡頏也。"將梁家比于惠氏家族，推崇備至。玉繩有妾倪氏，適玉繩三年而卒，生一女阿冰，早殤。又一妾陳氏，張雲璈《簡松草堂文集》有爲梁春墶詩所作序，稱春墶爲玉繩子，或爲陳氏妾所出，未確。雲璈稱："諫庵詩氣豪而節短，春墶獨清便宛轉，出入香山、劍南之間，雖秉庭訓，未嘗相襲，洵乎其所趨承在神而不在貌也。"可知梁春墶亦善作詩。

① 張雲璈《簡松草堂詩集》卷一二《題梁蛾子空山獨往圖》。
② 《庭立記聞》諸藹堂序。

九、錢塘梁氏家族世系表

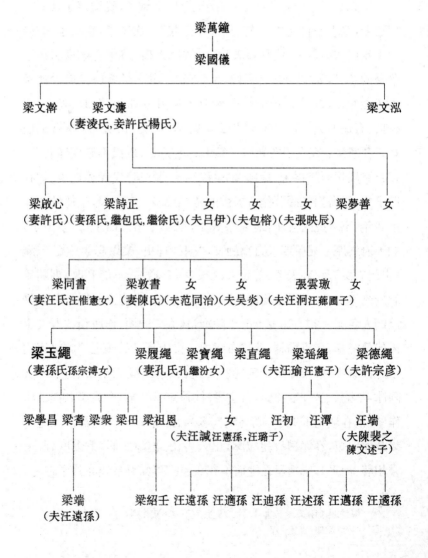

十、家族對梁玉繩的影響

家族環境對個人的成長至關重要，從父母到周圍親戚，都會對一個人産生或多或少的影響，從而使他的人生觀、價值觀以及傾向好惡等方面具有家族的特點。很多學者都是在繼承祖、父之業的同時又取得自己的成就，因此形成了家族文化。清朝的惠周惕、惠士奇、惠棟祖孫，王念孫、王引之父子等，就是此類。在藏書領域，這種現象更爲常見，振綺堂汪氏家族就是一個典型。因此，對於生長在"世德相承，家聲克紹"①環境中的梁玉繩來說，深受家族傳統特點的影響是必然的，尤其是在他求功名、吟詩文和做學問三個方面。

1. 政治影響

身爲乾隆朝大學士梁詩正的嫡長孫，梁玉繩從小就確立了自己的政治抱負，以祖、父爲榜樣，以求取功名爲目標，以延續家族榮名爲旨歸。所以，年輕的時候，他一心以科舉功名爲念，可以說，這既是受封建社會正統風氣的影響，同時也是對家族的一種責任感。然而，事與願違，他的科舉之路很不順暢，先後九次參加鄉試，却總以失敗告終。而好友張雲璈的科舉偃蹇更增添了他對仕進之路的失望和厭倦，他在爲張雲璈詩集所作序中感歎張的遭遇："兩見擯於有司，一以引嫌不得試，視余之囊卷橐筆，與儕輩低頭就席舍試，試輒報罷，蹉跎而不得寸進者，竟無以異。"②既有對張雲璈科舉不

---

① 盧文弨《抱經堂文集》卷二一《與梁曜北玉繩書甲辰》。
② 梁玉繩《蛻稿》卷四《張仲雅丈詩集序》。

幸的慨歎與同情，也有對自己屢試不第的反思和無奈。隨着年齡的增長，他對這種追求功名而不可得的生活逐漸感到厭倦，最後年未四十，終棄舉業。除了一個增貢生的頭銜之外，他没有任何的功名。希望通過科舉考試實現政治抱負的理想，最終未能實現，於是埋頭潛心鑽研學術。

2. 文學影響

梁氏家族文學成就卓著，其成員大都能够吟詩作對，並多有自己的詩集：梁文濂有《桐乳齋詩集》，文濂兄文瀚有《二鄉先生詩》，弟文泓有《秋潭集》。至梁詩正一輩，詩文創作才能更著。年輕時的詩正與兄啟心一道，同友人組織詩社，唱酬往來，詩社成員之作編爲《質韋集》，啟心自己又有《南香草堂詩集》。詩正弟夢善之《木雁齋詩鈔》，深受時人讚賞。至梁同書，不僅作詩，更以書法名滿天下，影響達到至極。玉繩父敦書嘗與同書一起參加友人的詩會，唱和吟詠，亦有詩作。玉繩弟履繩既是其詩文創作切磋的對象，自己也有集《澹足軒遺詩》，妹德繩是著名的才女，有《古春軒詩鈔》等。在這樣一種濃厚的文學創作氛圍中，梁玉繩自然也不甘落後。他從小就學習作詩，後隨父任於貴州期間，開始大量創作詩文。而回到錢塘家中，與表叔張雲璈、弟履繩互相唱和，交流切磋，更開啟了他詩文創作的新階段。後雖轉向學術研究，但他並没有完全放棄詩文，只不過作詩變成了一種閒暇時的寄託而已。他一生中創作了大量的詩文，尤其是詩，經揀選後得《蜕稿》四卷。

3. 學術影響

雖然作爲封建社會中的讀書人，從梁文濂開始的梁氏家族成員對傳統學問亦有所涉獵，但他們大都還是以作詩聞名，在學術研究方面的成就並不顯著。至梁詩正一輩，方有專門致力于學術之人，梁詩正學力深厚，雖然其成果大都應詔之作，但他的學術成就不容忽視。梁同書雖以書法知名，但其學術成果亦為人稱道。梁夢善之女作有《音韻纂組》，成就卓著。而玉繩的詩友張雲璈在學術方面亦頗有建樹，尤其是對《文選》的研究，成就卓然。這些長輩的學術活動，對梁玉繩放棄科舉、從詩文轉向專心學術，有很大影響。而在他的學術研究過程中，又伴隨着同輩人的相互切磋與幫助，其弟履繩既對《左傳》深有研究，同時也是他學術討論的對象。妹夫許宗彥的《鑑止水齋集》，集中體現了他的學術成果，他對梁玉繩的研究也助益甚多。另外，玉繩三弟寶繩及其子侄等也都為他的撰著提供了幫助。而作為梁氏家族直系子孫中第一個以學術研究為主業的人，梁玉繩無疑又為這個家族的文化事業開闢了一個新領域，增添了一份新榮耀。

第二節　師 友 交 遊

陳壽祺在爲《蜕稿》所作跋語中概括了梁玉繩的交遊："往來耆舊天下雄，杭陳錢盧暨孫翟。"孫志祖在《清白士集序》中説得更加具體："一時如杭堇浦、陳句山、盧文弨、錢辛楣，皆雋老名宿，過從題拂，相與幾忘輩行。"①可見玉繩與諸學者關係的莫逆。這些人大都是玉繩的父輩之交，對其多有指導。而所結交的同輩人，雖不如父執輩聲名遠播，却也都是一心向學的讀書人。玉繩在爲張雲璈詩集所作序中説："余素寡交遊，知己往來不過三五人。篤實亢爽如孫蘭圃，沈静蕭穆如景李門，卓犖豪邁如翁誦芬，秀嬴醇讓如湯吉甫，而於仲雅先生過從尤密。"②可見他交遊的同輩人亦皆有識之士。

一、錢維城

錢維城，生於康熙五十九年（1720），卒於乾隆三十七年（1772），字宗磐，一字幼安，號茶山，晚號稼軒。江蘇武進人。乾隆三年舉人，十年一甲一名進士，授修撰，後遷翰林院侍讀學士，入直南書房，乾隆十八年爲刑部右侍郎。卒贈尚書，謚文敏。錢維城詩、文、書、畫皆工，詩作有《茶山集》。畫尤其著名，供奉内廷，爲畫

① 《清白士集》，清嘉慶五年刻本。
② 梁玉繩《蜕稿》卷四《張仲雅丈詩集序》。

苑冠首。曾先後兩次隨乾隆帝南巡並奉命將沿途名勝景物悉心描繪。他的作品歷來被收藏家們所珍視。《秘殿珠林》《石渠寶笈》收錄錢維城書畫作品一百六十件，數量至多，可見乾隆皇帝和清廷對其作品的肯定和賞識程度。

　　錢維城曾於乾隆二十七年任浙江學政。諸藹堂在《庭立記聞序》中稱自己與玉繩"同受知于前學使錢文敏公"，可知與錢維城與玉繩有師徒之誼。

　　二、杭世駿

　　杭世駿，生於康熙三十五年（1696），卒於乾隆三十八年（1773），字大宗，號菫浦，別號智光居士、秦亭老民、春水老人、阿駿，室名道古堂。仁和人。雍正二年（1724）舉人，乾隆元年舉鴻博，授編修。官至御史。時方苞任侍郎，與杭世駿語，世駿引經史大義，滔滔不絕，方苞甚爲折服。世駿爲人灑脱，秉性剛强，好放言高論，不拘小節。乾隆八年，上書《時務策》，以漢員身份再提滿漢官員待遇不一的問題，觸怒乾隆帝，欲治其死罪，後經人求情，改爲革職回鄉①。歸家後，偕耆舊好友組織南平詩社，晚年主講廣東粤秀和江蘇揚州兩書院。杭世駿學識淵博，一生勤於學術，尤精於史學和小學，著述甚豐，有《續禮記集説》《石經考異》《史記考證》《漢書蒙識》《後漢書蒙識》《三國志補注》《晉書補傳贊》《經史質疑》《諸史然疑》《道古堂文集》《道古堂詩集》《榕城詩話》《詞科掌録》等。

---

① 　許宗彦《鑑止水齋集》卷十七《杭太史别傳》。

　　杭世駿與梁啓心、梁詩正爲同鄉好友，年輕時曾一起組織詩社，分韻唱酬。後又與詩正同朝爲官，因此，他與梁家相契久矣。梁玉繩在《過道古堂有懷杭董浦太史》一詩中稱“締交兩世雲霞契”①，正説的杭世駿與梁家的交誼。梁玉繩年輕時，正值杭世駿罷官家居，對玉繩多有指導。玉繩曾從杭世駿一起作詩②。杭世駿曾對玉繩言《宋史》蕪冗疏略，希望玉繩能加以删增，別作一書。而玉繩“自揆譾薄，謝不敢爲。遂從事《史記》，作《志疑》三十六卷”③。雖未如杭世駿所託，但可見出杭世駿對梁玉繩的重視，並且他與梁玉繩選擇從事《史記》研究有着密切的關係。玉繩對杭世駿的氣節和治學皆極爲尊崇，曾作詩云：“鴻名早歲騁詞場，抗疏歸來鬢未蒼。經術共推匡少傅，碑銘定屬蔡中郎。”④他在自己的著作中經常引用杭世駿的觀點，如《誌銘廣例》“書先世無例”一條中説：“閻氏《潛邱札記》云：‘凡叙人家世，皆自曾祖以下，無及高祖者，間及高祖，亦必其人其事足書，非空空僅及其名諱而已。’董浦先生嘗譏其不知例，以爲漢唐以來或歷舉世次，或錯舉遠祖，或書始祖始遷祖，或從高祖起，或從曾祖起，或止書祖父，或止書父，或先世概不書，只述本身，無一定也。”又在“題書妻合葬”一條中，提到杭世駿爲梁文濂夫婦所撰墓誌銘，梁詩正以題書暨配合葬爲疑，杭世駿遂引古人先例爲之解，並説：“爲金石之例者，必沾沾執一例以相繩，不亦僨乎！”杭世駿的這種靈活變通的思想，玉繩深爲嘆

———————————

①　梁玉繩《蜕稿》卷二。
②　梁玉繩《蜕稿》卷二《過道古堂有懷杭董浦太史》云：“己丑之夏，予侍先生與陳丈句山、吴丈顗亭及徐紀南宴集南華堂，分韻賦詩。”
③　梁玉繩《瞥記》卷四。
④　梁玉繩《蜕稿》卷二《過道古堂有懷杭董浦太史》。

服,他在治學中也形成了通脱不拘泥的特點。

三、陳兆倫

陳兆倫,生於康熙四十年(1701),卒於乾隆三十六年(1771),字星齋,號句山,錢塘人。雍正八年(1730)進士,以知縣分發福建,閩浙總督郝玉麟重之,延主鼇峰講席,兼領通志局事。十三年,授内閣中書兼撰文,充軍機章京。乾隆元年召試博學鴻詞,授翰林院檢討,充日講起居注官,擢侍讀學士,遷太僕寺卿,授順天府尹,調太常寺卿,左轉太僕寺少卿,晉通政使司副使,仍陞太僕寺卿,前後歷官四十餘年。兆倫意致蕭散,有山澤閒儀,精"六書"之學,尤長經義,于《易》《書》《禮》均有論述,不專主一家。其詩、書俱佳,嘗自謂:"我書第一,文章次之。"梁同書言"本朝不以書名而書必傳者,陳文簡元龍及太僕也"①,對其書法極爲推崇。陳兆倫是方苞的得意門生,詩文醇古澹泊,清遠簡放,京師士大夫奉爲文章宗匠。有《紫竹山房文集》二十卷《詩集》十二卷。

陳兆倫與杭世駿一樣,既是梁詩正的同鄉,又是同僚。因此,梁玉繩説,梁家和陳家有通家之誼②。玉繩八九歲時隨父進京,曾拜訪過陳兆倫。他對陳兆倫給予自己的指導感佩於心,對陳的學術成就非常推崇,曾作《送陳句山太僕還朝》二首,其二有云:"匆匆半載侍清塵,賤子常叨講畫頻。耆宿即今推沈約,獎題曾説似汪

---

① 陳康祺《郎潛紀聞二筆》卷十四,清光緒六年刻本。
② 梁玉繩《蛻稿》卷一《送陳句山太僕還朝》:"誼屬通門大父行。"又陳兆倫《紫竹山房詩文集》首附"年譜"末有"年家子梁同書填諱"。

筠。載車猶記兒童日,感舊因憐落拓人。"①可見梁玉繩對陳兆倫的感激和敬佩。陳兆倫對玉繩在治學方面的一些教導,在玉繩的一些著作中可見,如《誌銘廣例》"誌不可冗"一條云:"太僕陳先生兆倫嘗謂余曰:'冗固不可,若事有足書,雖長何害。兩《漢》列傳有一人二分兩卷者,不得以爲冗。'"兆倫卒,玉繩爲作挽詩二首②,其一云:"元季登州又濟陽,太君垂暮返江鄉。那堪判袂人三處,忽訝騎箕淚萬行。老去貽家惟卷軸,生前報國但文章。憤風驚浪長安路,鴻雁聲哀欲斷腸。"其二云:"昨年得侍細論文,風浴常參童冠群。有約許陪真率會,此行詎料死生分。心虛似谷名高斗,官冷於冰氣吐雲。曾荷齒牙多獎借,感深知己九原聞。"既描繪出陳兆倫的高潔品行、卓著才華,又反映出他對梁玉繩的指導和影響。

四、翟灝

翟灝,生於康熙五十一年(1712),卒於乾隆五十三年(1788),字大川,後改字晴江。仁和人。乾隆十八年舉人,十九年進士。官衢州、金華府學教授。他博覽群書,聞見淵博,凡可資學者無不觀。梁同書撰《翟晴江先生傳》,稱其"生平無他嗜好,一意於書。自經史外,苟可資多識者,靡不覽"③。周天度在爲翟灝著《通俗編》所作序中稱:"余友晴江翟氏、山舟梁氏,咸博學而精心。山舟在南中嘗出所著《直語類録》示余,余歎以爲善。比來都門,復見晴江手輯

---

① 梁玉繩《蛻稿》卷一《送陳句山太僕還朝》。
② 梁玉繩《蛻稿》卷二《輓陳太僕》。
③ 梁同書《頻羅庵遺集》卷九。

《通俗編》,則勾輯證釋,視山舟詳數倍焉。二君種業樹文,兼綜細大,故未易伯仲。然山舟鍵户端居,讀書之外,罕與人事接,其所録在約舉義例,而不求其多。晴江則往來南北十許年,五方風土,靡所不涉。"①可知翟灝所涉之廣。因讀書用力太甚,以致近視,梁同書云:"目短視,離牘才寸。客至前,不知也。"②著述豐碩,除《通俗編》外,還有《四書考異》《爾雅補郭》《湖山便覽》《無不宜齋詩稿》《家語發覆》《周書考證》《山海經道常》《説文稱經證》《漢書藝文補志》《太學石鼓補考》《艮山雜誌》《龍井記略》《南澗理安寺志》《資福院志》《三衢可談録》《玉屑篋》《涉獵隨筆》《平皋小隱詩話》《桂隱百課箋》《歷朝著題律選》《無不宜齋詩文全稿》等。

　　翟灝與梁同書是同輩人,而與梁玉繩交情甚好。二人常常互有襄助,彼此探討:翟灝作《四書考異》,玉繩幫他校對,二人一起核準《孟子》的字數,得三萬五千三百七十一字。翟灝作《説文稱經證》,玉繩附校十餘條。玉繩《蜕稿》甫成,即請翟灝閲讀指正,翟灝爲作跋文一篇。兩人皆念念難忘乾隆四十年冬,翟灝因校刊杭世駿的《道古堂集》,住在南香草堂,與玉繩把酒言歡,談古論今,并一同考證王肅《孔子家語》之僞,得出了若干有價值的結論。此事在翟灝爲《蜕稿》所撰跋和梁玉繩爲《家語疏證》所撰跋中皆有記載。玉繩在憶完此事後歎道:"歲月易邁,宰木生風,惜不能起晴江於九京一見之也。"追念往昔,爲失此益友而感慨悵然。玉繩在自己的著作中也常常引用翟灝的觀點,《人表考》中最多,如"邘叔:仁和翟教授曰"、"鄭唐:翟教授曰",另外,對辛甲、造父、孝成子、顔亡

①　翟灝《通俗編》,《續修四庫全書》據清乾隆十六年翟氏無不宜齋刻本影印。

②　梁同書《頻羅庵遺集》卷九《翟晴江先生傳》。

父、顏陽倫、顏夷、周景、魯公子般等人進行考證時，也都引用了翟灝的説法，對其説甚爲信服。

　　五、盧文弨

　　盧文弨，生於康熙五十六年（1717），卒於乾隆六十年（1795），字召弓，號磯漁，又號抱經，浙江仁和（一作餘姚）人。乾隆十七年一甲三名進士。官侍讀學士，充湖南學政，後乞養歸。主講江浙書院二十餘年。好校書，曾校刊《抱經堂叢書》十五種。又合經史子集三十八種，摘字而注之，名曰《群書拾補》。又著有《抱經堂集》《儀禮注疏詳校》《鍾山劄記》《龍城劄記》《廣雅釋天以下注》等。

　　盧文弨爲玉繩長輩，對玉繩、履繩兄弟皆極爲賞識。《抱經堂文集》“目録”後有徐鯤識語，稱：“先生餘稿尚夥，其續刻十餘卷，當誰諉梁君曜北定之，梁君亦誼不容辭也。”可見梁玉繩與盧文弨之間的交情。玉繩參加了盧文弨《群書拾補》的審定工作，又曾與孫志祖、梁履繩據明張溥翻宋本校過劉向《列女傳》，本欲刻入《群書拾補》，後因盧文弨及梁履繩相繼去世而未果。玉繩作《人表考》，對其中某些人物，盧文弨提供了自己的意見，玉繩皆録入書中，如“少連：盧學士曰：‘二連并稱，何以一上中一上下？豈以少連見稱逸民爲更優歟？’”“羊魚：盧學士曰：‘此即《左傳》成十七年夷羊五也。’”《人表考》成，他又呈給盧文弨，對其中某些未詳的人物，盧文弨特意寫信告知己所知者①。

　　——————————

　　①　盧文弨《抱經堂文集》卷二一《與梁曜北玉繩書甲辰》云：“向見示《漢書人表考》内有未詳所出者二十三人，今就所知者言之：逢于何⋯⋯司馬篤⋯⋯晉陽罕⋯⋯燕子千。”

六、錢大昕

錢大昕，生於雍正六年(1728)，卒於嘉慶九年(1804)，字曉徵，一字及之，號辛楣、竹汀居士。江蘇嘉定(今屬上海市)人。青少年時代已有詩名，就讀於蘇州紫陽書院，與王鳴盛、王昶、曹仁虎等同學，號稱“江左七子”。乾隆十六年，清帝第一次南巡，錢大昕迎駕獻賦，特賜舉人，任內閣中書。乾隆十九年進士。曾任山東、浙江、湖南、河南鄉試考官，又任廣東學政。在京期間與王鳴盛、王昶、紀昀、朱筠、戴震、趙翼、盧文弨、翁方綱等交遊往來。乾隆四十年以後，辭官歸家，專心著述，未再出仕，而是到處講學，先後擔任南京鍾山書院、松江婁東書院、蘇州紫陽書院院長。後學門生遍天下，名人輩出，如邵晉涵、李文藻、孫星衍、朱駿聲、張燕昌等。晚年自題其像贊曰：“官登四品，不爲不達。歲開七秩，不爲不年。插架圖笈，不爲不富。研思經史，不爲不勤。因病得間，因拙得安。亦仕亦隱，天之幸民。”既反映了他生逢盛世的悠閒曠達之情懷，同時也可見出他一生學術的豐富和業績。錢大昕學識淵博，造詣精深，通經研史，無所不成。江藩《國朝漢學師承記》稱：“先生不專治一經，而無經不通；不專攻一藝，而無藝不精。經史之外，如唐、宋、元、明詩文集、小說、筆記，自秦、漢及宋、元金石文字，皇朝典章制度，滿洲、蒙古氏族，皆研精究理，不習盡功。古人云‘經目而諷於口，過耳而闇於心’，先生有焉。戴編修震嘗謂人曰：‘當代學者，吾以曉徵爲第二人’。蓋東原毅然以第一人自居。然東原之學，以肆經爲宗，不讀漢以後書。若先生學究天人，博綜群籍，自開國以來，蔚然一代宗儒也。以漢儒擬之，在高密之下，即賈逵、服虔亦瞠乎後矣，況不及賈、服者哉！”①對錢大昕作出了極高的評價。錢大昕著作甚多，首推治史專著《廿二史考異》，又有《十駕齋養新録》《潛研堂文集》等。

錢大昕比梁同書小五歲，卒後梁同書爲作挽聯曰：“名在千秋服鄭説經劉杜史，神歸一夕仙人骨相宰官身。”②對錢推崇甚高。梁玉繩的祖、父雖亦是學者，但一爲高官、一爲書法家，對乾嘉主流學問並無專門研究。而錢大昕作爲乾嘉史學的代表人物，對梁玉繩治學影響深遠。玉繩對他非常敬佩，在給弟履繩的信中説：“近又獲侍錢竹汀詹事，凡有撰述，皆録本就正，誨益良多。竹汀洽熟經傳，博物廣識，後進造門，虛己若不及，請業者無不冰釋其疑已去。吾謂今之竹汀，猶古之康成也。”③並建議履繩返家時去嘉定拜訪錢大昕，以《左通》先成之册就教於錢。錢氏常與玉繩討論學術，玉繩亦將自己所得有資錢氏之研究的資料及時告知，《庭立記聞》有云：“碑中稱君不稱夫人，婦人稱君亦創見。曾向錢竹汀先生言之，載入《金石文跋尾續》。”即是明證。玉繩在撰寫《史記志疑》過程中，多次向錢大昕請教。錢大昕皆一一與之探討，其《潛研堂集》中有三篇《與梁曜北論史記書》，即是對於玉繩作《志疑》時所論問題的磋商。如玉繩認爲《史記·秦楚之際月表》的“秦楚”二字不當，因爲漢以正統之朝承周秦而來，楚非正統，不能與秦相接，應稱“秦漢”才是。錢大昕則認爲司馬遷著書，微言大義，在稱謂的選擇上具有深意。他尊漢抑秦，不以秦爲正統，而以漢直接上承周朝。秦、楚不過亡國之餘，其地位是一樣的，所以稱“秦楚”而不稱“秦

---

① 江藩《漢學師承記》卷三。

② 梁紹壬《兩般秋雨盦隨筆》卷二《頻羅庵輓壽聯》。

③ 梁玉繩《蛻稿》卷四《寄弟處素書》。

漢",體現了司馬遷對無道暴秦的厭惡和批判。又如,玉繩認爲《史記·天官書》錯誤頗多,於是以《晉志》爲參照加以糾正。錢大昕分析説司馬遷《天官書》得之于甘、石之傳,而今所見之《甘石星經》是後人據《晉志》加以僞造的。《晉志》星名後來增加,司馬遷當然看不到,因此以《晉志》糾《史記》是不合適的。這些意見,玉繩在《志疑》中都加以採用了。他的詩文集《蜕稿》中也存有與錢大昕論學的文章《答錢詹事論漢侯國封户書》,就《史記》中的問題進行商討。這些討論,對《志疑》的完成無疑是極有裨益的。《志疑》書成,錢大昕又爲之審定並作序,稱梁氏爲"龍門功臣",而《史記志疑》可"襲《集解》《索隱》《正義》而四之者",對玉繩給以高度評價。

梁玉繩既廣泛利用錢大昕的各種著作如《廿二史考異》《金石文跋尾》等書中的材料,在考證中又大量引用錢大昕的言論,尤以《人表考》爲最。在《人表考》中,梁玉繩引用了諸多友人的論説,其中最多的是錢大昕的觀點,尤其在討論《人表》的排序方面,錢大昕對《人表》在流傳中造成的譌謬作了不少解釋,對還原《人表》原貌多所貢獻。這種態度與梁氏的觀點是一致的,或者梁氏的觀點正是受了錢大昕態度的影響,因此在《人表考》中才大量引用錢大昕的説法來駁斥前人對班固的譏嘲,爲班固申冤,也爲自己的觀點尋找支撐。如《人表》中無柳下惠,梁氏引錢大昕説:"《表》不見柳下,必是刊本脱漏。孟堅最尊信《論語》廿篇中所載人物,略無遺缺,豈有獨遺柳下之理?《表》中漏落甚多,固不敢以意增補。若柳下則可信其必在第二等,以微、箕三仁例之,可弗疑也。"通過錢大昕對《人表》舛漏原因的解釋,進一步證明了班固原文的無誤。另外在對漁父、肥義、虢中、虢叔、子貢、商子、羊舌、王孫賈、吳行人儀、上官大夫、齊桓公小白、子産、楚熊錫、魯公孫隱等人物所作的考證中,都引用了錢大昕的説法。而引用的這些説法,除明確指出來自錢氏《漢書考異》《後漢書考異》之外,錢氏的其他言論皆可在其《三史拾遺》中找到印證,但《三史拾遺》中的文句與梁氏《人表考》中所引皆不完全一致,可知梁氏所引錢氏之語乃當時討論的記録,而非直接從錢氏書中引用而來。在眾多的長輩友朋中,錢大昕對梁玉繩的影響最大,玉繩治學遵循謹嚴的乾嘉之風,與他一直秉承錢大昕的治學風格是分不開的。

七、畢沅

畢沅,生於雍正八年(1730),卒於嘉慶二年(1797),字秋帆,自號靈岩山人,江蘇鎮洋人。乾隆十八年舉人,授内閣中書。後入職軍機處,任軍機章京。乾隆二十五年進士,殿試時讀卷大臣列其名爲第四,乾隆帝對其論甚爲賞識,擢爲一甲一名,授翰林院修撰。三十年,升翰林院侍讀學士。三十一年,遷太子左庶子,實授甘肅鞏秦階道員,後調安肅道道員。三十五年,擢陝西按察使。三十六年,擢陝西布政使。三十八年,擢陝西巡撫,四十一年,因救災有功,賞戴花翎,四十四年,母喪丁憂。四十五年,署理陝西巡撫。四十七年,因對一些州縣謊報災情冒領賑濟之事未如實奏報,奪一品頂戴,降爲三品。四十八年,復爲一品頂戴。守喪期滿,實授陝西巡撫。五十年,調爲河南巡撫。五十一年,擢湖廣總督。嘉慶二年卒,詔贈太子太保,嘉慶帝以畢沅在總督任内失誤較多而未議謚號。嘉慶四年,乾隆帝崩,嘉慶帝親政,賜死和珅,曾經依附過和珅的官員都受到懲處。畢沅因在和珅四十歲生日時作詩十首相贈,而在去世兩年後遭到處罰,褫奪世職,籍没家産。雖然畢沅在從政之路上未得善終，但在學術領域却獲得豐碩的成果。他一生勤於治學，著述等身，又禮賢下士，廣攬人才，主持編寫了若干重要的作品：大部頭的著作有《續資治通鑒》二百二十卷、《史籍考》三百卷，其他還有《傳經表》《經典文字辨正》《老子道德經考異》《夏小正考注》《晉書地理志新補正》《三輔黄圖》《關中勝跡圖志》《中州金石記》《西安府志》《湖廣通志》等，又組織校注《墨子》《山海經》《吕氏春秋》等。又善於吟詩作賦，有《靈岩山人詩集》。畢沅生前，在仕途、學術兩方面皆有很高的成就，可謂一時之冠。

畢沅組織編寫了多部書籍，梁玉繩也曾參與其中。乾隆五十二年，畢沅組織校刻《吕氏春秋》，玉繩列名審正參訂，對《吕氏春秋》的内容作了不少的校勘考證工作。參與校訂《吕氏春秋》不僅是梁玉繩學術生涯中的重要一步，而且這項工作還爲他提供了一個進一步考證《吕氏春秋》的契機：在參加完畢沅的組織校刻工作之後，他重讀一過，又有一些新發現，遂撰成《吕子校補》一書，對《吕氏春秋》、高誘注文和畢校的内容都有糾誤闡發。除了參加學術考證工作外，梁玉繩還曾參與畢沅組織的文人雅聚：十二月十九日爲蘇軾生辰，畢沅以其曾任鳳翔道通判，自乾隆十三年起，每年都會招賓客賦詩以祀之，玉繩亦曾與會，並作詩獻呈。

八、孫志祖

孫志祖，生於乾隆二年(1737)，卒於嘉慶六年(1801)，字詒穀，也作頤穀，號約齋。仁和人。乾隆二十一年舉人，三十一年進士。歷任刑部主事、刑部郎中、江南道監察御史，旋即乞養歸。志祖"性

孝友，雅近和平，生而穎悟過人”①，“讀書五行俱下，一時有奇童之
目”②，“清修自好，讀經史必釋其疑而後已”③。全祖望、杭世駿、厲
鶚等人皆器異之，與往來質難。晚年從阮元之聘，掌教紫陽書院。
勤於著述，尤精於《文選》學。著有《文選考異》《文選李注補正》《文
選理學權輿補》，又有《讀書脞錄》《家語疏證》等。

　　孫志祖在爲梁玉繩《清白士集》所撰序中説：“尊甫山舟侍講爲
余姨表兄，而君又爲余從妹婿，以故與梁氏尤密。”④可知他與梁家
有親誼。他往來於玉繩、履繩兄弟之間，互相解疑答惑。玉繩每有
著述，必先與志祖商討一番，方以示人。玉繩曾與翟灝論《家語》，
做過一些考辨，後見孫志祖《家語疏證》“討本尋原，剗譌辨謬，發昔
人所未覆，凡向所搜出，皆眉列無遺”⑤，遂廢己作，並爲《家語疏
證》作跋。孫志祖還與梁氏兄弟一起參加了盧文弨《群書拾補》的
編訂工作，曾校勘過《列女傳》，本欲輯入《群書拾補》中，後因盧文
弨、梁履繩下世而未果。玉繩遂將已成之作删改一番，命名爲《列
女傳補勘》，置於讀書劄記《瞥記》中。玉繩在著作中經常引用孫志
祖的觀點作爲立論依據。如《人表考》：“羊舌：仁和孫侍御志祖
曰：‘嬰、杵白之間，豈容復儳羊舌其人，此衍文無疑。’”“閭丘光：
孫侍御曰：‘光乃先字之譌。漢人稱先生每單稱先，如《史·匈奴
傳》儒先，本書《梅福傳》叔孫先是也。’”又如《吕子校補》中，《吕氏

　　① 阮元《孫頤谷侍御史傳》，見《清代碑傳全集》，1987 年 11 月上海古籍出版社影
印本，第 300 頁。
　　② 孫星衍《江南道監察御史孫君志祖傳》，見《清代碑傳全集》，1987 年 11 月上海
古籍出版社影印本，第 300 頁。
　　③ 趙爾巽等撰《清史稿》卷四百八十一，1976 年 7 月中華書局，第 13204 頁。
　　④ 《清白士集》，清嘉慶五年刻本。
　　⑤ 孫志祖《家語疏證》，《續修四庫全書》據天津圖書館藏清嘉慶刻本影印。

春秋》"而不肎以兵加"，高注"不肎以善用兵見知於天下也"，梁案：
"孫頤穀云：'加'字，《列子》《淮南》並作'知'。據此注亦當作
'知'。"以孫志祖之説作爲立論依據。

九、洪亮吉

洪亮吉，生於乾隆十一年（1746），卒於嘉慶十四年（1809），字
君直，一字稚存，號北江，晚號更生居士。陽湖（今屬江蘇常州）人。
自幼喪父，刻苦讀書，與同里黃景仁、孫星衍友善，並得袁枚、蔣士
銓的賞識。乾隆五十五年進士，授翰林院編修，充國史館編纂官。
後任貴州學政。嘉慶元年回京供職，以越職言事獲罪，充軍伊犁。
五年赦還，從此家居撰述。洪亮吉以博學多才聞名於世，他在經
學、小學、史學、文學、地理學、方志學等方面都有很深的造詣和傑
出的成就。他還是著名的詩人、書法家、人口論學者。所作有《毛
詩天文考》《六書轉注録》《比雅》《漢魏音》《春秋左傳詁》《十六國疆
域志》《補三國疆域志》《東晉疆域志》《乾隆府廳州縣圖志》《歷朝史
案》《卷施閣詩文集》《附鮚軒詩集》《更生齋詩文集》《北江詩話》《曉
讀書齋雜録》等。

梁玉繩《蜕稿》中有一首詩《買舟將歸簡毛海客、洪稚存》，云：
"不敢輕題黃鶴樓，飄然仍向舊江頭。歸心絶似投林鳥，詩思寧全
下水舟。寥落任從訶霸尉，激昂且喜識荆州。因風寄語苔岑友，怕
宿沙邊甃白鷗。"[1]其中的洪稚存，即洪亮吉。毛海客，名大瀛，生
於雍正十三年（1735），卒於嘉慶五年（1800），原名師正，字又葚，號

---

① 　梁玉繩《蜕稿》卷三。

海客。江蘇寶山（今屬上海）人。少以詩名，爲"練川十二才子"之一。著有《戲鷗居詞話》《戲鷗居詩鈔》等。由附監生充四庫館謄録，用州同，發陝西，累爲河南巡撫畢沅、山東巡撫惠齡調用。借補潼川府經歷，以軍功擢授中江縣知縣。嘉慶元年，以軍功擢授四川簡州知州。五年，爲白蓮教張子聰部所殺。從梁玉繩詩中可知，他與洪亮吉、毛大瀛有詩文交往。

十、諸藹堂

諸藹堂，生於乾隆十一年（1746），字以敦，與梁玉繩同受知于錢維城，相契甚舊。嘉慶十七年（1812），玉繩子輯《庭立記聞》成，請諸藹堂作序，他欣然應允，在序中回顧了同玉繩的學術交流："與諫庵晨夕過從，互以所著反覆質難，恨砥礪之晚也。"玉繩在《崔秋穀詩鈔序》中也對諸藹堂大加讚賞："予性寡朋儕，平生知己不過數人，俱已化爲異物。年來文字之交，惟藹堂亢爽無曲辭，解惑析疑，裨助不少。"①玉繩《元號略》成，諸藹堂爲之刊誤，並作補充，他説"年來予有纂述，每就正諫菴，隨時削改。此所校，亦以報也。"②對梁氏著作多有糾補，《瞥記》《庭立記聞》中多録諸藹堂的指正，他對梁玉繩之著的完成和完善皆有很大幫助。

十一、嚴元照

嚴元照，生於乾隆三十九年（1774），卒於嘉慶二十三年

____

① 梁玉繩《蜕稿》卷四。
② 《元號略補遺》諸藹堂序。

（1818），字修能，一字九能，號悔庵。"生一歲誦詩，作徑尺字，不教而能。十齡于屏風上爲四體書，擅是藝者莫能及。四方號曰嚴氏奇童。"①十六歲補學官弟子員。淡泊名利，無意科舉。生性亢爽，有辯才。爲許宗彥表弟，許宗彥對他極爲推崇，嘗作《懷九能》云："吾愛嚴夫子，雄談利若刀。骨從貧後傲，眼向冷中高。"②其才學亦爲人所崇仰，"江以南鄉先生有學者聞其名，咸折輩行，引以爲友"③。盧文弨、錢大昕引嚴元照爲忘年之交，嚴也津津樂道于此："盧先生始發元照之蒙，一見即曰吾畏友，又曰足下定可傳。""錢先生不苟稱許人，獨於元照不惜假借再三。"④自信之情溢於言表。錢大昕又爲其《娛親雅言》作序。著作除《娛親雅言》外，還有《尔雅匡名》《悔菴學文》《柯家山館遺詩》《柯家山館詞》等。

嘉慶十一年，嚴元照遷居德清，與梁同書、梁玉繩等多有往來。梁同書常留嚴元照飯於己家。同書卒，嚴作挽詞四首，其中有"上壽兼前輩，公今第一人。儒林留舊史，天子喚耆臣"，"初秋明月滿，江左哲人萎"等句⑤，對梁同書崇仰至極。他作《娛親雅言》，徐養元、臧鏞、錢大昕、孫志祖、段玉裁、許宗彥等爲之勘校，多有襄助，梁玉繩亦參與其中，並數次表達自己對某些問題的觀點，嚴元照皆錄於書中，並常參考玉繩之作，如："高子：梁曜北

①　許宗彥《鑑止水齋集》卷一一《悔莽文鈔序》。
②　許宗彥《鑑止水齋集》卷八。
③　許宗彥《鑑止水齋集》卷一一《悔莽文鈔序》。
④　嚴元照《娛親雅言》自序，《續修四庫全書》據上海辭書出版社圖書館藏清光緒湖城義塾刻《湖州叢書》本影印。
⑤　嚴元照《柯家山館遺詩》卷五《翰林侍講學士挽詞》，《續修四庫全書》據清光緒陸心源刻《湖州叢書》本影印。

云：《韓詩外傳》之高子疑是孟子弟子，非高叟也。玉繩《人表考》
有説。”“仁和梁曜北《古今人表考證》引甚備，此條頗參用之。”
《娛親雅言》後附錢大昕、段玉裁等人的書信，其中梁玉繩的一通
乃是建議嚴元照刊刻所著，其中有云：“大兄鴻著已有十六卷，何
不抽取精確之條詮次前後，另録清本以待剞劂，不亦善乎？”二人
之間的學術交流可見。

十二、其他交遊

除以上比較著名的人物之外，梁玉繩還有一些朋友，雖名氣不
甚大，但與玉繩多所交流，相知較深。崔應榴，生於乾隆十年
（1745），字星洲，自號秋穀，晚又號藤花村農。其先爲清河人，後遷
橫山。崔氏八歲喪父，十三歲喪母，賴其兄養之。卒年七十一。生
平坎坷，又屢困禮幃，而好學不輟，凡諸子百家名物象數之學，無不
殫究。盧文弨、梁同書皆爲之心折①。著有《吾亦廬詩文集》等，梁
玉繩爲之題款。梁玉繩與崔氏起初只是相識但並非知交，直至嘉
慶十五年（1810），方介由與二人皆善的諸藹堂而彼此熟識起來，梁
氏在《蛻稿·崔秋穀詩鈔序》中回憶當時二人“始各出所著，互訂得
失，忘形無間，乃恍然向者如未之識，實新相知也”，並稱崔氏：“博
聞彊記，於書無所不究。雪纂露鈔，老而彌篤，詩特剩技耳。然其
得意處，闖入香山、渭南之室，予爲遴選百餘篇，皆可傳者。”錢馥，
約生於乾隆十三年（1748），卒於嘉慶元年（1796），字廣伯，號幔亭。
浙江海寧人。以布衣終身。家富藏書，喜校書，對梁玉繩的著作多

---

①　張雲璈《簡松草堂文集》卷三《文學崔君家傳》。

有指正。《庭立記聞》中有多條錢馥之説，皆是補充或訂正梁氏書的。奚岡，字純章，號鐵生，別號鶴渚生、蒙泉外史①。錢塘人，書畫家、篆刻家，爲"西泠八家"之一。他與梁玉繩外貌相似，人每誤呼②。梁玉繩對他的才學極爲佩服，且二人交情甚好，梁玉繩作詩云："昔爲蠞與蛩，相偕游里閈。今爲夔與蚿，相憐守昏旦。擬乞懶藤圖，懸之清白館。讀畫如對君，仰屋一笑粲。"③金大緯，生於乾隆十年(1745)，卒於嘉慶九年(1804)，字躔五，一字星齋。仁和人。有任俠之風，嘗遠賈塞外，往返萬餘里無難色。天性孝友，侍親至孝，對亡兄之子女猶己出。樂善好施，急人之難。又善營造布算。後因積勞成疾而卒，里人莫不惋之。玉繩爲作《金星齋小傳》。孫維夏，字蘭圃，自號文樵。諸生。簡交遊，而與梁玉繩最契。兩人相交近二十年，所居隔半里，五六日必一見，見必引樽論文，抵暮乃散，率以爲常。疽發于背而死，年五十一。梁氏爲作小傳，稱："殁之前三日，余携酒肴往訣，食其半，握手泣別。惟以不及終事母夫人爲恨。已而乾笑曰：'吾見叔父于九原，若問子，當言子能著書傳世矣。'"④景江錦，字蠱門、秋田，號穀水、穀江，仁和人。爲梁氏校勘删削《蜕稿》並作跋，又檢勘梁氏《瞥記》。此外，梁玉繩與應澧(字叔雅，號藕泉，錢塘人)、金耀辰(字北瞻，仁和人)、鮑汀(字南行、若洲，號勤齋，無錫人，畫家)、翁承高(字誦芬，仁和人)等也有

---

① 梁玉繩《蜕稿》卷三《輓奚鐵生》"最是隴頭寒食節，可堪腹痛過孟泉(余家湖莊有蒙泉，君寓居於此，故稱蒙泉外史)"。

② 梁玉繩《蜕稿》卷三《簡奚鐵生》："乞寫茅堂百葉紅，十年諸賁竟成空。瓣香此後將誰屬，老鐵於今莫奚仝。花月當筵胡欲出，袗袍相隔恨何窮。平生一笑鬚眉似，我在知君尚未終(余貌與君似，人每誤呼)。"

③ 梁玉繩《蜕稿》卷三《簡奚鐵生》。

④ 梁玉繩《蜕稿》卷四《孫文樵小傳》。

詩歌唱和、學術交流。

十三、師友交遊對梁玉繩的學術影響

　　一個人的師友交遊對其治學是有影響的,錢穆在《中國近三百年學術史》説:"梨洲致力於義理,而亭林轉向於考據。此雖學人之異性,亦交遊之殊尚。"①乾嘉學人非常重視學術交流和切磋,他們在討論問題時本着互相尊重、互相學習的態度,各抒己見。對於別人所指出的不足之處,亦有能虛心接受,並勇於改正者。這樣的交遊之風對於學術的發展無疑有很大促進作用。

　　梁玉繩生長在書香門第,其祖、父所交皆當時名流碩儒,杭世駿、陳兆倫、錢大昕、盧文弨等俊德大彦,皆與梁家有比較密切的來往,玉繩自小就受到這些人的薰陶影響。在《崔秋穀詩鈔序》里他説:"嘗嘅交道日衰,所接人人稱厚,大抵酒食博塞徵逐於鶯花月燭之間,即值一二閎通君子,趨隅願受教,輒矢口漫譽,不獲片語之益。其能以學問礱錯,直言無隱,使之謬誤除而缺漏補者,豈易遇哉。"②可見他希望所交之友朋能對各自治學有所裨益。事實上也正是如此,他與朋友之間的往來,"唯以學問相礱錯,不及他務"③。在著書論説的過程中,梁氏經常就某些問題與周圍友朋互相切磋,互通有無,友人們對梁氏的著作也都給以大力襄助,或者就書中所論與梁氏探討,或者在書成後進行校勘、糾誤和補遺等工作。梁氏除了引用友人著作中的成説之外,也廣泛採用他們的日常建議之

---

① 錢穆《中國近三年學術史》,1997 年 8 月商務印書館,第 168 頁。
② 梁玉繩《蜕稿》卷四。
③ 梁玉繩《蜕稿》卷四《與景太守李門書》。

語，而書成後友人的補遺等內容，梁氏或者置於晚成之書中，或者附於已成之書後待再刻時加入。總之，無論是前輩學者的指導，還是同輩友人的意見，梁氏都認真聽取，不僅影響到梁氏治學的興趣和方法，而且對梁氏的治學精神也有重要的勉勵作用。

第三節　學術經歷

中國封建社會的文人學士，以立德、立功、立言爲人生的終極奮鬥目標。立德與立言在於自身的修養和才能，立功則帶有或然性，不是每個人都能做到的。於是有的學者便因立功之路不通而轉向立言，如趙翼在《書懷》中説："既要作好官，又要作好詩，勢必難兩遂，去官攻文詞。"①乃是仕途不順之後的無奈選擇。而有的學者則將立言看得重於立功，如錢大昕在《重刻河東先生集序》中説："宰相雖榮寵一時，而易世以後，齷齪無稱，甚或爲世詬病。故知富貴之有盡，不若文章之長留矣。"②對立言極爲重視，希望以學問揚名，以著述傳世。乾嘉時期特殊的學術環境，正好爲讀書人專心立言提供了機會。作爲封建社會正統環境中的一員，梁玉繩的理想，與前人並無二致，他的經歷，也與很多學者相似。

一、功名之路

取功名、入仕途，是中國封建社會長期流行的一種主要風尚，也是多數士子立功的必經之路。他們從小讀書學習，就是爲參加科舉考試而作準備，十年寒窗苦讀，期望能够"一舉成名天下知"。

① 趙翼《甌北集》卷二十四《書懷》，1997 年 4 月上海古籍出版社，第 515 頁。

② 錢大昕《潛研堂文集》卷二十六，《嘉定錢大昕全集》本，1997 年 12 月江蘇古籍出版社，第 410 頁。

有的心想事成,博得功名利禄,如梁詩正等人。有的則兀兀窮年,耗盡一生精力,最終却一無所獲。還有的人,雖然考中了進士,但仕途又並不如意。雖然也有人能够豁達通脱、不以功名爲意,畢竟還是少數。大多數的讀書人都會在科舉功名之路上試一試,搏一搏,梁玉繩也不例外。

　　年輕時的梁玉繩懷着滿腔的豪情壯志,以博取功名爲遠大理想,"束髮入學時,疇不思遠大"①,一心想通過科舉出人頭地。他與同輩年輕人互相激賞,互相鼓勵,張雲璈贊玉繩道"君今年少何婉孌,生來不作尋常燕",又説"由來詩里有功名,送君直上麒麟閣"②,以科舉功名相激勵。良好的家世,祖、父的榜樣和年輕人特有的熱情與抱負,使得他對自己和未來充滿了信心與期待。於是,從乾隆二十七(1762)年他十八歲時第一次參加鄉試,直到乾隆四十八年第九次鄉試,年華漸老去,功名之路却一直不順。在長期的屢戰屢敗中,不免風雨飄零之感:"塵埃袍草功名薄,風雨槐花涕淚多。"③而更多的則是厭倦和參悟。乾隆四十五年,他作《庚子八月十五闈中畢卷坐雨呈仝舍諸君》一詩:"十八年來似夢遊,棘闈八度過中秋。倘能破壁終嫌晚,縱復沈淵豈足羞。剗後料無憐楚璞,雨中莫更笑秦優。丈夫自有如虹氣,肯把毛錐賺白頭。"④在屢試不第的歎息中,對於科舉之路,已多生厭心。最後年未四十,終於決定放棄對功名的追求,轉以全心投入到學術研究中去:"掃跡遠場

---

① 《蜕稿》許宗彦跋。
② 張雲璈《簡松草堂詩集》卷四《題梁諫菴〈不暇懶齋詩集〉並序》。
③ 梁玉繩《蜕稿》卷三《得王栗臣孝廉札奉寄》。
④ 梁玉繩《蜕稿》卷三。

屋,杜門謝儈儈。冥搜發古蒙,快意獲新沛。"①終於在學術研究方面作出了一番成就。

二、熱心詩文

與對功名的追求同時,年輕的梁玉繩在詩文創作上下了很大一番功夫。他十五六歲時從嚴琪②學詩,嘗和其所作《食玉麥》詩,爲嚴所推賞,對當時坐客稱"此子必以詩鳴"③。乾隆二十七年,梁玉繩隨父任於貴州遵義,遍游當地名山大川,更激發了他的詩歌創作才情,寫了很多以黔東南少數民族的自然、風俗爲内容的詩歌,如《黔苗詞》《黔中竹枝詞》等,成爲後人研究苗民的珍貴資料。從貴州回到錢塘家中之後,與弟履繩一起唱和,又正值張雲璈移居錢塘,三人遂成爲最親密的詩友,梁玉繩的詩文創作也進入了一個高峰期。張雲璈回憶當時情景曰:"詩筒往復,殆無虛日,小僮疲於奔命。見則抵掌造膝,語刺刺不能休。或時狂笑翻茗,旁人張目不曉何謂。三人者意益得。"④可見他們對於作詩的興致之高,少年俊采,意氣風發。時人以"梁張"稱之⑤。玉繩於乾隆三十九年整理三十歲以前所作詩,共四百餘首,編爲

---

① 《蛻稿》許宗彦跋。
② 山陰人,字璘如,自號韞齋。方朴山門人。老於諸生。
③ 梁玉繩《蛻稿》卷四《記嚴先生〈玉麥詩〉後》。
④ 張雲璈《簡松草堂文集》卷五《梁孝廉〈澹足軒遺詩〉序》。
⑤ 張雲璈《簡松草堂文集》卷六《梁春塈詩序》稱:"諫庵已高瞻遠矚,矯然出君,夬庵又張三軍而助之勢,余則如追騎駸駸,僅能不失距步。當時居然以梁張並稱,不虞之譽,幾同並駕而驅,其實止如驂之靳耳。"

《不暇懶齋詩集》六卷①。後來雖然轉向以學術研究爲主，但並未完全放棄詩文，在考證之餘，還間有文學創作。他一生輾轉各處，舟次寂寞，遂發之於詩，因此集中多旅途之作。而生活中遇有可資感慨之事，亦常以詩文的形式記錄下來。另外，除了張雲璈、梁履繩，他還有很多相與唱酬的對象，如金耀辰、鮑汀、應澧、翁承高等，皆有和作。因此，他一生也創作了大量的詩文，但又本着"詩文多存不如少存，可以藏拙"②的理念，晚年整理前作，刪汰頗多，僅餘三卷詩三百餘首和一卷文六十篇，結集曰《蛻稿》。

三、中年治史

隨着年齡的增長和閱歷的豐富，在對功名的追求歸於幻滅之後，梁玉繩將自己的全部精力放在了學術研究上，這是他對人生之路的思索和治學體驗比較之後的選擇。

梁玉繩自幼受到諸多學者的薰陶③，又家多藏書④，良好的家庭素養、長期的學術積累爲他的治學奠定了堅實的基礎。早在乾隆三十一年，他就已經開始了《史記志疑》的寫作，但那時並非一意學術，而是兼顧科舉考試與詩文創作。後來，長期科舉之路的不

---

① 梁玉繩《蛻稿》卷四《不暇嬾齋記》："杜詩有'興來不暇嬾'之句，余取以名齋。客有問其義，余曰：世人不嬾有不嬾之才，世人之嬾又有嬾之福。吾無其才，不能不嬾。既無其福，又何敢嬾。且觀於古今所未到者多矣。名嬾而實不暇嬾也。"

② 《庭立記聞》卷一。

③ 梁玉繩《蛻稿》卷二《憶昔行贈方大令曼陀》："憶昔牽衣大父旁，每逢客至問何方。當時雅會猶能記，刻燭飛牋坐滿堂。騷壇狎主多豪士，王楊盧駱衙官耳。"

④ 梁玉繩《蛻稿》卷一《新屋》："樸素存古風，天然謝丹漆，圖書排左右，不僅容兩膝。"

順,使他最終不再將時間和精力用於求取功名。他説:"昔匡衡數射策,不中其經,以不中科故明習。余山草頑才,混跡諸生,九試九黜,倦於場屋。夙承祖、父風訓,得以研誦爲娛,是固不中之幸也,又何求焉。"①放棄科舉,專心治學。爲安心做學問,他出居別宅,梁同書爲書"清白堂"三字。玉繩對弟履繩説:"吾與弟迂野性成,淡面鈍口,不合時趨,祇宜寢跡衡闈,繼承素業,他日得有數十卷書傳於後,不致姓名湮没足矣。後漢襄陽樊氏,顯重當時,子孫雖無名德盛位,世世作書生門户,吾仰之慕之,願與弟共勉之而已。"②以立言留名爲追求。五十歲時,他作詩《癸丑小寒後九日五十初度自述》云:"媿此曹交食粟身,欲將蘿薜替簪紳。翻經紬史單雙日,却軌看梁五十春。"又對履繩説:"吾五十之年倏焉已過,諸事不復掛懷,惟讎温古籍,好之彌篤。"③已心無旁鶩,只希望以學術傳名後世:"名山未免成癡想,豹死留皮管夙因。"④六十歲時,作《癸亥六十生朝口占》:"祝天留我青揚眼,燈下長看夾注書。"治學已入佳境,且取得不小的成就,得到了世人的認可。翟灝稱玉繩:"承清門高蔭,倜儻之才,不雜他嗜,朝經夕史,孜孜不休。"⑤汪中讚他:"翩翩公子,退若寒素。仰屋著書,園葵弗顧。"⑥對玉繩的學術研究給予了肯定。梁玉繩所治以史學爲主,成就也最大,許宗彦稱:"當代數史才,微君孰居最。"⑦他在當時治史的名聲可見一斑。

---

① 《清白士集》梁玉繩自序。
② 梁玉繩《蜕稿》卷四《寄弟處素書》。
③ 同上。
④ 梁玉繩《蜕稿》卷三《癸丑小寒後九日五十初度自述》。
⑤ 《蜕稿》翟灝跋。
⑥ 《蜕稿》汪中跋。
⑦ 《蜕稿》許宗彦跋。

四、著述豐富

　　梁玉繩一生以史學考據爲主要的研究方向，同時在其他方面也用力不少，撰著豐富。陳壽祺對梁玉繩的著作有這樣的總結："平生仰屋百萬言，文字撐腸五千册，史通學補談遷疏，人表功逾曹馬覆，元號編成綴錢布，誌銘廣例搜金石，校字應獲咸陽金，賜書不誇蕭晉宅。"①其中提到《史記志疑》《人表考》《誌銘廣例》《元號略》，皆史部著作。除此之外，梁玉繩還有子部論著《吕子校補》、讀書劄記《瞥記》和詩文集《蜕稿》。各部書的完成時間分別是：《史記志疑》，乾隆四十八年。《人表考》，乾隆五十一年。《吕子校補》，乾隆五十三年。《元號略》，乾隆五十八年。《誌銘廣例》，嘉慶元年。《瞥記》，嘉慶三年。《蜕稿》，嘉慶十八年。可見他勤力治學，筆耕不輟。諸書中，《史記志疑》先刻單行，《人表考》《吕子校補》《瞥記》《誌銘廣例》《元號略》及《補遺》《蜕稿》皆匯入嘉慶五年所刻《清白士集》②。

　　除了著書立論，梁玉繩還曾刊刻過《岳忠武王集》。岳飛《忠武

---

　　①　《蜕稿》陳壽祺跋。

　　②　《志疑》先刊單行，並非《清白士集》中的一種。梁氏在嘉慶五年《清白士集》刻成時作"自記"云："乾隆癸卯，余年五八，著《史記志疑》成，迄今十有七歲矣。年與時馳，意與歲去。續刊拙集合六種，爲二十八卷。"孫志祖爲《清白士集》所作序云："所撰經史諸種及詩文若干篇，都爲一集。別撰《史記志疑》三十六卷，以先單刻行世，不列入也。"周中孚《鄭堂讀書記》云："《史記志疑》三十六卷，以先刻行世，不列入也。"錢泰吉《甘泉鄉人稿·跋史記志疑》云："《清白士集》版尚完好，此書則已斷爛，久乏印本。"又《曝書亭雜記》云："《清白士集》二十八卷，別有《史記志疑》三十六卷。"《藏園訂補郘亭知見傳本書目》云："《史記志疑》三十六卷，梁氏刊本。梁又有《漢書·人表考》九卷，在《清白士集》中"。

王集》，明朝嘉靖間歸安茅元儀嘗刻，旋被燬。清乾隆三十四年，彰德知府同安黃邦寧據茅氏殘彙綴，鎸於湯陰，遂行於世。梁氏讀嘉慶八年元和馮培纂《西湖岳廟志略》，因思《忠武王集》傳布絕少，乃取黃本與《金陀粹》《續》兩編、《桯史》附錄參校譌異，類分八卷，重付剞劂①。該集附《岳忠武王（飛）年譜》，是梁氏據岳珂《金陀粹編》中的簡譜補充而成。

① 梁玉繩《蛻稿》卷四《重刻岳忠武王集序》。

第二章　學術特點與治學方法

　　清朝的康、雍、乾三朝，史稱"康乾盛世"，是中國封建社會最後的一個顯赫時代。强盛的國勢和繁榮的經濟，爲文化的發展提供了物質基礎。而統治者的愛好和提倡，客觀上也促進了文化和學術的前進。同時，學術自身的發展也進入了一個需要全面總結和整理的階段。清初顧炎武提倡經世致用，批判宋明理學的空疏，主張以實學取代理學。經閻若璩、胡渭等人的繼承發展，考據學逐漸成爲正宗。至乾隆、嘉慶時期，學者們對中國歷史上的儒家經典進行了全面的整理，運用考據的相關方法，通過考訂、校勘、輯佚、辨僞等手段，將經、史、子、集各個門類的古籍，一一重新進行梳理。考據學達到鼎盛，風靡朝野，成爲繼周秦子學、兩漢經學、魏晉玄學、隋唐佛學及宋明理學之後又一時代性的主流學術。乾嘉考據學最突出的特色就是講求實事求是，阮元爲《漢學師承記》所作序中說："我朝儒學篤實，務爲其難，務求其是。是以通儒碩學有束髮研經，白首而不能究者，豈如朝立一旨，暮即成宗者哉。"[1]指出乾嘉學者的求實風格。梁玉繩躬逢其盛，不可避免地深受乾嘉考據

---

① 　江藩《漢學師承記》阮元序。

學風的薰陶漸染。同時他又是這種學風的忠實實踐者,時代學術
風氣極大地影響到他的治學方向、治學態度以及治學方法等等,浸
透到他的每一部作品中。無論是他的思想觀念還是學術研究,都
是與乾嘉考據學一脈相承的,他以自己的研究不斷豐富着乾嘉考
據的内容。

第一節　學 術 特 點

一、注重本證

乾嘉學術强調無徵不信,力戒空談。凡立一説,一定要有充分
的依據方可。爲了使自己的觀點更具有説服力,他們往往會引證
大量的材料,這些材料既有本書内部的,也有來自其他各種著作中
的。梁玉繩在自己的研究中,將兩種引證方式結合起來,首先是注
重本證。

本證,即在本書内部尋找依據,以本書的不同部分互相證
明,從而進行互補或作出正誤取捨。由於司馬遷在《史記》中開
創性地運用了互見的叙事方法,因此,對於研究《史記》的人來
説,本書互證也成爲一種方便可用的考證方法。梁玉繩在《志
疑》中既利用了《史記》的互見處,同時又擴展到互見之外,將《史
記》的不同篇章進行繫連對比,以判斷是非。如《史記·秦本紀》
稱:"文公夫人,秦女也,爲秦三囚將請曰:'繆公之怨此三人。'"
"繆公"是謐號,生而稱謐,顯然不當。梁氏先引《史詮》之説:"時
穆公未卒,不宜以謐稱,當如下文稱我君。"以引出該問題,然後

遍舉《史記》中所載預以謚稱之文："家令說太公曰'今高祖雖子，人主也'(《高祖紀》)。齊內史說王曰'太后獨有孝惠與魯元公主'。張辟彊謂丞相曰'太后獨有孝惠'(《呂后紀》)。屈宜臼曰'昭侯不出此門'(《六國表》)。陳乞謂諸大夫曰'高昭子可畏'(《齊世家》)。管叔及群弟流言曰'周公將不利於成王'。周公告太公、召公曰'成王少'。戒伯禽曰'我成王之叔父'，病將沒曰'必葬我成周，以明吾不敢離成王'。公子揮譖曰'隱公欲遂立，請爲子殺隱公'。子家曰'齊景公無信'。六卿爲言曰'晉欲內昭公'(《魯世家》)。夫人曰'此靈公命也'(《衛世家》)。華督使人宣言國中曰'殤公即位十年耳'。叔瞻曰'成王無禮'(《宋世家》)。宰孔曰'齊桓公益驕'。重耳曰'齊桓公好善'。齊使曰'蕭桐姪子頃公母，頃公母猶晉君母'(《晉世家》)。國人每夜驚曰'靈王入矣'。棄疾使人呼曰'靈王至矣'。吳謂隨人曰'欲殺昭王'。隨人謝吳王曰'昭王亡，不在隨'。齊湣王遺楚王書曰'今秦惠王死，武王立'(《楚世家》)。莊公曰'武姜欲之'。子亹曰'厲公居櫟，內厲公'。楚共王曰'鄭成公孤有德焉'(《鄭世家》)。延陵季子曰'晉國之政，卒歸於趙武子、韓宣子、魏獻子之後矣'(《趙世家》)。屈宜臼曰'昭侯不出此門。昭侯嘗利矣。昭侯不以此時卹民之急'(《韓世家》)。田乞紿大夫曰'高昭子可畏也'。齊人歌'歸乎田成子'(《田完世家》)。孔子曰'趙簡子未得志之時'(《孔子世家》)。太后曰'傅教孝惠'(《陳丞相世家》)。公叔之僕曰'君因先與武侯言。武侯即曰奈何。君因謂武侯'(《吳起傳》)。子羔謂子路曰'出公去矣'(《弟子傳》)。韓慶曰'謂秦昭王出楚懷王'(《孟嘗君傳》)。新垣衍謂趙王曰'尊秦昭王爲帝'(《魯仲連傳》)。貫高等說王曰'今王事高祖甚恭，而高祖無禮'。張敖曰'賴高祖得復國，秋豪皆高祖力也'。貫高等曰'今怨高祖辱我王'。呂后數言'張王以魯元公主故，不宜有此'（《張耳傳》）。"所列皆預稱謚之例，呼應了《史詮》之說，證明了《史記》確實有預稱謚之失。又如《曹相國世家》"平陽侯窋，高后時爲御史大夫，孝文帝立，免爲侯"。梁案："《名臣》《百官》兩《表》皆於高后八年書御史大夫張蒼，則文帝未立，窋已免官明矣。考窋以高后四年爲御史大夫，八年免。《史》《漢·呂后紀》八年九月稱窋行御史大夫事，後九月代邸群臣上議即曰御史大夫張蒼，不列窋名，是窋免官必在八月以後，特大臣誅諸呂之際，變起倉卒，窋尚守故官，蒼之繼窋，當在九月，其蒞官在後九月耳。此以窋免於文帝立後，劉攽又言《呂后紀》誤，俱非。"以《史記》的《漢興以來將相名臣年表》《呂后本紀》爲依據，證明《曹相國世家》之誤。這些都是用本書內部其他篇章的內容作證據，得出結論的方法。注重本證的前提是對本書的內容非常瞭解，能夠嫻熟地加以運用。梁玉繩對《史記》的篇章結構、內容分佈等，皆有全面深入的研究和把握，因此，能夠運用本證發現問題，從而爲自己的觀點立論。

二、廣求旁證

求旁證是乾嘉學者普遍採用的方法，他們廣覽群書，遍搜典籍，大量地引用前人觀點，有時甚至達到好幾百條，如閻若璩《古文尚書疏證》爲證明梅賾的《古文尚書》之僞，引用了一百二十八條材料，每條之下還以"案"和"附案"的形式再列數十條相關的例證，總計以近千條的材料，確證《古文尚書》屬於僞作。王念孫也是"一字之證,博及萬卷"①。因爲匯總了大量的資料,所以他們的有些著作就像一部資料彙編,具有類書的性質和索引的價值。

梁玉繩對旁證的搜集比本證更爲豐富,如《史記》中所載各官職多有誤處,梁氏即用《漢書·百官公卿表》爲準,揭示出《史記》的失誤:《孝景本紀》"更命廷尉爲大理",梁案:"《漢紀》改諸官名在中六年十二月,此書於四月以後,而所改官名又不盡載,何歟? 且所載多謬,俱説見後。"在該條之後,梁氏對《史記》所載各官名有誤者一一指出,並以《百官表》爲據作出改正:"大行爲行人",梁案:"《百官表》行人爲典客屬官,景帝改典客爲大行令,未嘗改大行爲行人也。大行即大行令,省不言令也。""治粟内史爲大農",梁附案:"《百官表》景帝後元年更名大農令,此在中六年,小異。大農即大農令。""以大内爲二千石,置左右内官,屬大内",梁附案:"《百官表》無考。"對"大行爲行人"、"治粟内史爲大農"、"以大内爲二千石置左右内官,屬大内"的考證既照應了前面"俱説見後"的提示,同時又運用了《漢書·百官公卿表》這個旁證。

在《人表考》中,旁證的運用更是廣泛,如對"女媧氏"性別和身份的考證,梁氏首先列舉了各書的説法:"《三墳》以女媧爲伏羲后,唐盧仝《與馬異結交詩》以爲伏羲婦,《路史》本《風俗通》以爲伏羲妹。《通志》引《春秋世譜》云:華胥生男子爲伏羲,女子爲女媧。《易·繫》疏、《初學記》並引《世紀》曰:包犧氏没,女媧氏代立,次有大庭氏、柏皇氏、中央氏、栗陸氏、驪連氏、赫胥氏、尊盧氏、混沌氏、暤英氏、有巢氏、朱襄氏、葛天氏、陰康氏、無懷氏,凡十五世,皆襲包犧之號。《御覽》七十八引《遁甲開山圖》同,蓋《世紀》所本。

①　阮元《王石臞先生墓誌銘》,見《揅經室續集》卷二,清道光三年文選樓刻本。

《外紀》《通志》並曰女媧至無懷千一百五十年，或云萬七千七百八十七年，或云萬六千八百年。《書序》疏引鄭注《中侯》依《春秋運斗樞》，以女媧與羲、農爲三皇。《明堂位》注亦云：女媧，三皇，承宓羲者。《列子》注云：女媧，古天子。《山海經》注云：女媧，古神女而帝者。《路史》《外紀》謂治於中皇山之原，繼興驪山，在位一百三十年。《莊子》釋文、《呂氏春秋》注於大庭、朱襄諸氏，並以爲古帝。"諸書皆以女媧爲女性，且是與伏羲一樣的帝王。梁氏則完全推翻了前人之説，以爲女媧不是帝王："余疑女媧至無懷十五氏，並太昊氏之臣，後世傳譌以爲天子。"他也是通過廣引旁證而得出這個結論的："《書序》疏曰易興作之條，不見有女媧。鄭玄言女媧脩伏犧之道，無改作，則已上脩舊者衆，豈皆爲皇乎？《月令》疏引《世本》及譙周言伏犧制嫁娶之禮，而《路史》本《風俗通》，稱女媧職昏姻，通行媒。唐李商隱《樊南集》記宜都內人諫武后云：古有女媧，亦不政。是天子佐伏羲理九州爾。高注《淮南·覽冥》云：女媧佐處戲治者。《呂覽·用民》曰：夙沙之民自攻其君，而歸神農。注云：夙沙，大庭氏之末世。宋宋祁《筆記》載隋蕭該《漢書音義》引《風俗通·姓氏篇》云：渾屯，太昊之良佐。《路史·前紀》八注云：《世本》以尊廬在伏羲後，《風俗通》謂太昊之世侯者，則非天子明甚。"通過大量引證其他書中的相關資料，證實女媧非天子的身份。

又《瞥記》在論證"能"、"耐"二字互通時廣引旁證："能、耐二字，古人互通。《禮運》'聖人耐亦以天下爲一家'，《樂記》'人不耐無樂，樂不耐無形，形而不爲道，不耐無亂'。此以'耐'爲'能'也。他若《大戴禮·易本命》'食水者善游能寒'，《漢書·食貨志》'能風與旱'，《晁錯傳》'其性能寒，其性能暑'，《趙充國傳》'馬不能冬'，

《西域傳》'不能飢渴'，是以'能'爲'耐'也，亦省作'而'字。《易》'眇能視，跛能履'，虞仲翔本作'而'。《墨子·尚賢》下篇'天下之爲善者可而勸'，《尚全》中篇'聖主唯而審以尚全'，並是'能'字。高誘注《吕子》《淮南》，多以'而'爲'能'。"遍舉諸書中例以證二字相通。凡此種種，皆是對旁證之法的廣泛運用，從而有力地支持了自己的觀點和論證。

三、勇於質疑

乾嘉考據學繼承和發展了顧炎武等人倡導的質樸學風，强調實事求是，但也有學者還是拘於門户之見，對漢、宋之學保有一刀切的看法。如惠棟主張凡古必真，凡漢皆好。王鳴盛亦言治經斷不敢駁經，對先賢、經典保持着一種拘泥師説、墨守陳規的態度。對此，有的學者堅持實事求是的精神，會通各家，不論門户。最著名的就是錢大昕，他曾從惠棟學，但却並不泥于惠氏之説，而以"求是""求真"爲目的，不盲從古人，不株守成見，他認爲"後儒之説勝於古，從其勝者，不必强從古可也。一儒之説而先後異，從其是焉者可也"①，主張以求真務實爲治學的第一標準。他對前賢大儒，固然十分敬佩，但並不盲目附和，而是據實考證，若前人有錯，亦必直陳其失，據理駁正。王鳴盛曾寓書規勸錢大昕不要冒犯前哲，錢大昕遂復書一封，明確表達了自己對實事求是的追求："愚以爲學問乃千秋事，訂譌規過，非以訾毁前人，實以嘉惠後學。但議論須平允，詞氣須謙和，一事之失，無妨全體之善，不可效宋儒所云'一

---

①　錢大昕《潛研堂文集》卷九《答問六》，《嘉定錢大昕全集》本，第116頁。

有差失,則餘無足觀'耳。"又説:"且其言而誠誤耶,吾雖不言,後必有言之者,雖欲掩之,惡得而掩之。所慮者,古人本不誤,而吾從而誤駁之,此則無損於古人,而適以成吾之妄。"①這封書信全面反映了他求真務實的治學態度和嚴謹認真的史學批評風格,成爲後人實事求是的一面旗幟。正是抱有這樣一種以事實爲基點的態度,所以面對前賢著作中的失誤,乾嘉學者大都能够提出疑問,發現問題、解決問題,從而推動學術研究的進步。清初,胡渭、閻若璩等人已經開啟了對古書的辨僞致疑之風,並使千年疑案終成定局,在清代乃至整個學術史上都有重大的意義。

　　梁玉繩無疑是極具時代特色的一位學者,堅持實事求是,勇於質疑先賢,《史記志疑》就是這種精神最主要的體現。現代學者傅斯年對《志疑》的敢於懷疑、追求真實的精神大爲贊賞,他説:"世之非難此書者,恒以爲疑所不當疑。自我觀之,與其過而信之也,毋寧過而疑之。"②又説:"此《史記志疑》者,於矛盾之端,錯簡之處,增考之跡,詁訓之義,皆致其疑。因其疑可見其真。古文家文法之談,村學究史筆之議,可假此括清之矣。世有願爲子長之學者,刊落妖言,復其朔始,則玉繩之作,其導源也。"③雖然傅斯年發出這樣的評論與當時的疑古思潮相關,但他對梁氏敢於懷疑精神的肯定和《志疑》在當時先鋒地位的揭示,却有積極意義。除了《志疑》,梁氏的其他著作中也都有這種敢於懷疑精神的體現,無論是對《人表考》中對班固之誤的糾正、《吕子校補》中對《吕氏春秋》和高誘注

---

① 錢大昕《潛研堂文集》卷三十五《答王西莊書》,第 603—604 頁。
② 傅斯年《〈史記志疑〉三十六卷》,見《傅斯年全集》第一卷,2003 年 9 月湖南教育出版社,第 120 頁。
③ 同上書,第 122 頁。

文的辨析，還是《誌銘廣例》中對王行、黃宗羲等人之説的批駁、《瞥記》中對鄭玄、孔穎達等人解説的考辨等等，都體現了梁氏敢於挑戰權威、探尋真理的精神。

雖然對前人的觀點要敢於質疑，但同時，對於前人著作中的失誤，也必須從實際出發，而不可妄議。錢大昕曾批評那些以一己之私見詆毀前人者：“亦有涉獵古今聞見奧博而性情偏僻，喜與前哲相鉏鋙，説經必詆鄭服，論學先薄程朱，雖一孔之明，非無可取，而其强詞以取勝者，特出於門户之私，未可謂之善讀書也。”①總之，對於前人的觀點，是者從之，非者正之，一切以事實爲依據，而非門户和私見。在對待前人治學中的錯誤問題上，梁氏也是堅持實事求是而不妄自武斷，並且能夠站在著者的立場上去考慮。在他自己撰著各書的過程中，常會遇到各種困難，如因資料缺失而造成某個問題不能得出確切的結論，又或因先儒所説千頭萬緒而莫知所從。因此，在提及前人著作時，他能夠站在古人的立場上，去理解他們的著述之難，表達自己的感同身受，從而爲古人古書作出申説。他對《史記》中有誤的地方雖然提出了批評，並加以訂正，但他對司馬遷一直是尊敬的，對《史記》一書也作出高度評價。而《人表考》正是爲了糾正前人對《人表》的譏評而作，爲恢復《人表》的原貌，澄清前人對班固的某些誤解，梁氏作了大量的考查工作。又《瞥記》卷一提到何休注《公羊》據緯解經，甚至以《春秋》因欲授漢高祖預作之事，對何休的這種行爲，梁氏給以解釋：“東漢尚讖緯”，“彼是漢人，或藉以求道通”。能結合當時的背景，站在古人的立場上分析，很有道理。

---

① 《娛親雅言》錢大昕序。

他又説：“古人著書，亦不能無誤，如《周禮·罟人》注引《曲禮》誤爲《檀弓》，《射人》注引《射義》誤爲《樂記》，康成尚爾，何況他人。”鄭玄大儒，注書尚有誤時，何況他人。梁氏能够從客觀的角度去分析前人的失誤，也是實事求是的一種體現。

四、不憚存疑

術業有專攻，一個人的能力是有限的。因此，無論是對前人所論不一而自己亦無定論的問題，還是對因資料缺失而無法確證的問題，乾嘉學者都秉承着“知之爲知之，不知爲不知”的態度，表明存疑之意，以待將來有機會再作考證，而不强爲之解。既體現了他們謹慎謙虛的治學態度，也反映出他們實事求是的一貫風格。

梁玉繩對於自己不熟悉的問題，曾特意向專業人士請教。如在作《志疑》時，對《史記》中的星象問題，他不甚明白，於是“詢之知星者”，顯示了謙虛好學的精神。而對那些實在無力解決的問題，則皆以存疑待之。他在考證《史記》的《律書》一節時，由於自己對該問題瞭解不多，因此，對於前人所論亦無力判斷，遂曰：“史公所記分寸之數，配合之數，與《管子》《吕覽》《淮南》及漢、晉以來諸志皆不同，而後人議之者甚衆，輾轉糾纏，莫適是非。蒙不知律，未敢妄談，姑取先儒所改正者著之，以俟專家質焉。昔高誘注《淮南》不解鐘律上下相生之法，置而不説，余竊同之矣。”從這段話中，可以看出梁氏審慎的態度和對存疑之法的認可。存疑之處在梁氏的各部著作中都有，舉例論之：

《志疑》中，在論及《尚書》的《梓材》一篇時，梁氏説“此篇本出伏生，而一篇之中前後語義不類，未定是否告康叔，存疑可也”。明確指出先存疑。按宋人吳棫辨《梓材》後半段非屬《梓材》,因爲其中多勉勵君主之語。蔡沈認爲文中前後不相類,可能是錯簡所致,但由於文獻不足,斷簡殘編,無從考正。至於《梓材》是否告康叔,歷來爭論不一。《尚書大傳》中記載康叔、伯禽並見周公之事,金履祥、魏源等據此認爲《大傳》是以《梓材》爲周公命伯禽之書。皮錫瑞則認爲是虛造之説,不是《大傳》本義,並肯定《梓材》是告康叔之書,古經傳無異義。可見在梁氏之前,該問題仍没有統一之論。又《秦本紀》"使百里傒將兵送夷吾",梁案:"《傳》是齊隰朋會秦師納惠公,不言秦帥何人,此以百里傒實之,未知所出。"因不知《史記》的依據而暫時存疑。《六國年表》"秦獻公六,初縣蒲、藍田、善明氏",梁案:"善明氏未詳,俟考。"皆明確表示存疑之意。

《人表考》的存疑更爲常見,由於《人表》中人物衆多,而往牒敗亡,難於查考,因此,其中有不少的地方梁氏都没有定論,遂以存疑待之。首先是對班固正文的某些措辭不知所據者,如"虞侯、芮侯",梁氏云:"虞乃舜後國,芮不知所始,皆非姬姓之虞、芮也。此以二君爲侯爵,亦未識何據。"對班固將虞、芮二君定爲侯爵,梁氏不知所據,遂以存疑。其次,他對班固的某些注文亦不知所據,如"封鉅",班固注云"黄帝師"。"大山稽",注云"黄帝師"。對此二注,梁氏云:"封巨、山稽爲黄帝師,未見所出。"班固注文是對人物身份的解説,但梁氏不知班固的説法源自何處,遂云"未見所出"。又如"燕文公"注云:"桓公子,三十六世。"以文公爲桓公子,梁氏云:"未知所據,《史》無其文。""越王無彊"注云:"句踐十世,爲楚所滅。"梁氏不明班固何以言無彊爲句踐十世,只能説"不知何據"。這些都是對自己不明之問題,因無從查考,只能明確説出。再次,對《人表考》所用的資料,梁氏也有因不知其説來源而云"未知所據", 如他多引高士奇《春秋姓名考》之論, 却不知高氏的依據,《人表》"楚屈完", 梁氏云:"《傳》桓十一年有屈瑕。楚屈氏始見莊四年, 有屈重。杜《譜》闕其系, 而高氏《姓名考》謂重是瑕子, 完是重子, 未知所據。"《人表》"史魚", 梁氏云:"杜《譜》列史鰌在雜人, 蓋不得其族系。而閻氏《四書釋地又續》以爲史朝之子, 高氏《姓名考》亦云史魚, 朝子, 並謂即《檀弓》之衛太史柳莊, 不知何據。"《人表》"王子伯廖", 梁氏云:"伯廖莫知何王之子, 杜《譜》在雜人。襄八年《傳》鄭又有王子伯駢, 高氏《春秋姓名考》以爲伯廖之子, 未知何據。"皆是不知高士奇的立論依據, 於是明確地説出"未知何據"。再次, 某些書中有某人的記載, 梁氏用到這些資料, 但却未知材料中的人物是否所考之人物, 因此也只能先存疑。如"皋魚:立槁而死。案《説苑・敬慎》《家語・致思》述其事, 作丘吾子,《御覽》七百六十四引作吾丘, 豈一人耶?""公儀中子:案《列子・仲尼》篇周宣王聘公儀伯, 豈其先歟?""魏襄王:案《史表》《世家》于惠王三十二年書公子赫爲太子, 似襄王亦名赫。而《戰國・魏策》又有太子鳴, 在惠王末年, 未知即襄王否? 不容一時兩太子也。""徐子章禹:案《春秋》莊廿六徐始見,《經》僖三年、十七年稱徐人, 蓋其先也。昭四、五兩年, 一書徐子, 一書徐人, 至十六年《傳》稱徐子盟蒲隧, 三十年滅, 未知即章禹否?""宋朝:案哀十一《傳》有宋子朝仕衛, 未知即宋朝否?"儘管不能確定材料中的人物是否與《人表》中所列爲同一人, 但梁氏仍然將該材料列出, 暫以存疑待之。

另外, 梁氏對《人表》中的人物資料進行了廣泛細緻的搜羅, 有的人物資料豐富, 很多書中都有記載。有的人物却苦於資料不全或書中所記語焉不詳等原因而無法作詳細的考證, 對此, 梁氏只能以"未詳"稱之, 這也是提示存疑的文辭之一。有的人名下直接稱

“未詳”，如：“大款：未詳”、“王青二友：未詳”、“陳應：未詳”①、“史留：未詳”、“番君：未詳”、“應豎：未詳”、“被雍：未詳”、“軋子、照子：二子未詳”、“潘和：未詳”、“向于：未詳”等等。有的在標明“未詳”之後又列上可資參考的一些資料，如：“采桑羽未詳。余弟履繩曰：羽疑女之譌。采桑女見《列女傳·陳辯女篇》。”“公房皮：未詳。或曰《御覽》八百廿八引《尸子》有宋公斂皮，疑是此人。房字譌。或曰似即《禮·射儀》公罔之裘。”“羊舌：未詳。仁和孫侍御志祖曰：嬰、杵臼之間，豈容復儳羊舌其人，此衍文無疑。錢宮詹曰：得非嬰爲羊舌之族，本是小字注，因羊舌下有脫文，誤進爲大字邪？”“戚子：未詳。或曰戚乃臧之譌。齊伐宋，宋使索救于荆，料荆王不至。見《戰國·宋策》。”另外，《人表》中某些人物或者人物屬性無考者，梁氏亦明確指出，如“東扈氏無所見”、“原公無所見”、“仲桓無考”、“先氏世系無考”。又如：“柏夷亮父：案亮，疑名或字。他無所見。”“魯御孫：案杜《世族譜》以結爲御孫，則名結，又名慶，御孫其字。但未知何公之子。”“召伯廖：案廖失諡，代系亦無考，未知去召穆公幾世。”“孟説：案孟説或疑即孟賁，未知是否。”凡此種種，皆存疑方式的具體運用。

《瞽記》卷六載樓鑰爲其母作《汪太夫人行狀》有云：“燈前與諸婦爲依經馬之劇，或至夜分不倦。”梁氏稱“依經馬不知何戲”，亦是説明己之不知者②。

---

①　王念孫《讀書雜誌·漢書第三》：“梁氏曜北《人表考》曰‘未詳’。念孫案：《潛夫論·慎微》篇曰：‘楚莊出陳應，爵命管蘇，故能中興，彊霸諸侯。’則應爲楚莊王臣，故列於五參、申公子培之間。”1985 年 3 月中國書店排印本，第 13 頁。

②　按李清照《打馬圖經序》有云：“打馬世有二種，一種一將十馬者，謂之關西馬。一種無將二十馬者，謂之依經馬。”打馬，是古代的一種棋類遊戲，因棋子稱爲“馬”而得名。可知，依經馬是打馬的一種。

由於資料的缺失，導致很多内容無處查考，因此一些問題就難以下定論。對此，梁氏並不妄作揣測，而是盡己所能地作出考證，對己所不能的，則必明確存疑，以待後來，體現了乾嘉學者實事求是的精神和考據之學的嚴謹風氣。

五、兼容異説

對於同一個問題，不同書中的記載往往有所不同，梁氏對不能確定孰是孰非，或認爲諸説皆有可取，則將不同觀點録於書中，以再作探討。這種做法比存疑之意更進了一步，既體現了他不盲從一家、不武斷取捨的治學態度，同時也使得他的著作具有極强的史料價值，爲後人的進一步研究提供了豐富的線索和資料。

在梁氏的各部著作中，有時將各家不同説法並列出來，然後説"未知孰是"，以表明自己對這些説法無從取捨，如《史記志疑·殷本紀》"子振立"，梁案："《索隱》引《世本》作'核'，《人表》作'垓'，《竹書》又作'子亥'，未知孰是。"《五帝本紀》"帝摯立，不善崩"，梁案："《路史·後紀》卷十《注》謂《世紀》本衛宏云'唐侯德盛，摯微弱而致禪焉'。《皇王大紀》謂'襲位未久而殂'。《通鑒外紀》'荒淫無度而廢之'。諸説各異，疑莫能明。"面對前人的各種説法，無從取捨。在《人表考》中，類似之辭亦多見，如《人表》"定王榆"，對於定王之名，梁氏列諸書之載：《史記》作"瑜"，《周語》注作"揄"，宋庠《補音》云"本作'渝'，或作'褕'"，皆與《人表》的"榆"字不同。因此梁氏説"未知孰是"。《人表》"燕考公"，《史記》作"孝公"，梁氏不能確定二説，遂曰"未知孰是"。又各書所載人物的身份有不一者，如《人表》有"王子成父"，關於此人的具體身份，各書所説不同，韓愈

《王仲舒神道碑》、鄭樵《通志略》五以爲姬姓，而《魏王基碑》以爲是王子比干之後。對這兩種說法，梁氏無所取，因云"未知孰是"。《人表》"蜎子"，蜎子即楚人環淵，班固在《藝文志》中本劉歆《七略》，以淵爲老子之弟子，因此置其於魯昭公世。而《史記》則稱淵在稷下先生之列，當齊宣王時。《史》《漢》不一，梁氏云"未知孰信"。再如對於某姓氏的起源，《人表》有"石碏"，關於以石爲氏的原由，梁氏列舉了三書的不同説法："《潛夫·志氏姓》云衛之公族石氏，不詳命氏所始。《通志略》三謂以字爲氏，《路史·國名紀》五謂邑名"，然後説"未知孰是"。對於項梁的項氏，梁氏列二説："《廣韻》注云：項，姬國，爲齊桓公所滅，子孫以國爲氏。《路史·國名紀五》注云：楚考烈滅魯，封其將於項，爲項氏。"然後云"二説未知孰是"。華督的華氏，"《廣韻》《通志》謂考父食采於華，因以爲氏。而《隱八》疏謂華父是督之字，未知孰是。"另如對於人物間的關係，《人表》中的石祁子（駘仲之子）與石碏的關係。梁氏曰："杜《譜》：祁子，靖伯八世孫。而《春秋分記》謂石碏生厚，厚生駘仲。是祁子乃碏曾孫，靖伯五世孫也。未知孰是。"楚屈建："《春秋分記》謂屈瑕子蕩，蕩子朱，朱子蕩。而高氏《姓名考》謂蕩是屈完子，未定所從。"三苗："《呂刑》疏、《禮·緇衣》疏引鄭注、《楚語》下韋注並以三苗爲九黎之後。范史《西羌傳》言三苗，姜姓之別，爲炎帝後。《山海經》云釐姓，《路史》據之以爲黄帝後。三説未知孰是。"皆是羅列諸説而末云"未知孰是"以表明自己不能作出判斷。

有的地方對諸説的羅列没有表明自己的態度，僅是列上異説而已，有並存各説或互相補充之意，如《瞥記》載《易·雜卦》"晉晝也，明夷誅也"之句，虞翻注云："誅，傷也。"孫奕《示兒編》云："明出地上爲晝，明入地中爲昧。當作明夷昧也。"梁氏認爲虞翻之見固然正確，但孫奕之説亦是一解，因此，將之列於虞注之後，並列虞、孫二説，以見一句之多解。又對《周禮·夏官·馬質》中"禁原蠶"一句的解釋，鄭玄注以爲"傷馬"，而《淮南子·泰俗訓》以爲"殘桑"，梁氏並列此二説，没有取捨，但是接下來他引了《宋史·儒林·孔維傳》中所載孔維的上書："早蠶之後重養晚蠶之繭，出絲甚少，再采之葉，來歲不茂，豈止傷及於馬，而桑亦損失。"孔維對"禁原蠶"的解釋乃並取鄭玄和《淮南子》兩家之説，則鄭注與《淮南子》所説皆無誤，只是不完整，梁氏將孔維之見引出，從而使得對"禁原蠶"一句的理解更加明朗、更加完整了。又如《吕子校補》中，《吕氏春秋》"人之壽，久之不過百，中壽不過六十"，梁案："《左》僖三十二年疏：上壽百二十，中壽百，下壽八十。"在《吕子校續補》中又云："《莊子·盜跖》及《意林》引《王孫子》云：'人上壽百歲，中壽八十，下壽六十。'《淮南·原道》'凡人中壽七十歲。'"對《吕氏春秋》所説"中壽"的年齡，諸書所載不同，梁氏於是客觀地列出不同説法，而自己没有取捨。《吕氏春秋》"湯克夏而正天下，天大旱，五年不收"，梁案："《墨子·七患》引《殷書》云：湯五年旱。《選》注兩引《吕氏春秋》一作七年，一作五年。《思玄賦》注亦引作七年，而《三國·蜀志·郤正傳》注引《吕》又作三年。《文選·辨命論》注引'湯克夏四年，天大旱'。"對他書所引《吕氏春秋》之文加以羅列。其他又如《吕氏春秋》"周書曰"，梁案："《漢書·晁錯傳》作'傳曰'。"《吕氏春秋》"與錢白"，梁案："《御覽》八百三十六作'錢二百'。"《吕氏春秋》"北方有獸名曰蹶"，梁案："《爾雅·釋地》《韓詩外傳》五並作'西方'。"《吕氏春秋》"禹一沐而三捉髮，一食而三起"，梁案："《史·魯世家》以吐握爲周公事。《鶡子上·禹政》《淮南·氾論》與此以爲夏禹。《黄氏日抄》云'此形容之語，本無其事也'。"等等，皆是並列出他書的不同説法而未有任何自己的意見，僅供對比而已。

　　有時，梁氏在別的資料中發現了與本書相關但本書中無載的材料，便摘抄下來，以與本書所載互相印證。如《志疑》的某些采自他書的材料，並非《史記》的缺文，但是可以和《史記》互相印證，或者《史記》對某事的記載比較簡略，而其他材料則相對豐富。《史記·始皇本紀》"高因陰中諸言鹿者以法"，梁案："《漢書·京房傳》秦時趙高用事，有正先者，非刺高而死，高威自此成。故秦之亂，正先趣之。此事甚僻，可補《史》遺。"梁氏在此借《漢書》中的材料説明當時的情況：因爲正先行刺趙高，導致趙高的聲威日益增大，從而發展到最後趙高專權，秦政腐敗，最終滅亡，從某種意義上可以説秦之亡是正先促成的。而《史記》中對正先行刺趙高一事没有記載，這並非《史》之疏脱，只是《史記》《漢書》對材料的去取選擇不同。對於《史記》來説，《漢書》的記載可以作爲一個補充性的説明。這樣的可作爲補充材料的例子還有：《孝文本紀》"减嗜欲，不受獻"，梁氏采《漢書·賈捐之傳》的記載："孝文時有獻千里馬者，詔曰：'鸞旗在前，屬車在後，吉行五十里，師行三十里，朕乘千里馬，獨先安之？'於是還馬與道里費。"《史記》只是簡單六個字説明漢文帝節儉的性格，而《漢書》則詳細記載了能體現這種性格的事件，梁氏在《志疑》中採録《漢書》的這段材料，能補《史記》所未及，使漢文帝的形象更加飽滿。《魯周公世家》"子將立"，梁氏據《漢書·古今人表》於"魯悼公"注云"出公子"，知"哀公亦有出公之稱，以孫於越故也。可補經、《史》所未及。"按：悼公之父哀公名將，在位時曾因三桓之攻而如越，因此梁氏説"孫於越"。《汲鄭列傳》"吾欲云云"，杭世駿説："不明載帝語，而曰云云，非史法。班氏仍之，何也？茍

《紀》：'帝問汲黯曰：吾欲興政治，法堯、舜，何如?'可補《史》缺。"
此處梁氏采用杭世駿的説法，以荀悦《漢紀》所載補充《史記》不詳
之處。這種對他書之説的採録，既是對本書的補充，同時也是並列
異説的一種形式。

六、探究作者本意

前人著書時，由於受某些因素的影響，有些内容没有清楚明白
地表達出來，因此後人在研究時便會進行挖掘，將文本之後隱藏的
意義揭示出來。另外，由於輾轉流傳中，後人曲解了作者的原意，
將文本的真正面貌遮掩住了，因此研究者會進行考證，申明作者本
意，還原本書原貌。有時又僅是研究者的自我引申，對原書的内容
作出延展，並不一定是作者原意，這種延伸或者合於原書之意，或
者體現的只是研究者的思想。梁氏對前人著作内容的發掘，更多
地以後兩種爲主。

《人表考》中，梁氏對《人表》的内容作了大量的闡釋和發掘。
由於《人表》中人物衆多，而班固對各個人物的取捨、對人物的先後
順序和等級以及在行文過程中的某些特點、慣例等，並没有統一專
門的説明，梁氏於是就將其揭示出來，爲班固之意作一個説明解
釋，雖不見得都能得班固本意，但對《人表》的義例特點却有一定的
發明之功。首先揭示《人表》人物非重出："列山氏、歸藏氏：案列、
烈、臧、藏，字通。先儒皆以列山、歸藏爲炎、黄别號，則二氏重出
矣。但《禮·祭法》疏引《命曆序》曰：炎帝八世，黄帝十世。安知
列山非炎帝初封侯國之號，後爲天子，别以支屬襲封乎？又安知歸
藏非炎帝初封黄帝爲諸侯之號，其後或遷有熊，或升天子，而别以

族姓紹封乎？故鄭注《祭法》云：或曰有烈山氏。杜注昭廿九《傳》云：烈山，神農世諸侯。則歸藏可例觀也。”按先儒有以列山氏、歸藏氏爲炎帝、黃帝別號者，而《人表》中已列炎、黃二帝，則此處就不當有列山、歸藏二氏了。但梁氏申說道，《人表》中的列山氏、歸藏氏並非炎帝、黃帝，而是炎黃二帝的後代以列山、歸藏爲氏者。

　　其次對《人表》因無處可考而採取方式的揭示：“芮伯（師古曰：周司徒也）：案《書序》，武王時巢伯來朝，芮伯作命，去成王之没僅四十餘年，未甚相遠，而《表》列爲兩人，名謚無傳，殆不可考。”《人表》三等有芮伯，六等又有一芮伯：“芮伯（師古曰：周同姓之國在圻内者，當武王時作《旅巢命》）、巢伯（師古曰：南方遠國，武王克商而來朝）。”對此同名者，梁氏解釋說因爲“不可考”，儘管兩人名稱相同，但不能確定是否同一個人，因此，班固只好將兩人都列上了。

　　再次對《人表》人名用字與他書所載不同者作出解釋：“王孫閱：王孫說惟見《周語》中。案閱、說古通，《左》昭七年南宮說，《檀弓》下注及哀三《傳》注並作閱，《詩·谷風》《小弁》‘我躬不閱’，《左》襄廿五引作不說。”“公祖（亞圉子）：公叔祖類，亞圉子，始見《周紀》（稱公祖者，省文也）。”按該人名本是作“公叔祖類”，但《人表》中却只說是“公祖”，梁氏在列出《史記·周本紀》中所載之名作“公叔祖類”之後，作出解釋：《人表》用的是省稱。再次對人物所處時代、國籍界定的解釋：“狐丘子林：亦曰壺子。案《表》依《吕覽》以壺子爲子産之師，故叙于魯昭公時。”解釋《人表》將狐丘子林置於魯昭公之世的原因。“衛公孫朝：案《繹史》本無衛字，恐非。考《列子·楊朱篇》鄭子産之兄，《左》昭廿六魯成大夫，哀十七楚子西子，皆曰公孫朝，故加衛字。”對《人表》在“公孫朝”前加“衛”字的原因作出揭示。再次對人物間關係界定進行解釋："孟獻（益後）：
又作虧。中衍：案《史》以孟戲、仲衍爲弟兄，而伯益卒於夏啟時，
其五世孫已及殷戊，中間幾閲六百年，何壽之長也。《路史》謂孟虧
當夏中世，至仲衍臣太戊，理或然歟？乃《後紀》七又謂舜封孟虧於
蕭，則其説仍無定據，故《表》但云益後而已。"對於孟獻究竟爲益的
第幾代孫，不能確定，因此，《人表》只好籠統地説是"益後"。

　　《瞥記》中也多有這種對作者本意的探究，如《法言·問神》篇
有云："昔之説《書》者序以百，《酒誥》之篇俄空焉。今亡夫。"梁氏
提出疑問："《酒誥》是今文，並未嘗亡，揚子何以言之？"對於揚雄的
這一説法，王應麟《困學紀聞》、周必大《二老堂雜誌》、王觀國《學
林》也曾以爲疑，梁氏在此爲揚雄之説作出解釋："竊意《書序》云作
《康誥》《酒誥》《梓材》三篇，共一序。或子云所見本脱去‘酒誥’二
字，故有此語。"又如："鉅鹿張角稱天公將軍，弟寶稱地公將軍，梁
稱人公將軍，蓋古者司馬主天，司空主地，司徒主人，謂之三公，故
取以爲號。"後人或不明白張角三人之號的意義，梁氏予以揭示。

　　在其他著作中，梁氏也作了不少的發掘和揭示，《志疑》中，對
《史記》文字措辭的選擇、對行文方式的説明以及對他人之誤説的
糾正等，都是從發掘《史記》本意和還原《史記》原貌的基礎上進行
的。《吕子校補》中，對《吕氏春秋》、高誘注文也都有不少的揭示和
説明，體現了梁氏全面深入的考辨之功。

七、考辨間有議論

　　乾嘉考據學以漢儒經説爲宗，從語言文字訓詁入手，主要從事
審訂文獻、辨別真僞、校勘謬誤、注疏和詮釋文字、典章制度以及考

證地理沿革等等,而少有理論的闡述及發揮。但這並不意味着他
們完全沒有理論的探討,很多大學問家的著作中,都能找到反映他
們理性思維的內容。他們在考證中運用歸納、推理等方法,對材料
進行去偽存真的辨析,本身就帶有理性邏輯思維的特點。同時,對
學術史上的某些問題,他們也往往會充分地發表自己的意見,甚至
長篇大論。錢大昕治史的一大特色就是考證中充滿着理性思維,
他對於司馬遷、陳壽等人的史學成就和著史態度等都有大量中肯
的評價,這與純粹的瑣屑考證或只知纂輯排比史料者是絕不相
同的。

梁玉繩在自己的著作中也會進行理性的探索,常常發出感慨
議論。如《人表考》"鄧祁侯:案……《史通‧品藻》篇謂《表》居第
七,則今本譌六等也。《史通》曰:'楚王過鄧,三甥欲殺之,鄧侯不
許,卒亡鄧國。今定鄧侯入下愚之上,為善致尤,將何勸善?如謂
小不忍,亂大謀,失於用權,故加其罪,是三甥見機而作,決在未萌,
自當高立標格,實諸雲漢,何止與鄧侯鄰伍,列中庸下流而已?'此
說殊非。楚文外利離親,豈復存渭陽之念?鄧祁即從三甥,無救於
亡,益速其滅。孔疏引《膏肓》有刳腹去疾,炊炭止沸之喻,品味相
鄰,奚議焉"。針對《史通》之說進行反駁,發出議論。又"虢石父:
案屬王時有虢公長父,謚屬公。宣王時有虢文父,當是石父祖若
父。西虢在畿內,世為王朝卿士。疑皆西虢之君,但未知去始封之
虢叔幾世。而《竹書》其時有虢公翰,又未知與石甫何屬,或謂翰其
子也。每代賢否相間,亦奇"。"亦奇"二字,道出了梁氏對此類事
的看法和感歎。

上述情形在其讀書劄記《瞥記》中表現得更明顯,他經常就某
些事件作出自己的解釋,如"宋韓元吉作《繫辭解》,朱太史《經義

考》云已佚。案《南澗甲乙稿‧繫辭解》序：‘淳熙戊戌五年年六十一始作此解，閱再歲而僅成。十年正月因序而藏於家。自謂得聖人之意。’蓋無咎爲尹和靖門人，與朱子友善，呂東萊其婿也。問學有自來矣”。南宋韓元吉，字無咎，號南澗，著有《繫辭解》。他是尹焞(字彥明，一字德充，賜號和靖先生，理學家程頤的高足)的門人，又與朱熹友善，且是呂祖謙的岳父。尹焞、朱熹、呂祖謙皆南宋理學大家，韓元吉與他們關係密切，學術上必有很多交流，所以梁氏說“問學有自來矣”。又如“汪應辰薦鄭樵狀云：‘年踰七十，篤學不倦，著有《詩傳》。考究精密，多先儒所未悟。推測經旨，簡易明白。’夾漈之《詩傳》今不傳，然前人嘗譏其師心自用，不知而作，獨朱子從其說。文定於朱子爲從表叔，故亦稱美之”。因爲是親戚關係，所以贊成其說。這都是梁氏根據事理人情所作的推測，乃是一家之言。

他又常針對史事大發感慨，如“司馬公爲黨人首之，石工安民乞免鐫名碑末，恐得罪後世。又九江碑工李仲寧不肯刊黨人碑。金完顏亮爲丞相，金主以司馬光畫像賀其生日，《金史‧承暉傳》嘗置司馬光、蘇軾像於書室，曰：吾師司馬而友蘇公。大賢名著四海，雖細人敵國亦知敬慕，而宣和君臣乃目爲奸黨，不亡何待”。表達了梁氏對史事的看法，對高風亮節的景仰和對齷齪不堪的鞭撻。而“(《文子》)《精誠》篇皋陶瘖而爲大理，《淮南‧主術》全。蓋其聲嘶沙，非真啞也。《宋史》楊信以乾德四年病瘖，至太平興國三年卒，歷顯仕十四年，有童奴田玉能揣度其意，每上前奏事及與賓客談論，或指揮部下，必回顧玉，書掌爲字，玉因直達其意無失。奇人奇遇，古今惟信而已”一段，則是對史書所載奇聞異事發出簡短的評論。

　　另外,在其他書中也間有討論辯說,如《志疑》中對"太史公"之稱的探討,《呂子校補》中以《呂氏春秋》的内容爲基點發出的議論等。

八、長於本校、他校和理校

　　陳垣曾借《元典章》言校勘學,總結出校勘四法:對校、本校、他校、理校。梁玉繩不是專門的校勘學家,但他在考證中也會涉及校勘問題,從中可以看出,在各種校勘方法中,他比較擅長本校、他校和理校,而對校却甚少。他在版本的選擇問題上並不專業,也不太重視版本,因此導致在對校的方法運用上相形見絀,而在其他三種方法上,却運用靈活。

　　1. 本校

　　本校即在本書内部尋找依據,以本書校本書。梁氏對這種校勘方法的運用與注重本證的特點是一致的。由於他對《史記》的掌握已經很純熟,因此,在運用本校法時也很得心應手。《志疑》中就有多處以《史記》不同篇章互證文字之失處。又如《齊悼惠王世家》"三國兵共圍齊",梁案:"上明言膠西、膠東、菑川、濟南發兵應吳、楚,欲與齊,而齊城守不聽。則圍齊之兵固四國也,乃此以下歷言三國,豈非脱誤?"按"三國兵共圍齊"的上句是:"膠西、膠東、菑川、濟南皆擅發兵應吳、楚。欲與齊,齊孝王狐疑,城守不聽。"以本篇證本篇之脱誤。又"子建延立",梁案:"《年表》及《漢表》《傳》皆作'延',此誤增'建'字。"以《建元以來王子侯者年表》證《齊悼惠王世家》有衍文。《商君列傳》"天子致胙於孝公",梁案:"據《紀》《表》,'胙'當作'伯'。"《張儀列傳》"魏因入上郡、少梁,謝秦惠王",梁案:

《紀》《表》及《魏世家》是年入上郡于秦，無‘少梁’二字。魏之少梁已於秦孝公八年取之矣，此時尚安得少梁乎？與《表》言秦惠八年魏入少梁同誤。”又“更名少梁曰夏陽”，梁案：“《秦紀》更名在惠王十一年，此在十年，非。”皆在本書内找證據。

2. 他校

他校即以他書校本書。陳垣説：“凡其書有采自前人者，可以前人之書校之。有爲後人所引用者，可以後人之書校之。其史料有爲同時之書所並載者，可以同時之書校之。此等校法，範圍較廣，用力較勞，而有時非此不能證明其譌誤。”①

陳垣所説關於他校中引用的這三種情況，梁氏都廣泛地運用到了。“凡其書有采自前人者，可以前人之書校之”：司馬遷在撰寫《史記》時，參考了先秦的很多古籍，如《尚書》《國語》等，梁氏在考證中即將《史記》之文與這些古籍的相關内容進行了詳細的核對，從而知《史記》之文的正誤。如《周本紀》“成而行之”，梁案：“《國語》此句下有‘胡可壅也’四字，似當補入，否則語意未了，蓋《史》脱耳。”通過對比《國語》原文，指出《史記》有脱文。

“有爲後人所引用者，可以後人之書校之”：《人表考》中，梁氏考證人物，羅列材料，需要在大量的書籍中搜索爬梳。他用的書籍就是當時所能看到的本子，即稱爲“今本”。而經過了多次的抄寫刊刻和漫長的輾轉流傳，書籍的内容已經或多或少地發生了變化，不同的版本在文字上也就有所不同。同一本書，梁氏看到的“今本”與前人所用的該書自然就有異處。梁氏有時就通過他書所引之文以判斷“今本”有誤，如“武王：年五十四（《路史·發揮》四引

_____

① 陳垣《校勘學釋例》卷六《校例》，1959 年 5 月中華書局，第 131 頁。

《竹書》,今本《竹書》作九十四,譌。)","陳豐:豐本作鋒(《五帝紀》
《詩·生民》疏引《帝繫》,今本《帝繫》譌作隆。)","晉文公:母大戎
狐季姬(《左》莊廿八、昭十三,而《檀弓》上疏引作犬戎,疑今本《左
傳》譌大字。)","女潰(《御覽》三百六十一引《風俗通》亦作潰,今本
《風俗通·皇霸卷》譌漬。)","申棖:字周(《史傳》,今《家語》作子
周,非。《釋文》、邢疏、《索隱》引《家語》並云字周。)","齊成公:名
説(《侯表》)。案成公之名,《世家》作脱。考《侯表》及《索隱》引《世
本》、譙周皆作説,《詩·齊風》疏引《世家》正作説字,則今本《世家》
譌説爲脱耳","鞠:案《周語下》注、《酒誥》釋文、《路史》引《世本》
並作鞠陶。《豳詩譜》疏引《史》同。疑今本《史記》脱陶字,此《表》
似亦缺"。通過他書所引之文字判斷"今本"文字之誤。《吕子校
補》中,《吕氏春秋》"桃李之垂於行者,莫之援也。錐刀之遺於道
者,莫之舉也",梁案:"《初學記》二十四引作'垂於術',疑今本譌
'行'字。"[1]據《初學記》所引疑今本《吕覽》"行"字爲譌。

　　"其史料有爲同時之書所並載者,可以同時之書校之":《志
疑》中多用《漢書》之文與《史記》之文相比較,因爲二書所載内容有
相類處,所用的材料也有相同者,因此,將二者比較,至爲恰當。

　　3. 理校

　　理校即在缺少版本依據的情況下,以自己的分析作出正誤判
斷。這種校勘方法需要有深厚的學識積累,才能運用自如。

---

　　①　孫蜀丞曰:"行字無義。'行'乃'術'之壞字。術亦道也。《一切經音義》十九引
《倉頡篇》曰:'術,邑中道也'。《初學記》引'行'正作'術'。"許維遹曰:"'行'非譌字,行
亦道也,見《爾雅·釋宫》。《書鈔》四十九引'援'上'舉'上並有'敢'字。陳奇猷曰:作
'術'者,乃後人不知'行'即爲道路字而改之也。"見陳奇猷《吕氏春秋校釋》,1984 年 4
月,學林出版社,第 890 頁。

　　理校法是梁玉繩用的較多的一種校勘方法，特別是在《志疑》中，由於對《史記》以及相關材料已經熟練掌握、了然於胸，因此，在很多時候，他都用理校法對《史記》的文字是非作出判斷。《志疑》對《史記》中衍文的判斷，有時參照其他材料採取推理的方式。如《秦本紀》"秋，繆公自將伐晉，戰于河曲"，梁案："《春秋》河曲之戰在魯文十二年，乃秦康公時事，下文書之，而此忽出斯語，相隔四十餘年，且戰在冬十二月，非秋也，蓋十一字是羨文。"以《春秋》所載河曲之戰的時間推斷當時秦王乃是康公，而非《史記》所説之繆公，並由此進一步推斷《史記·秦本紀》中的這句爲衍文。

　　有時又通過揭示本文的自相矛盾作出推斷，如《五帝本紀》"軒轅之時，神農氏世衰。諸侯相侵伐，暴虐百姓，而神農氏弗能征。於是軒轅乃習用干戈，以征不享，諸侯咸來賓從。而蚩尤最爲暴，莫能伐。炎帝欲侵陵諸侯，諸侯咸歸軒轅。軒轅乃修德振兵，治五氣，藝五種，撫萬民，度四方，教熊羆貔貅貙虎，以與炎帝戰於阪泉之野。三戰，然後得其志。蚩尤作亂，不用帝命。於是黄帝乃徵師諸侯，與蚩尤戰於涿鹿之野，遂禽殺蚩尤。而諸侯咸尊軒轅爲天子"，對於《史記》的這段記載，梁氏很不以爲然，他説："唐劉知幾《史通·叙事篇》謂'《五帝本紀》無所取'，非妄詆也。即如此段，由前言之，帝勢衰而藩國暴。由後言之，共主虐而列辟離。半幅之内，遽相抵牾。同兹炎帝，而或僅守府，或輒耀兵。同兹黄帝，而忽則翼君，忽又犯上。頓成矛盾，莫識所從。炎帝其榆罔乎？雖典籍無徵，未必若桀紂，安得侵陵群后而制之。軒轅固聖帝也，何至日尋干戈，習用軍旅……始緣炎帝世衰，諸侯不享，軒轅征之而來賓，爲炎帝征也。既因蚩尤蒙塵，軒轅徵師以誅之，爲炎帝誅也。而天與人歸，尊爲天子，烏知非炎帝讓德遜位哉。蓋《紀》中兩'炎帝'字俱‘蚩尤’之誤。”通過對所載内容的自相矛盾處進行揭示，再根據常情作出推理，從而得出“炎帝”爲“蚩尤”之誤的結論。

　　雖然梁氏對版本和校勘問題並不精通，但他却作了一些校勘工作，如參加盧文弨《群書拾補》的審定。又參與校勘《吕氏春秋》，成爲畢沅校《吕氏春秋》的重要組成部分，而他的校勘成果就保存在畢校《吕氏春秋》里。《吕子校補》對高注、畢校的糾誤中也有對二者文詞的校勘。另外《瞥記》中的《〈列女傳〉補勘》更是純粹的校勘記，以張溥翻宋本之《列女傳》爲底本，將《太平御覽》、《初學記》、《後漢書》、《史記》三家注、《文選注》、《韓詩外傳》、《家範》、《藝文類聚》、《玉篇》諸書所引之《列女傳》與張溥本相校，同時又以《左傳》《國語》《渚宫舊事》《晏子春秋》《史記》《漢書》《後漢書》等書中所載與《列女傳》相同之事作比較，將各書所載的不同之處一一列出。又《元號略》中，將日本人所刻《大成年代廣紀》與鍾淵映所録《東鑑》的不同之處全部列出，一一作比，也是一種校勘記的形式。

第二節　治　學　方　法

　　清初學者爲矯正王學末流之弊，而强調實用之學，首先體現在占學術主導地位的經學的實用上。至乾嘉時期，學者們在經學領域取得了巨大的成就，大家輩出，他們以漢儒的小學方法考訂經籍，辨析典制，形成了一套以考據爲主流的治學方法。這套方法也被廣泛地運用到其他學術領域中，包括史學。錢大昕、王鳴盛等史學家同時又都是經學家，他們皆將治經的態度和方法運用到治史中。他們治經反對空談義理，注重文字、訓詁、音韻、校勘，以博學的考證來探求儒家經典的原意，以恢復經書原貌爲己任。施之於史，則講求史實的考證，大量考訂史書内容的錯謬、篇章的混亂，而較少發明議論，以探索歷史的真相爲旨歸。王鳴盛認爲考史“不必以議論求法戒，而但當考其典制之實。不必以褒貶爲與奪，而但當考其事蹟之實”①。錢大昕從文字、音韻、訓詁入手，兼及天文、曆算、金石、地理、氏族、典制等各方面，對史書進行周密的考證，著成《廿二史考異》。在作爲傳統主導經學的治學方法影響下，史學領域的考據也蔚爲風氣，形成了與經學一脈相承的治學方法。梁玉繩在史學考證中，既廣泛吸取乾嘉史學的各種治學方法，又從自己的研究實際出發，將二者緊密結合，靈活運用，形成了具有乾嘉史學考據特點與自己獨特風格相結合的治學方法。

---

　　①　王鳴盛《十七史商榷》自序，2005 年 12 月，上海書店出版社。

一、相類比較

所謂相類比較，就是通過對相類的各種材料進行比照，掌握其內在聯繫，考核異同，從而發現并解決問題。梁啟超曾説乾嘉史學者"最喜羅列事項之同類者，爲比較的研究，而求得其公則"①，就是指相類比較的研究方法。無論是對於考證的古籍本身，還是對於所採用的各種材料，都作過比較論證。不同的書籍或同一部書的不同篇章，對同一事件、同一人物的記載往往會有所差異，通過對這些有差異的材料進行比較，以得出結論。王鳴盛《十七史商榷》中經常用到比較法，如卷八十六"李靖傳互異"條，將《新唐書》和《舊唐書》中的《李靖傳》進行類比。校勘古籍更要用到比較法，如王鳴盛所説："購借善本，再三讎勘，又搜羅偏霸雜史、稗官野乘、山經地志、譜牒簿録，以暨諸子百家、小説筆記、詩文別集、釋老異教，旁及於鐘鼎尊彝之欵識，山林冢墓、祠廟伽藍碑碣斷闕之文，盡取以供佐證，參伍錯綜，比物連類，以互相檢照，所謂考其典制事蹟之實也。"②即是通過廣覽材料，用比較的方法，勘對各書。

梁玉繩在考證中廣泛運用相類比較的方法，將各書對同一問題的不同但又近似的記載進行對比，作出是非判斷，從而得出結論。如《史記·呂后本紀》的"張釋"之稱，梁氏將《史記》其他篇章及《漢書》所載的不同稱呼並列出來，以作類比："下文及《惠景侯表》作'張澤'，《燕王世家》作'張子卿'，又作'張卿'，《漢書·高后

---

① 梁啟超《清代學術概論》，1996 年 3 月東方出版社，第 44 頁。
② 王鳴盛《十七史商榷》自序。

紀》‘張釋卿’，《匈奴傳》作‘張澤’，而《恩澤表》及《周勃傳》作‘張釋’。蓋張名釋字子卿，人或并呼之，或單稱之，故各不同，而‘澤’與‘釋’古通也。”通過對諸處所載不同的分析，得出“名釋字子卿”的結論。

又如《人表考》“蚩尤：案《高帝紀》注應劭曰：蚩尤，古天子。臣瓚引《大戴禮·用兵篇》曰：庶人之貪者。考《五帝紀》云：神農氏衰，諸侯相侵伐，蚩尤最爲暴。《逸書·嘗麥》云：赤帝命蚩尤宇少昊。《越絶·計倪内經》云：黃帝使少昊治西方，蚩尤佐之，主金。《管子·五行》云：蚩尤明於天道，黃帝使爲當時。又《地數篇》言蚩尤受金制兵，則非庶人甚明。《吕刑》疏引鄭云：蚩尤霸天下。《莊子·盜跖》釋文云：神農時諸侯，始造兵是已。而以其僭號炎帝，遂謂之天子。《吕刑》孔注及釋文稱馬融以爲少昊末九黎君號，殊妄。蓋蚩尤，帝胄之有才者，故任之以事，其後倡亂，則殺之。《周禮》賈疏所謂蚩尤與黃帝戰，亦是造兵之首也”。通過對各書所載不同的比較，作出正誤分析。

《人表考》“孟懿子：名何忌。南宮敬叔：名説。案昭十一《傳》云：生懿子及南宮敬叔，明是懿子爲兄，故韋注謂説弟。而昭七《傳》云：屬説與何忌於夫子。又似敬叔爲兄，故杜《譜》謂何忌弟，並疑其雙生。二説以韋注爲長，即字叔及別氏南宮可見”。南宮敬叔與孟懿子，孰爲兄孰爲弟，韋昭和杜《譜》説法不一，而梁氏取韋説。

又《誌銘廣例》“妻作夫誌銘”一條云：“夫爲妻撰文多有，而妻誌夫墓者僅見洪容齋《五筆》云……玉繩案：高文虎《蓼花洲閒録》云……二書所載碑文詳略不全，其説出土之由亦異，疑容齋得自傳聞，未見此碑，不若《閒録》之可信也。”先列洪邁《容齋五筆》之説，又舉高文虎《蓼花閒録》之説，兩相對比，得出洪邁不若高文虎説爲確。

又《瞥記》云："《列子》瓠巴鼓琴，《荀子·勸學》作鼓瑟，蓋因下有'伯牙鼓琴'句，改爲瑟也。《淮南·説山》襲之。謝靈運《述祖德詩》'弦高犒晉師'，改秦爲晉，避下句秦字，亦類此。"用相類似的材料對前人書中用互文這種修辭方法作出解釋。

二、例證歸納

例證歸納即通過列舉例子，歸納出一個結論。這就需要在浩瀚的古籍中勾稽資料，然後將資料分類，再根據研究的需要作出條貫分析，進行總結歸納。由於這種方法是建立在充分占有史料的基礎上的，因此，得出的結論具有很強的説服力。清初顧炎武等人就已廣泛採用歸納的方法，將大量的史料進行排比類録，發現其中的共同點或者差異。至乾嘉學人，則又把歸納的方法進一步地靈活運用，并加入邏輯理性判斷。這也是乾嘉學者普遍採用的一種方法。運用歸納法，可以揭示出材料之間的共同點和特性，發現歷史現象之間的普遍聯繫。

梁玉繩在自己的著作中運用例證歸納方法時，注重資料的收集和證據的羅列，以無可辯駁的事實來總結論證問題。這種方法在《誌銘廣例》中用得最多，因爲《誌銘廣例》中每一條義例都用簡短的文字作爲小標題來概括説明，這些小標題有的是沿襲前人，而大部分都是梁氏自己從前人的材料中總結歸納而來。梁氏翻檢各種著作，金石學方面的如歐陽修《集古録》，洪适《隸釋》《隸續》，趙明誠《金石録》，顧炎武《金石文字記》，錢大昕《金石文跋尾》，王昶

《金石萃編》等，個人筆記文集如洪邁《容齋隨筆》《三筆》《四筆》，葉
适《水心集》，閻若璩《潛邱劄記》，袁枚《隨園隨筆》，孫志祖《讀書脞
錄》以及歷代正史《南齊書》《南史》《陳書》等，運用歸納的方法，從
這些著作中總結出各種變例。如"妻不書姓：《文苑英華》楊炯《昭
武校尉曹通碑》：夫人，某官之女也，權德輿《王公端神道碑》：夫人
累贈隴西郡太夫人，又云：前此夫人歿於洛師，俱不書姓"。"妻不
書姓"這個小標題是從《文苑英華》中的幾篇墓誌銘歸納而來的。
又如"書未娶：柳河東《試大理評事裴君墓誌》：未果娶，有男子二
人，女一人。蓋微出也。《文苑英華》李華元《魯山墓碣銘》：不及
親在而娶，既孤之後，單獨終身。杜牧《裴希顏誌銘》：不娶無子。
曾南豐《張久中誌銘》亦書未娶。又劉原甫《皇再從姪克壯石記》：
年十有七，尚未娶，故無後。"再如"書已嫁復歸：張説《李氏張夫人
誌銘》：夫人寡居無子，以歸宗焉。梁蕭《御史李君夫人蕭氏誌
銘》：夫人無子，晝哭之後，歸於其宗。韓文公《盧處士誌銘》：育幼
弟與歸宗之妹，經營勤甚。東坡《范蜀公誌銘》：女一人，嘗適左司
諫吳安時，復歸以卒。《張文定公誌銘》亦書女已嫁復歸。王禹玉
《華陽集·翰林侍讀學士賈君黯誌銘》：母陳氏，繼母史氏。陳初
歸其宗，父戒君他日能自顯，則往迎之。君卒，迎陳母歸。封仁壽
郡太君。史封唐安郡太君。陳後山《仲父資官縣尉陳君誌銘》：娶
某氏，不終，故其葬不祔。周益公《蔡子亨誌銘》：四女，其一既嫁
復歸。《元文類·盧摯〈趙宣慰淇誌銘〉》：女淑儀，以疾絕婚歸
寧"。皆是用歸納的方法從各種材料中總結出標題來。

在《瞥記》中，梁氏也經常將不同書中所載的性質比較接近之
事放在一起，進行總結歸納。如"楚成王取文羋二女，晉文公納嬴
氏，皆以甥女爲妻者，可謂無別矣，嗣後妻甥者，漢孝惠取張敖女，

章帝取竇勳女,吳孫休取朱據女,俱楚顓晉重作之俑也"。從史書中歸納羅列以甥女爲妻之例。

三、邏輯推理

邏輯推理的方法即不必羅列資料依據,只是憑着某種慣例或者原則來作出判斷。當然,這樣的推理也並非無所依傍、胡亂牽扯,雖然沒有資料爲依據,但都是根據一定的道理推斷而來的。利用推理的方法進行考證,需要有豐富的知識儲備和深厚的學識學養以及對本書規則和某些問題的通例有熟練的掌握,才能運用自如、得心應手。對於治學基礎扎實、專業技巧高超的乾嘉學人來説,邏輯推理的方法是他們建立在長期實踐積累基礎上的有效方法。

1.《人表考》中的邏輯推理

在《人表考》中,梁氏廣泛地運用了邏輯推理的方法。因爲《漢書》在輾轉流傳過程中,經過後人有意無意的改動,其面貌已於班固本意有所不同,《人表》尤甚,其中不少人物所處的位置不恰當,以致爲人所譏,但有些並非班書原貌,因此,梁氏就作出辯駁。這些辯駁有的是通過其他書中的某些記載作爲證據來證明,有些則是通過邏輯的推理。因爲《人表》的特殊格式,推理又分爲一般的推理和針對《人表》所作的獨特的推理。

(1)一般推理

這是梁氏運用較多的一種推理方法,即依據某種固定的規則來作出判斷,如"熙:案熙當爲重,班氏誤爾。《左傳》:少皞四叔,重、該、脩、熙,實能金木及水。《月令》:其神句芒。《表》不應獨缺重爲木正句芒一官。脩、熙相代爲水正，亦不應複列熙名，其誤無疑”。依據《左傳》所載，推斷《人表》不應獨缺重，同時因爲“脩、熙相代爲水正，亦不應復列熙名”，因此知此處“熙”當作“重”。又如“燕鄭侯：案《索隱》謂謚法無鄭，或是名，然燕君皆失名，不應此侯獨傳名鄭，可疑”。根據“燕君皆失名”的通例，推斷燕鄭侯之“鄭”有誤。再如“昭王瑕：在位十九年（《竹書》，而《外紀》《通志》作五十一年，至所引皇甫謐謂在位二年，年三十五，則妄也。穆王即位，春秋已五十，父年乃三十五耶？）”，據事理推斷知皇甫謐所言爲妄。

（2）具體推理

根據《人表》獨有的格式特點，梁氏又通過人物在《人表》中的位置及前後人物所處的時代來推斷該人物的時代或身份，可分爲以下幾種情況：

① 針對重名者，根據人物所在位置推斷其究爲哪一個，如“中叔圉、祝佗、王孫賈：案《晏子春秋·諫上》齊景公臣有祝佗，《左》定五年楚昭王功臣有王孫賈，皆同時人。而此與孔圉並列，當是衛靈公臣也”。孔圉即中叔圉。因爲當時名祝佗、王孫賈者不止一人，因此，梁氏依據《人表》中祝佗、王孫賈二人與中叔圉並列的位置，知二人確切身份。

又如“白圭：案七國時前後有兩白圭，《史·貨殖傳》白圭當魏文侯時，《韓子·內儲説下》白圭相魏，《史·鄒陽傳》白圭戰亡六城，爲魏取中山，白圭顯於中山，人惡之魏文侯，此周人白圭也。圭其名。《吕覽·聽言》《先識》《不屈》《應言》《舉難》《知分》等篇稱白圭與惠施、孟嘗君問答，《韓子·喻老》白圭之行堤，塞其穴，無水難，《魏策》載白珪二事在魏昭王時，蓋爾時猶存，此魏人白圭也。丹名，圭字。《表》列於孟子、魏惠王之間，則爲魏白圭無疑”。名白圭者一爲周人，一爲魏人，梁氏依據《人表》中白圭所處位置乃"孟子、魏惠王之間"，知爲魏人白圭。

其他又如"高子：案《孟子》中高子有二，此與樂正子並列，必是弟子，非《告子》篇之高叟也"。"公子雍：公子雍始見《左》文六（《表》列魯文時，故知非僖十七年齊桓公之子公子雍）。""翳蔑：案同時齊有翳蔑，莊公外嬖，爲崔杼所殺，亦見襄廿五《傳》。此與子皮並列，必鄭然明也。""公孫丁：案昭二十，宋有公孫丁。此與佗、差並列，且時不相接，當是衛人。""公子偃：案經、傳有三公子偃，一爲魯莊公時大夫。一乃鄭穆公子，字子游，諡宣子，即公孫蠆子蟜之父，亦在魯成時。而此與僑如並列，當是被刺之公子偃。""頓子：案僖廿五書頓子，後直至昭四、五兩年三書頓子，廿三年書吳敗頓、胡、沈七國之師于雞父。此列在昭公時，又與胡、沈二君並，必指雞父戰敗之頓子也。""石气：石乞惟見哀十五（气即乞也）。案其時楚亦有石乞，而《表》與孔悝、狐黶並，知是衛人也。"

又有推斷非此人而是彼人者，如"顓孫：案……與南宮萬相接，知非莊廿二年陳顓孫矣"。"徐子：案本書《藝文志》'徐子'注云：宋外黄人。《策》《史》言外黄徐子說太子申百戰百勝之術，《表》列魏惠王時，當即此。恐非孟子弟子徐子及《韓子·外儲說左》趙襄子力士中牟徐子也。""慎子：案《戰國·楚策》有慎子，爲襄王傅。魯亦有慎子，見《孟子》。此與莊、惠並列，則非此人也。"皆是據在《人表》中的位置來推斷重名者的具體身份。

②　有的書中將兩人認爲一人，梁氏據《人表》所列知二人非一，如"莫敖大心：案《困學紀聞》六以大心即沈尹戍，《國策》吳注

從之。但戍爲司馬,不爲莫敖,此《表》戍與大心並列,當屬兩人"。

③ 根據人物在《人表》中的位置推斷因後人傳寫導致字誤,如"司馬狗(師古曰:衞宣公臣也,見《魯連子》):案《魯連子》今不傳,他書亦未見司馬狗其人。《表》列狗於衞靈公世,而宣公在春秋初,時代不合,得毋靈公臣司空狗之誤歟?(《表》於司寇牛父誤作司空,可例觀也。顏注:宣當作靈)"依據《表》列此人在衞靈公世,知其當爲司空狗而非司馬狗,"馬"字乃後人所誤改。又如"王孫章:案王孫章無其人,《表》與員公辛並,必《左》定五年楚昭王功臣王孫賈也。章字譌"。"田果:案《藝文類聚》廿七、《御覽》七百廿五引《尸子》云:齊有田果,命其狗曰富貴,其子曰樂。將祭,狗入於室,叱之曰:富出。巫曰不祥。長子死,哭之曰樂,而不似悲也。據此則田果乃一愚人,何以居第六?《表》與周舍、燭過並列,疑果爲卑字之譌,皆趙簡子時事"。

2. 其他著作中的邏輯推理

在其他著作中,梁氏也廣泛地用邏輯推理的方法進行考證。如《瞥記》:"《墨子·尚賢》中篇引《周頌》曰:'聖人之德,若天之高,若地之普。其有昭于天下也。若地之固,若山之承,不坼不崩,若日之光,若月之明,與天地同常。'豈《周頌》亦有逸篇邪?疑是古説《詩》者之辭,以爲《周頌》,體不類。"根據文體形式來判斷《墨子》所引非爲《周頌》之文。又"《祭法》曰:夏之衰也,周棄繼之,故祀以爲稷,《魯語》'衰'作'興',一以祀棄爲湯,一以祀棄爲禹,似當依《祭法》。禹棄全時,無故廢柱而以全時人易之,恐無此理"。依照事之常理推斷。再如《誌銘廣例》:"女爲父母立碑:《水經·沔水注》闕林山有郭先生碑,先生名輔,字甫成。有孝友悦學之美,其女爲立碑於此。《隸釋·郭輔碑》其季女明文潁川之夫人也,感惟考妣克昌之德,登山采石,至於墓道。案文云:有四男三女,咸高賢姣孌,富貴顯榮。銘曰:'堂堂四俊,碩大婉敏。娥娥三妃,行追大姒。'乃季女獨任立碑之事,蓋諸兄讓爲之也。"爲父母立碑者,本爲兒子之事,而此却出現了女兒,並且是在兒子們皆"高賢姣孌,富貴顯榮"的情況下。梁氏經過推理,得出"蓋諸兄讓爲之"的結論。

第三章 《史記志疑》

　　《史記志疑》是梁玉繩最重要的著作，也是用時最長、耗力最多的一部，從乾隆三十一年始撰，經過了十七年的時間，"采裴、張、司馬之舊言，搜今昔名儒之高論"①，凡五易稿，至乾隆四十八年（1783）梁氏五十八歲時乃成。

　　司馬遷《史記》一書，"究天人之際，通古今之變，成一家之言"（《報任安書》），縱橫捭闔，恣肆磅礴。開通史之路，創五體之源，乃後代史書之圭臬。魯迅之贊"史家之絶唱，無韻之《離騷》"，可謂實至名歸。要之，無論是在史學史上，還是在文學史上，《史記》都處於當之無愧的領軍地位。然而，就是這樣的一部大手筆，却被評爲"是非頗繆於聖人，論大道則先黄老而後六經，序遊俠則退處士而進姦雄，述貨殖則崇勢利而羞賤貧"②，在兩漢時，一直被視爲離經叛道之作，不但得不到公正的評價，而且當時學者也不敢爲之作注釋。漢宣帝時，雖然已開始流布，但仍未免遭删改、竄亂的厄運，從而使得《史記》内容錯謬不斷、謬種流傳，至東漢時已非原貌。後人

---

① 《史記志疑》梁玉繩自序。
② 班固《漢書》卷六十二《司馬遷傳》，1962 年 6 月中華書局，第 2737—2738 頁。

又或據誤説而論，遂使譌謬相襲，層出不窮。因此，正本清源成爲研究《史記》者的必作之功。歷代對《史記》的研究，今存最突出的成果，是劉宋裴駰的《史記集解》八十卷、唐司馬貞的《史記索隱》三十卷、張守節的《史記正義》三十卷，即《史記》三家注。此後，治《史》之作，專著有金王若虛《史記辨惑》十一卷、明郝敬《史記瑣瑣》二卷、程一枝《史詮》五卷、柯維騏《史記考要》十卷、清成孺《史記駢枝》一卷、杭世駿《史記考證》七卷、潘永季《讀史記劄記》一卷、邵泰衢《史記疑問》一卷等。另外，錢大昕的《廿二史考異》、王鳴盛的《十七史商榷》、趙翼的《廿二史劄記》等，也都對《史記》有較多的涉及。然而，三家注之後的這些研究，從內容上看，大都比較單薄，不能與三家注相提並論，直到梁玉繩的三十六卷《史記志疑》，才又一次對《史記》作了全面具體細緻深入的研究。

　　《史記志疑》條目形式多樣，内容豐富，充分體現了梁玉繩的縝密之思和考辨之功，具有濃郁的乾嘉考據特色。該書本名《史記刊誤》，後改爲《史記志疑》①。既名曰“志疑”，則其目的首先是針對《史記》的内容提出疑問，然後通過考證，表明自己的觀點，作出合理的解釋。因此，《志疑》在很大篇幅上是揭示《史記》的失誤，並作出考辨。當然，也並非全都是疑問，除了糾誤之外，《志疑》對《史記》的某些内容也作了詳盡的總結和歸納，對某些缺漏進行了補充，並澄清了後人對《史記》的誤解。梁氏在《志疑》自序中説：“余自少好太史公書，綴學之暇，常所鑽仰。”在《瞥記》中他又説：“《宋史》最蕪冗疏略，杭堇浦太史嘗命余删增，別作一書。自揆謭薄，謝不敢爲。遂從事《史記》，作《志疑》三十六卷。”事實證明，他的選擇

————————

① 　見上海圖書館所藏稿本。

是正確的,《史記志疑》不僅在《史記》研究史上舉足輕重,而且成爲梁玉繩最重要的代表作。無論在當時的乾嘉史學論壇上,還是後來的《史記》研究領域中,《志疑》都具有重要的價值。該書始一創成,即得到肯定,錢大昕稱其爲"襲《集解》《索隱》《正義》而四之者"①。陳冶泉跋《志疑》云:"識見卓,徵引博,不蔓不支,惟精惟確,堪稱馬班功臣,是乃超絶傑作。"②充分揭示了《志疑》的意義和價值。

《史記志疑》今有稿本藏上海圖書館,存卷一至卷十。乾隆五十二年,《志疑》初刻,後又有光緒十三年刻《廣雅書局叢書》本、光緒十四年餘姚朱氏刻本、光緒二十一年湘陰郭氏岵瞻精舍刻本、光緒中《史學叢書》本、民國中《叢書集成初編》本以及抄本。有的版本爲三十六卷,有的版本則在三十六卷的基礎上增加了三個附錄:《瞥記》《蛻稿》和《庭立記聞》中所録對《志疑》的補充性内容。《瞥記》是梁玉繩的讀書筆記,《志疑》三十六卷刊行後,梁氏又不斷地補充,因爲無法再添到《志疑》中,所以匯總到《瞥記》裹。《蛻稿》是梁玉繩的詩文集,其中第四卷有幾篇文章與《志疑》的寫作有關:《答錢詹事論漢侯國封户書》是與錢大昕就《史記》中的問題進行商討的書信,有助於瞭解《志疑》的撰述背景。《公儀子禁織辨》《反蘇子〈范增論〉》《書〈史記・酷吏傳〉後》是就《史記》問題所作的小論文,反映了梁氏的論史觀點。《庭立記聞》是梁學昌等所輯,述玉繩考古問答之語,其中有對《志疑》的補充。

1981 年中華書局出版了賀次君先生點校本,將淩稚隆《史記

---

① 《史記志疑》錢大昕序。
② 《庭立記聞》卷一。

評林》與金陵書局本的《史記》(中華書局二十四史點校本《史記》的底本)有異之處附注在《志疑》所錄各條《史》文之下,有助於讀者瞭解《史記》的原貌,對《志疑》的研究也很有幫助,是目前最通行的版本。

第一節　《史記志疑》的體例

每部書都有自己的著述規則,《志疑》也不例外。在《志疑》中,雖然並沒有一個總的"凡例",但在行文過程中,梁氏遵循自己的著述習慣,形成了一些格式、規律。

一、總體形式特點：摘句注解

前人注解古書,採取的形式大同小異:或者保持原文的完整性,或者摘取書中字句加以自己的解說。梁氏採取的就是摘句注解的方式:將需要考辨的文句從《史記》中摘錄出來,然後附以案語。

有時需要考證的只是一段中的兩句,那就沒有必要把整段話都摘出來。於是,只抽取這兩句,然後附以考證。如《史記·周本紀》:"昔我先王世后稷,以服事虞、夏。及夏之衰也,棄稷不務,我先王不窋用失其官,而自竄于戎狄之間。"《志疑》僅摘取了兩句"昔我先王世后稷"和"我先王不窋"。有時需要考證的是一段很長的話,也沒有必要把整段話都過錄,於是用一個"至"字加以連接。如《史記·楚世家》:"二十年,齊湣王欲爲從長,惡楚之與秦合,乃使使遺楚王書曰：'寡人患楚之不察於尊名也……願大王孰計之。'楚王業已欲和于秦，見齊王書，猶豫不決，下其議群臣……於是懷王許之，竟不合秦，而合齊以善韓。"《志疑》中爲："二十年，齊湣王欲爲從長，惡楚之與秦合，乃使使遺楚王書，至合齊以善韓。"有時候需要說明的是句讀問題，而古時無標點，因此便以"句"字作爲句讀標誌，如《史記·蘇秦列傳》："夫破宋殘楚淮北肥大齊"，《志疑》作"夫破宋句殘楚淮北句肥大齊"。

二、行文中的説明總結

在《志疑》的前半部分，梁氏經常以提示性和概括性的語句説明寫作規律。如《自序》末云："凡引注疏、正史與漢以前書，皆不出姓名。本朝先哲稱里及氏，並時師友稱爵里。"《志疑》的凡例，分散在行文的過程中，首次出現時，則予以説明，從而領起以後的相同情況，有時又有一些僅見於一處的特例，則給以專門的説明。

1. 案語引領字

《志疑》中梁氏的每段考證語之前，大都會有一兩個字作爲引領，有時是一個字"案"，有時是兩個字"附案"，有時則既無"案"字也無"附案"。而考證語前用不用字，用"案"還是"附案"，並不是隨意的，而是有章可循的。在某種情況首次出現時，梁氏都作出了説明。其中以"附案"二字開始的情況有七種：① "他書引《史》與今本異者"。② 三家注"所載別本有義勝本文者"，"但舉義勝之條，餘偶及焉"。③ "《史》注與他書謬解"，"間有所辨"。④ "他書之異者"。⑤ "湖本有傳寫舛誤及句讀錯者"。⑥ "傳寫譌錯而非《史》文原誤者"。⑦ "非《史》誤而有所辨者"。而案語前不用字只有一種情况：“直録舊説”，即直接引用前人之説而無己意。除上面的八種情况外，其餘皆以“案”字領起。

如果對《史記》中同一句話既需要用“案”字，也需要用“附案”時，就在“附案”前加一個“又”字。如《史記·漢興以來將相名臣年表》“皆屬大將軍”一句，《志疑》的形式是：“案：據青本傳，當云‘皆屬車騎將軍’。又附案：是年御史大夫位缺，據《百官表》五年四月丁未，河東太守九江番系爲御史大夫。但公孫弘以十一月乙丑遷丞相，何以亞相虚位五月，疑‘四月丁未’有誤。”

案語之前的引領字起到一種提示作用。通過這些引領字，讀者就可以知道這段案語所要説明的大體是什麽問題了。

2. 特例説明

某類情况在《史記》中多次出現，因爲性質相似，梁氏在《志疑》中就只在該情况首次出現時予以説明。如《史記·秦本紀》：“孔子以悼公十二年卒。”梁案：“孔子之卒，止宜書於周魯，餘可不書也。若以爲天下一人，不可不書，則各國皆宜書，又何以僅書於周、秦兩紀，魯、燕、陳、魏、晉、鄭六世家乎？《史記》中斯類甚多，亦體例之參錯可議者，附論於此，不及遍舉。”梁氏認爲《史記》中有許多不合時宜之處，是體例方面的問題，而這樣的地方太多了，所以只在第一次遇到這種情况時提一下，以後若再遇到類似情况就不再論及了。又如《史記·建元以來侯者年表》：“右太史公本表。”梁案：“六字褚生所改……至此下當塗至陽平四十六侯，亦皆褚所續，非但侯位多有遺缺，其編録之誤，不可指計。凡功勳、罪狀、國號、姓名、官職以及户數、年數，盡與《漢書》不合。例當删削，故今不討論也。”褚少孫等人的續文本不在《志疑》的討論範圍内，梁氏稍作説明。

第二節　對《史記》之誤的糾駁

　　雖然司馬遷博學多識，但《史記》也並非完美無缺。前人對《史記》的失誤已多有指正，梁氏又根據自己的所知與思考，對其中的一些疏失進行了考辨和糾正，所考對象涉及廣泛，人物、時間、地點、事件等，無所不包。

一、人物

1. 上古帝王世系

　　《史記》中記載了很多人物，這些人物的屬性如世系、姓、名、字、號等頗爲錯綜複雜。尤其是上古人物，由於資料的缺失等原因，致使歷來的説法紛繁不一，《史記》的記載也並不能完全準確。梁氏對《五帝本紀》關於人物身份、世系等内容的説法，多所不滿，他通過旁徵博引，作了大量的考證和糾改工作。最突出的是對黄帝以後世系傳承問題的條分縷析，在對"帝顓頊高陽者，黄帝之孫，而昌意之子也"一句的案語中，他用了大量的篇幅，對這一問題作了一個總體的論證和説明：

　　　　《史》之難信，未有帝王統系者也。其所作五帝、夏、殷、周等《紀》及《世表》《楚世家》，多取《大戴禮》《世本》諸書。然《大戴禮》漢儒采録，不皆可據。《世本》出於周末，復經秦殘滅之餘，烏足盡憑？夫馬、班以漢人作漢史，尚不識高帝先代，但記

其爲豐公、太公而已，矧欲明二千年以前之譜牒耶？乃襲譌仍
舛，謂顓頊爲黄帝之孫，帝嚳爲黄帝曾孫，舜爲黄帝九世孫，
堯、禹、契、稷并爲黄帝玄孫。是黄帝者，五帝、三王大祖也，此
與兵法、神仙、醫術家託附軒轅何異。今依其説稽之，黄帝之
崩，傳次子昌意之子顓頊。顓頊之崩，傳伯父玄囂之孫嚳。嚳
崩，傳第四妃之子摯及第三妃之子堯。堯崩，下傳族元孫舜。
舜崩，上傳四世祖禹。未免紕乖。試思黄帝何以不傳儲嫡玄
囂？顓頊何以不傳冢嗣窮蟬，嚳稱聖帝，稷、契、堯又四子中之
長且聖者，明聰如嚳，寧有不傳元妃所生之稷，反越班而立下
妃所生不善之摯？摯死而以次當立者莫如稷，乃稷不得立，并
次妃所生之契亦不得立，而堯爲天子，何哉？然猶可諉曰"唐
侯盛德"也。稷、契爲堯兄，則知稷、契者宜莫如堯，吾以爲不
待疇咨而早登庸矣，乃以欽明文思之聖弟，在位七十載，久不
能用，必俟舜始舉之，有是理乎？堯既倦勤，則陟位之命固宜
非稷即契，胡當日巽四岳，禪重華，而兩聖兄獨弗之及，得毋親
疎倒置耶？且玄囂、昌意，黄帝之二子，玄囂三傳生堯，昌意七
傳生舜，豈玄囂之後俱年長，而昌意之後多不永？堯與禹爲同
高祖兄弟，堯既舍稷、契，則應禪於禹，無假乎詢訪決者，而反
遥授不相屬之舜，已有可議。況舜爲堯族玄孫，安得當身接
禪？及云相及，自其一家，安得謂其以天下予人？大聖如舜，
又在戚屬，堯寧不聞，而必由岳牧咸薦，歷試乃用。其初爲父
母所惡，屢瀕於死，則堯安得稱欽明文思，九族既睦？二女釐
降，是以族曾孫娶曾祖姑，不更瀆倫亂序乎？顓頊至舜，歷年
甚久，而鯀、禹遂仕盡四朝，何如此其壽？堯、舜在位，幾百五
十年，然後傳禹，何禹之生又如此其晚？舜傳位於四世祖，亦

一家人，何乃與堯之傳舜并號予賢？契十三傳爲湯，稷十三傳爲王季，則湯與王季爲兄弟矣，而禹、契、稷三聖共事堯、舜。禹十七傳至桀，湯三十傳至紂，二代凡千餘年，而稷至武王纔十六傳，歷盡夏、商之世，武王竟以十四世祖伐十四世孫，其誰信之？簡狄爲帝妃，豈有帝妃而浴於川者？稷爲嚳元子，豈有帝子而見棄者？凡此皆不足依據。余旁搜典籍，廣覽先儒之論，然後知五帝、三皇之世次多有遺錯，而顓頊、舜、禹均不祖黃帝。曷以斷之？古者一代之興必建立氏號，其後嗣即因而不改。《禮·祭法》疏引《春秋命歷序》云黃帝傳十世，少昊傳八世，顓頊傳二十世，帝嚳傳十世，並紀其年，宋劉恕《通鑒外紀》據之。雖緯書未盡可憑，而此條足補《史》缺，以濟諸説之窮。然則黃帝有天下閱三千餘年而後顓頊興，是顓頊之上世莫考，《史》有疎脱矣。顓頊有天下閱三百餘年而後嚳興，是嚳之上世莫考，《史》有疎脱矣。嚳有天下閱四百年及摯而衰，堯始興，是堯之上世莫考矣。《路史·餘論》載《吕梁碑》云：舜祖幕，幕生窮蟬，窮蟬生敬康，敬康生喬牛，喬牛生瞽叟，瞽叟生舜。其世次無句望一代，而窮蟬實非顓頊子，是《史》於舜之上世有差繆矣。《漢志》引《帝繫》云"顓頊五世而生鯀"，則鯀亦非顓頊子，是《史》於禹之上世有紕漏矣。《索隱》引譙周《古史考》云"契必非嚳子，其父微，不著名。棄，帝嚳之胄，其父亦不著"。鄭康成箋《生民詩》云"姜嫄當堯之時爲高辛氏世妃"。注《周禮·大司樂》云"姜嫄無所妃，是以特立廟祭之"。賈、孔謂嚳後世子孫之妃，又引曹魏時博士張融曰"稷、契年稚於堯，堯不與嚳並處帝位"。則稷、契焉得爲嚳子。若使嚳爲稷、契父，帝嚳聖夫，姜嫄正妃，《詩》何故但嘆其母，不美其父？則知

堯與稷、契非兄弟，嚳非堯、稷、契之父。摯母娵訾，堯母陳豐，
契母簡狄，稷母姜嫄，皆非嚳妃，而《史》於契、稷之上世有誣戾
矣。至吾謂顓頊、舜、禹不祖黃帝者，《路史·後紀》據《國語》
《呂梁碑》以爲舜之系出虞幕，非出黃帝。夫《國語》史伯舉四
代之祖稱虞幕與禹、契、棄並列居先。更徵《左傳》昭八年史趙
曰"自幕至瞽瞍無違命"。舜之祖幕，決無可疑。而《左傳》又
云"陳顓頊之族"，《國語》又云"幕能帥顓頊者"，則幕之祖顓頊
尤審。是不正舜不祖黃帝，並瑞頊亦不祖黃帝，既瑞頊不祖黃
帝，而鯀爲顓頊五世孫，禹亦不當祖黃帝。蓋幕國於虞，故爲
虞氏，特幕之上世略而莫考，未知幕爲顓頊之子歟？抑非顓頊
之子歟？窮蟬既爲幕子，未知窮蟬去顓頊中隔幾世，而顓頊之
祖父與顓頊之子孫俱未知誰何。往牒敗亡，莫從勘檢矣。由
此觀之，堯、契、稷出帝嚳，同祖黃帝爲一族。舜、禹出顓頊爲
一族。此二族者，輩行之尊卑莫問，年歲之遠近無稽，祇認爲
遙遙華胄焉耳。若依《史》謂皆出黃帝，將何異王莽之以舜出
嚳，堯出於顓頊乎？即或謂黃帝、顓頊亦一族，固已異姓別宗，
懸曠疎絕，譬若魯之與宋，秦之與趙也。魯未嘗不娶宋子，趙
未嘗不娶秦嬴，而尚奚疑于嬪虞二女哉……先儒論帝王之世
系，人人異端，無所折衷，而《史》于紀、表、世家，簡略牴牾，故
綜其梗概而著之於此。

在這一大段案語里，梁氏以"《史》之難信，未有帝王統系者也"
一句揭示出了問題的嚴重性和自己將要考證的內容，然後先提煉
出《史記》的觀點："顓頊爲黃帝之孫，帝嚳爲黃帝曾孫，舜爲黃帝九
世孫，堯、禹、契、稷并爲黃帝玄孫。是黃帝者，五帝、三王大祖也。"

《史記》以黄帝爲後世幾代帝王之共祖,而梁氏則通過對各種材料的引用、分析,採用正論、反論和假設等方法,得出"顓頊之上世莫考,《史》有疎脱"、"嚳之上世莫考,《史》有疎脱"、"堯之上世莫考"、"《史》於舜之上世有差謬"、"《史》於禹之上世有紕漏"的結論,即《史記》所載各代帝王的世系皆有誤。然後又通過考證,得出自己的論斷:"堯、契、稷出帝嚳,同祖黄帝爲一族。舜、禹出顓頊爲一族。此二族者,輩行之尊卑莫問,年歲之遠近無稽,衹認爲遥遥華胄焉耳。"通過這一段論證,梁氏將自己對上古帝王世系的認識和觀點清楚明白地表達出來。而在下文的考證中,凡遇世系問題,如"橋牛父曰句望,句望父曰敬康","自從窮蟬以至帝舜,皆微爲庶人"等内容,必作説明或分析,不厭其煩地指出《史記》在世系方面記載的失誤並作糾正。

2. 姓名字號

對《史記》中所載人物的姓、名、字、號等内容的失誤,梁氏也都一一作出評論和糾正,如《五帝本紀》説黄帝"姓公孫名軒轅",梁氏不同意,他認爲,"公孫"不是黄帝的姓,因爲黄帝爲少典國君之後,所以有"公孫"之稱,乃是一種對身份的稱呼;"軒轅"也不是名,而是號。又如對"姬"稱的界定,梁氏認爲姬乃周朝之姓,是極尊貴的象徵,普通的女子不應該被稱爲"姬",因此,《始皇本紀》稱吕不韋送給莊襄王的女子爲"姬"是錯誤的。但這種錯誤由來已久,並非司馬遷始之:"稱妾爲姬,其誤蓋始于周末,史公亦隨俗書之。"妾既不應稱"姬",則宋徽宗改稱公主爲帝姬,更是極不恰當的。《志疑》中有時既指出《史記》在人名記載方面的失誤,同時又以此爲基點對相關問題進行討論,如《殷本紀》"子微立",梁案:"《魯語》展禽曰'上甲微能帥契者',《孔叢子》引《書》曰'高宗報上甲微',則商家以日爲名自微始，而《史》缺之，不始于報丁也。然竊疑商人自契至振，並別製名，何以上甲至帝辛改名十日？而以日爲名之外又未嘗無名，如上甲名微，天乙名履，帝辛名受。疑諸君俱有二名，今缺不具。蓋名以日者殷之質，生之與死皆以是，臣民之所稱亦以是。別立名者殷之文，非有大典禮不用，故成湯告天始名曰‘予小子履’，而微子庶不爲嗣，遂祇傳其名啓而已。”既指出《史記》于商王之名有缺，又對商人的命名問題作了探討。

二、地理

對地理的考證指對某一地的歸屬或者地名的考證。如《周本紀》“秦召西周君，西周君惡往，故令人謂韓王曰：秦召西周君，將以使攻王之南陽也，王何不出兵南陽？”梁氏案：“《國策》：‘或爲周君謂魏王曰：秦召周君，將以攻魏之南陽，王何不出兵於河南？’蓋《策》所云河南是也，《史》言南陽非。”通過引《戰國策》之文，指出《周本紀》所載的地名有誤。而《秦本紀》又有“攻韓南郡”之句，梁氏説，南郡非韓地，而是楚地，“南郡”應改爲“南陽”才是。正應合了《周本紀》中“攻王之南陽”之句，可知，當爲南陽無疑。① 這是對《史記》所載地名之誤的糾正。又有對同名之地的詳細辨析，如《周本紀》“所謂周公葬我畢，畢在鎬京東南杜中”，梁案：“‘我’字不可解，當是‘於’字之誤，史公蓋引《書序》也。畢有二，在渭南者名畢

---

① 錢大昕《廿二史考異》卷一云：“戰國之際，韓、魏皆有南陽。魏之南陽，即河内之修武。《左氏傳》‘晉於是始啓南陽’是也。韓之南陽，即秦、漢南陽郡也。但秦昭王三十五年已置南陽郡，而此又云攻韓取之，亦似可疑。若江陵之南郡，則楚地，非韓地也。”梁氏所辯與此一致。

郢，文、武、周公之墓在焉，所謂‘鎬京南杜中’，韓昌黎《南山詩》‘前尋徑杜墅，坌蔽畢原陋’是也。在渭北者名畢陌，秦惠文、悼武兩陵及漢諸陵在焉，唐劉滄《咸陽懷古詩》‘渭水故都秦二世，咸原秋草漢諸陵’是也。畢公高之封亦在渭南。”

三、時間

司馬遷對歷史事件發生時間的記載，大都清楚明白，但也存在不少失誤，梁氏一一作出辯駁。如《周本紀》“十五年，王降翟師以伐鄭”，梁氏不僅指出此“十五年”時間有誤，而且連及《國語》之誤記：“此以伐鄭在十五年，《國語》作十七年，俱誤，當依《春秋》書於襄王十六年也。”以《春秋》之“十六年”爲準。又《周本紀》“四十一年，楚滅陳”。梁案：“《左傳》楚滅陳在哀十七年，爲敬王四十二年，此誤作‘四十一’。《史記》各處所書滅陳之年，惟《秦紀》《吳》《蔡》《陳世家》不誤，其餘《周紀》《年表》及《杞》《宋》《楚》《鄭世家》俱誤也。”對《史記》各章所載滅陳之年的正誤作了歸納總結。有時又不僅糾正時間之誤記，而且追溯這種失誤的來源，如《秦本紀》“十二年，齊管仲、隰朋死”，梁案：“《齊世家》在齊桓公四十一年，當魯僖、秦穆之十五年，此誤書於十二年也。是年桓公方使管仲平戎於王，隰朋平戎於晉，何以死哉？然其誤從《穀梁傳》來，《穀梁》於魯僖十二年‘楚人滅黃’《傳》言‘管仲死耳’。”以《史記》其他篇章所載時間來糾正《秦本紀》的失誤，並作出分析及溯源。另外又如，鄭伯、虢叔殺子頹而入惠王是宣公四年事，而非《秦本紀》所記的“三年”。《李斯列傳》“二十餘年，竟并天下”，梁案：“始皇十年有逐客令，至并天下才十七年也。”皆是對時間之誤的糾正。

四、事件

對《史記》所載古代某一事件的正確與否，梁氏也經常提出質疑。如《五帝本紀》載瞽瞍三番五次地欲謀殺舜之事，梁氏認爲事屬可疑，他說：“焚廩、捸井之事，有無未可知，疑戰國人妄造也。即果有之，亦非在妻二女之後。”又如《殷本紀》稱“帝乙立，殷益衰”，以帝乙爲衰殷之君，而梁氏則認爲帝乙賢君，他說：“《書·酒誥》曰：‘自成湯咸至於帝乙，成王畏相。’《多士》曰：‘自成湯至於帝乙，罔不明德恤祀。’《易》亦屢稱稱帝乙。是固殷之賢君，奈何以爲殷由之益衰乎？此《紀》及《世表》同誤。然其誤必因錯會《左傳》來，文二年《傳》曰‘子雖齊聖，不先父食。故禹不先鯀，湯不先契，文、武不先不窋。宋祖帝乙，鄭祖厲王，猶上祖也’。《傳》不過雜舉以名不先祖父之義，乃史公見其與厲王並言，遂以爲衰殷之主。杜預仍其誤而甚其詞云‘二國不以帝乙、厲王不肖，猶尊尚之’。未知帝乙不肖何在。上文鯀、契亦並言，可謂契是不肖乎？”不僅指出《史記》之誤，還且還考究出這種錯誤的原由：《史記》乃誤會《左傳》之意，遂以爲帝乙與厲王同爲不肖之君。

又如《秦本紀》及《燕世家》中均稱秦二十五年有佐韓、魏、楚伐燕事，而梁氏認爲秦無佐伐燕之事，且伐燕的是齊、魏、韓，而非韓、魏、楚。再如《魏豹彭越列傳》“廷尉王恬開奏請族之”，梁氏案：“彭越之族在高帝十一年。而《公卿表》十年是廷尉宣義，十二年廷尉育，則非王恬開，此時恬開恐尚爲郎中令也。”《秦本紀》“秦繆公將兵助晉文公入襄王，殺王弟帶”。梁案：“《左傳》云‘晉侯辭秦師而下’，《晉語》子犯云‘秦將納之，則失周矣’，是秦未嘗助晉納王也。

《晉世家》與《左氏》合，此誤。"皆是揭示《史記》在某一事件的記載方面出現了失誤。

五、用字

對《史記》文字的校勘是《志疑》的一個重要內容。《史記》之文，或由於司馬遷本人的疏忽，或由於長期輾轉流傳中的後人妄改，出現了不少譌謬錯亂，使人真假難辨。有時一字之差，意義全改。因此，梁氏對文字作出精密考證。

1. 譌文

對於《史記》文字的錯譌，梁氏有時只是糾正而沒有任何的解說，不作任何的議論。如《殷本紀》"以國爲姓"，梁案："'姓'字誤，當作'氏'。"《周本紀》"三十二年，襄王崩"，梁案："'二'當作'三'。"皆直接糾誤。有時則通過引用他書之文來證明《史記》之誤字。如《周本紀》"后、太子聖而早卒"一句，梁氏云："昭十五年《左傳》云'六月乙丑，王太子壽卒。八月戊寅，王穆后崩。王子朝告諸侯曰：穆后及太子壽早夭即世'。則'聖而'二字乃'壽'字之誤，不然，豈穆后與太子俱聖乎？《經》無所考也。"以《左傳》之文證此處"聖而"二字乃"壽"字之誤。

2. 脫文

如《周本紀》"武王弟叔振鐸奉陳常車"，梁案："《周書》作'叔振奏拜假，又陳常車'，此脫'拜假'二字。"以《逸周書·克殷解》所記補《史記》所脫之文字。

對《史記》的脫闕之處，梁氏除了以其他材料爲對比依據外，還大量地依靠《史記》本身的記載特點和慣例來作出判斷，如《秦本紀》"晉旱,來請粟",梁案:"此句上失書'十三年'。"按照《史記》的一般規則作出判斷,不僅是單純地指出有脱文,而且帶有補闕之意。又《齊太公世家》"子屬公無忌立",梁案"屬公在位九年,此脱",亦是同理。

而對諸《表》之缺漏,不僅予以指出,而且有的直接補充在相應的位置上,然後以案語説明之,如補《惠景間侯者年表》五處:"百三十三",案:"此乃便之侯第也,《史》失書。""百二十",案:"此軑之侯第也,書以補之。""七十六",案:"此梧之侯第也,《表》不書,故補。""五十四",案:"此補書平定之侯第也。""百三十六",案:"此沅陵侯第也。"補《建元以來侯者年表》兩處:"一",案:"樂以元鼎元年薨,則當中書'一'字,此缺故補。""一",案:"哀侯嬗以元封元年薨,當中書'一'字,此缺故補。"

3. 衍文

也稱"羨文",在《志疑》中,二詞互用,但多以衍文稱之。如《夏本紀》"斟氏、戈氏",梁案:"《史記考異》曰:索隱本作'斟戈氏',即斟灌也,戈、灌聲相近,上'氏'字衍。"梁氏自己没有判斷,只是引用錢大昕《史記考異》所説此有衍文,實際上也間接表明自己的肯定之意。

4. 錯簡

梁氏多經過仔細的分析得出錯簡的結論,如《五帝本紀》:"舜耕歷山,歷山之人皆讓畔。漁雷澤,雷澤上人皆讓居。陶河濱,河濱器皆不苦窳。一年而所居成聚,二年成邑,三年成都。"梁案:"耕稼、陶、漁,乃舜微時事,在堯妻舜前,上文已載之矣,則讓畔、讓居以及成聚、成都,宜併入上文,何又重見於釐降後耶?疑當移'舜耕歷山'至'苦窳'三十一字置上文'舜冀州之人也'

下，而衍上文‘舜耕歷山漁雷澤陶河濱’十字，再移‘一年’至‘成都’十五字置上文‘就時于負夏’之下，蓋《史》文之復出錯見者也。”根據事理推斷知《史記》原文有錯亂之處。有時也引他人材料以證《史記》文有錯亂，如《夏本紀》：“浮於潛，逾於沔，入於渭，亂於河。”梁案：“《史詮》曰：金履祥云：‘潛、沔於渭無水道可通，必逾山而後入渭。《史》文當是入於沔，逾於渭，如荆州逾於洛之例，今本傳寫誤也。’金説得之。”引用《史詮》所載金履祥之説糾正《史記》的錯簡。

六、措辭

司馬遷作爲一代史官，《史記》作爲一部史學作品，首先應該真實而嚴謹地記録歷史事件，儘管《史記》中也融入了司馬遷個人的感情色彩，所謂“無韻之《離騷》”，發一腔憤怒於《史記》，但具體到史實的記載，司馬遷還是非常嚴謹的。不過，在某些篇章的行文措辭上，《史記》中却存在不少用詞不當的地方，梁氏對這些不當一一進行了糾正。

1. 用字不當

某一個字用的不恰當，如《五帝本紀》“姓姒氏”，梁氏認爲當時没有姓，因此只稱“姒氏”即可：

> 三代以前，必著功德然後賜姓命氏，故人不皆有姓。三代以降，族類繁亂，皆無所謂姓，但有氏而已。姓一定而不易，雖百事弗改。氏遞出而不窮，即再傳可變。史公承秦、項焚燹之餘，譜學已紊，姓氏遂混，有以姓爲氏者，如夏之姒，商之子，姓

也，非氏也，而連氏于其下，曰姒氏、子氏。有以氏爲姓者，如秦之趙，漢之劉，氏也，非姓也，而加姓于其上，曰姓趙、姓劉。然其謬非始於史公，《穀梁》隱九年"南季來聘"，《傳》云"南氏姓也"，則已混稱之矣。

首先對姓、氏問題做了一番説明，然後引出對《史記》之文的指誤，并分析了這種失誤的淵源。

又如《殷本紀》所云"殷契"，梁氏認爲不當稱"殷"，而應稱"商"，他説：

> 《竹書》"夏帝芒三十三年，商侯子亥遷于殷，乃始稱殷"。子亥即契七世孫振，其後仍稱商。湯以商爲代號，至盤庚復改稱殷。是以殷、商可兼稱之。然不得以子孫所改之號易始祖受封之名，故孔子言語嘗曰殷禮、殷人，而序《詩》《書》則曰《商書》《商頌》。國號之所定也，奈何稱"殷契"乎？考其地則異，揆於理則乖，當書曰"商契"。

則此用"殷"字不當。

《殷本紀》又云"其後世貶帝號爲王"，梁氏認爲"帝"字不當：

> 夏、殷、周三代本皆稱王，間亦雜稱后，從未聞有帝稱，《史》謂夏、殷稱帝，故以爲貶號爲王耳。夫皇帝皇后者，俱有天下之通號，本無甚分別，《爾雅》云"天、地、皇、王、后、辟，君也"，安得有昇降褒貶之説哉。《禮運》曰"先王未有宫室"，是皇亦稱王，《大禹謨》曰"四夷來王"，《吕刑》"皇帝哀矜"、"皇帝

清問",是帝亦稱皇王。《洪範》曰"五皇極",《文王有聲》之詩曰"皇王烝哉",是王亦稱皇。《詩‧玄鳥》曰"商之先后",《盤庚》曰前后、古后、先后、神后,《禮‧內則》曰"后王命冢宰",是商、周亦稱后,不獨夏稱之,其義一也。然自三皇、五帝、三王之遞嬗異稱,遂若因世會而有高下之殊,於是皇與帝之號容或互稱,而三代之稱王一定不易。稽之經傳,無稱三王爲帝者。司馬光《稽古錄》稱夏、殷爲王,是也。既不稱帝,尚何貶號,史公之説奚據乎?《索隱》乃順非而爲之詞云"夏、殷天子皆稱帝,代因德薄不及五帝,始貶號爲王,故本紀皆帝,而後總曰三王"。《舊唐書‧沈既濟傳》云"夏、殷爲帝,周名之曰王",何其誕也。若以周初貶之,則武王不過卑以自牧,如夏稱后之比,改帝爲王而已,安得貶及夏、殷。若以周末貶之,則戰國齊、秦猶稱帝,更不應貶及先代。且即云後世貶之,則如《甘誓》"王曰六事之人",此真《夏書》也,其誰貶之?《湯誓》"王曰格爾衆,夏王率遏衆力",《盤庚》三篇"王"凡十一見,《高宗肜日》篇"王"三見,《西伯戡黎》篇"王"五見,《微子》一舉"先王",三呼"王子",此真《商書》也。《玄鳥》之詩曰"武王靡不勝",《長發》曰"玄王桓撥"、"武王載旆"、"實左右商王",《殷武》曰"莫敢不來王",此《商頌》也,又誰貶之?況史公於《夏紀》特著之曰"國號夏后",即湯爲創業之祖亦未嘗書曰"帝",則與稱帝貶號之説自相矛盾。而既云貶號,何以夏、殷二代無不號之爲帝耶?可知其妄加之矣。或曰:遷見《周易》《尚書》屢稱"帝乙",故謂夏、殷稱帝,非鑿空傅會也。曰:不然。帝乙乃其名,不得錯認爲號,尤不得因一帝乙概商之諸王,並上概夏氏。蓋《史》之誤由《國語》來,《周語》衛彪傒以祖甲爲帝甲,蔡公謀父以紂爲帝辛,並屬載筆之失,不可爲訓。倘欲援作典據,則《左傳》辛甲《虞箴》曰"在帝夷羿",以篡亂僭竊之賊而號之爲帝,亦將信之耶?《穆天子傳》"河伯號帝曰穆滿",又將謂周亦稱帝耶?他若唐劉長卿《隨州集‧送荀八過山陰詩》"空山禹帝祠",宋歐陽修《文忠集‧應天以實不以文賦》"雉鳴于鼎,成商帝之功勳",雖行文趁筆,然固本於《史記》,未曾細考耳。後世僭稱王者自徐偃始,僭稱帝者自秦昭、齊閔始,合稱皇帝則自秦始。漢以下封王爲臣位之極,而王之名替矣。

用了大量的材料以證明"貶帝號爲王"的説法不當,商朝本無稱帝者,又何來"貶帝號"之事。

2. 用詞不嚴謹

某一句話不准確,如《周本紀》云:"四十四年,秦惠王稱王。其後諸侯皆爲王。"梁氏首先肯定了前一句"四十四年,秦惠王稱王":"秦惠稱王,《秦紀》《秦表》均不書,而《楚世家》《田完世家》附書之。《張儀傳》亦云儀相秦四歲立惠王爲王,與此《紀》書於顯王四十四年正合,乃秦惠十三年也。秦惠在位二十七年,改十四年爲元年,豈非以稱王之故歟?"但他同時又認爲後一句"其後諸侯皆爲王"之説不確:"其時稱王者,燕、秦、楚、齊、趙、魏、韓七國,宋、中山二小國亦稱之。凡兹九國,惟楚僭王遠在春秋之前,説見《十二侯表》,其餘八國,齊最先,宋次之,魏次之,秦次之,燕、韓、中山次之,趙最後。齊爲王始於威王二十六年,當顯王十六年也。魏爲王始於惠王後元年,當顯王三十五年也。《秦紀》於惠王四年書'齊、魏爲王',十三年復書'魏君爲王',表亦書魏爲王於十三年,俱謬也。宋爲王始於偃王十一年,當顯王三十三年,以爲慎靚三年者誤也。燕

爲王始於易王十年,韓爲王始於宣惠王十年,中山不知何君。俱當
顯王四十六年也。趙武靈爲王之年無考。"則諸侯稱王固有晚於秦
惠王者,但楚、齊、魏、宋等稱王時間則早於秦惠王,因此不能籠統
地説諸侯稱王皆晚於秦惠王。在此,梁氏指出了《史記》之用詞的
不嚴謹。

3. 稱謂不合適

有些稱謂不合常例,如古代對不同階層人的死有不同的説法,
且區分得很明確,君主之死稱"崩",諸侯之死稱"薨",士之死稱
"卒"。《秦始皇本紀》在叙述太后死時説"始皇帝母太后崩",梁氏
指出當時秦未稱帝,故當書"秦王母太后薨",而不當稱"始皇帝"。
對嬴政的稱呼既改,那其母就不是帝母而是諸侯王之母了,因此當
稱其死爲"薨"。梁氏進一步指出:夏太后、華陽太后都是太后之
姑,《紀》于夏太后書"死",華陽太后書"卒",而于太后書"崩",三人
同爲極尊貴之身,不僅對其死的稱呼不一致,而且用了"卒"、"死"
這些用來稱呼中下階層人物之死的詞,更顯得不協調。又如《周本
紀》"西伯崩"一語,梁氏説:"天子曰崩,古之制也。以西伯而僭稱
爲崩,豈誤解受命之言乎?"指出以"西伯"之身份而稱"崩"的不當。
同時《史記》的某些稱謂不合適乃是違背史法、義例,如《周本紀》
"康王卒"一句,梁氏云:"史公諸本紀,天子皆書'崩',而有書'殺'
者五,周幽王、哀王、思王及秦二世父子也。有書'死'者五,夏桀、
殷武乙、辛受、周厲王、秦武王也。或殘虐無道,或傷戕短命,其貶
之故宜,而《周紀》又雜書'卒'者三,未曉何故。昭王不返,赧王遂
亡,則降書以'卒',猶可言耳。若康王之賢,與成並稱,豈得下同
昭、赧乎?夫前之文王,當書'卒'者也,而僭書曰'崩'。此之康王,
當書'崩'者也,而降書曰'卒',失義例矣。"又《周本紀》"周君王赧

卒”一句,梁氏云:“‘赧’非謚,不書其謚‘隱’,而書號曰‘赧’,以失國貶書‘卒’,未免失史法。”又《吳太伯世家》稱“子壽夢立”,《十二諸侯年表》稱“吳闔閭元年”,梁氏認爲“《史》于壽夢、闔盧之立皆舍名稱號,非例也”,他以《春秋》定公十四年所書“吳子光”爲標準,認爲《史記》當云“吳子光元年”。此皆是對《史記》有違義例、史法的指正。

七、觀念

由於資料的缺失,《史記》對前代尤其是上古之事的記載,不得不依靠一些傳説之辭,從而使得《史記》在對黃帝等人的記載方面存在一些神化的内容。對其中一些明顯的不經之處,梁氏作了批駁。司馬遷“好奇”的性格,前人也有所揭示,梁氏對此也作了探討。

如上古帝王的誕生,《史記》所載多爲神話傳説,梁氏在對《殷本紀》“三人行浴,見玄鳥墮其卵,簡狄取吞之,因孕生契”一句進行考證時,對這一問題作了統一批駁:

> 《詩》曰:“天命玄鳥,降而生商,履帝武敏歆,攸介攸止。”毛《傳》以玄鳥降爲祀高禖之候,履帝武爲從高辛之行。當毛公作《傳》時,未有遷《史》也,遷《史》出而乃有吞、踐之説。其説起於周、秦間好事者,是以屈原《天問》言“簡狄在臺,玄鳥致貽”,《列子·天瑞》言“后稷生於巨跡”。夫毛公豈不知吞踐之説哉,亦鄙弗道耳。至史公信其説,而漢儒如康成,宋儒如朱子,並援以爲據,遂有謂稷、契無父而生者,毋乃誕歟?行浴、出野,淫佚孰甚,稷、契之母,不宜若此。鳥卵、巨跡,驚避不

遑，吞之踐之，殊非情事。聖人之生，雖異於衆庶，然不外氣化形化之常，寧妖僻如是耶？前賢闢之詳矣。甚至轉相傳述，《呂氏春秋·音初》篇以燕遺卵在簡狄爲處女時，《詩》疏引王肅解以姜嫄寡居生子，尤屬乖妄。蓋史公作《史》，每採世俗不經之語，故於《殷紀》曰吞卵生契，於《周紀》曰踐跡生棄，於《秦紀》又曰吞卵生大業，於《高紀》則曰夢神生季，一似帝王豪傑具産于鬼神異類，有是理乎？蛟龍見於澤上，雷電晦冥，而劉媼猶夢卧不覺，將與土木何殊？即《史》所載，其誣已顯，《論衡·奇怪篇》嘗辨之。元方回《續古今考》云："好事之人，見劉邦起於亭長爲王爲帝，相與扶合附會，以詫其奇。司馬遷採以成《史》，班固不能改，知道君子，掃除而弗信可也。"余因以考識緯雜説，稱伏犧、帝嚳感履跡而生，神農、堯、湯感龍神而生，黄帝感大電生，少昊感白帝生，顓頊感瑶光生，舜感大虹生，禹感流星貫昴又吞神珠薏苡生，文王母夢天人生，孔子母與黑帝交生。《御覽》八十七卷引《世紀》"豐公妻夢赤馬若龍戲已而生太公"，則卯金兩世俱龍種。而薄太后生文帝復有蒼龍據腹之祥，王太后生武帝亦有夢日入懷之兆，嗣後生天子者，往往藉怪徵以誇之，傳諸史册，播諸道路，皆此類也。北齊劉晝《新論·命相篇》反津津道之，謂聖賢受天瑞相而生者，不亦惑之甚哉。

將《史記》所載諸王出生的異象一概予以否決。

又如《周本紀》"武王渡河，中流，白魚躍入王舟中，武王俯取以祭。既渡，有火自上復于下，至於王屋，流爲烏，其色赤，其聲魄云"，梁案：

　　白魚赤烏之説，乃漢初民間所得僞《泰誓》文，詳見《書序》及《詩·思文》兩疏中，西京諸儒信以爲真，董仲舒爲漢儒宗，其賢良對策猶言之，況史公之愛奇者乎？

對司馬遷"好奇"的性格，作了揭示。從中可以看出，梁氏對這種"愛奇"之舉並不讚賞，因爲有時司馬遷因"愛奇"而引入一些不經之材料，使得後人真假莫辨。如《秦本紀》"咨爾費"，梁案：

　　費是國名，《竹書》"費侯伯益"是，《史》誤以大費爲名，故不曰咨益而曰咨費，舜果有斯語哉。秦、趙同祖，其所説神怪事，俱自傅會以衒世，史公信而紀之，失之蕪矣。

又如《周本紀》"遂入至紂死所。武王自射之，三發而後下車，以輕劍擊之，以黃鉞斬紂頭，縣大白之旗"，梁案：

　　此乃戰國時不經之談，竄入《逸書·克殷解》，史公誤信爲實，取入《殷》《周》二《紀》及《齊世家》。三代以上無弑君之事，詎聖如武王而躬行大逆乎？《世表》於帝辛下書"弑"，蓋因誤信懸白旗一節，故書弑字。《孟子》稱武王誅一夫紂，未聞弑君，奈何妄加以弑哉！武之伐紂，非有深讎宿怨，特爲民除暴耳。紂之死，武之不幸也。吾意武王當日必以禮葬焉，於何徵之？《賈子·連語篇》言"紂闕死，紂之官衛輿紂軀棄玉門之外，民之觀者皆進蹴之，蹈其腹，厲其腎，踐其肺，履其肝。武王使人帷而守之"。夫倉卒之際，尚使人帷守，則事定而必以禮葬可知，寧忍親戮其身耶？湯之於桀，放之而已。《竹書》謂

"湯放桀三年而卒，禁弦歌舞"，不失舊君之道。武之待紂，豈遂不知湯之待桀，奚至以已焚之枯骨，矢射劍擊，斬鉞懸旗，復分尸梟首之慘哉。孟子讀《武成》，不信"血流漂杵"之語，懸旗之誣悖百倍於敵師，其可信乎？

八、自相矛盾

司馬遷作《史記》，歷時既久，又資料龐雜，因此，不同篇章之間、前後文之間會有互相矛盾牴牾之處。錢大昕在《廿二史考異》中曾提到《史記》的這種情況，如《秦始皇本紀》"子嬰爲秦王四十六日"，錢云："《李斯傳》'子嬰立三月'。"《衛康叔世家》"衛君黔牟立八年"，錢云："《年表》'黔牟立十年，乃出奔'。"指出《史記》不同篇章間的矛盾。梁氏亦通過對這些矛盾的揭示來判斷正誤。如《周本紀》"合十七歲而霸王者出焉"，梁案：

> 此語凡四見，《封禪書》同《周紀》，《秦紀》"七十七歲"，《老子傳》"七十歲"，三處各異，不免乖謬，注家咸自立解，疑莫能明。夫出者非其初生，則其立也。孟康曰"襄王爲霸，始皇爲王"。考孝公十九年天子致伯，惠文君十四年改元稱王，不可以襄爲霸，以政爲王。且但言襄王，不知昭襄耶？莊襄耶？核其生立之年，甚不相合。韋昭曰"武王、昭王皆伯，至始皇而王天下"。考武王生十九年立，在位四年，昭王亦生十九年立，在位五十六年。始皇生十三年立，在位三十七年，俱不合年數。且武、昭蒙孝公之餘業，而武享國尤淺，不可以霸歸之。顏師古及司馬貞以十七歲爲定，謂伯王指始皇。自昭王滅周至始

皇初立,政由太后,未得稱伯,九年誅嫪毐,恰十七年,《古史》從之。考昭王五十一年乙巳取西周,嫪毐作亂,歲在癸亥,計十九年,並非十七。況必誅毐而乃稱伯,則前此拾荒爲未出乎?張守節謂孝公三年迄惠文改元,共三十六年,數更不合。獨周嬰《巵林》以七十七年爲定,謂孟增幸於成王,造父幸於繆王,非子幸於孝王,始與周合也。宣王以秦仲爲大夫,與周別也。宣王元年爲秦仲十八年,自此至惠文十四年,依《年表》凡五百二年,於時秦始稱王改元,是別五百歲復合也。自惠文王元年至始皇立之載,得七十七年,所云合七十七年而伯王出也。比較諸説,周氏似勝。然考秦仲十八年至惠文十四年,凡五百三年,蓋惠文於十四年更元,如欲合五百二年之語,當云“十三年”耳。又惠文更元至始皇立,乃七十九年,周所説年數頗差。余謂始皇生於周赧王五十六年,秦昭襄王四十八年,自始皇初生逆數至惠文改元之歲,爲六十六年,而後四年西周亡,鼎入秦。以此準之,恰得七十年,史儋之言,庶不爽矣。

又如《秦本紀》“周王子頹好牛,臣以養牛干之”,梁案:

　　此即食牛要秦之説,《孟子》已辨其妄。變秦言周,其誣一矣。寧戚未遇,亦嘗飯牛,則鬻牛羊於市,奚未遇時或爲之,故《孟子》曰“舉於市”。《莊子·田子方》篇曰“奚飯牛而牛肥,穆公忘其賤,與之政”。趙良曰“舉牛口之下”。而世又號爲五羖大夫,蓋非盡無因也,特未若好事者之誕耳。史公好聚舊記,時插雜言,不惟與經相戾,且與《商鞅傳》矛盾。

九、三家注

　　劉宋裴駰的《史記集解》、唐司馬貞的《史記索隱》和張守節的《史記正義》並稱爲《史記》三家注，是《史記》最有影響的注本。三家各有所長，《集解》兼采經、傳、諸史以及前人的研究成果增益而成，《索隱》對《史記》原文提出不少辨正，《正義》對《史記》中地名的考證尤爲精闢。然而，三家注亦存在一些失誤。梁氏《志疑》除對《史記》本身的失誤作了糾改外，對《史記》三家注之誤也間有考證。如《周本紀》"子定王介立"，梁案："《集解》引皇甫謐言王名應，不知何出，殆非也。"指出《集解》之誤。《周本紀》"殺譚伯"，梁案："《集解》引唐固曰'譚伯，周大夫原伯、毛伯也。'《索隱》謂'《國語》譚伯，而《左傳》原伯，唐固據《傳》文讀"譚"爲"原"，然《春秋》有譚，何妨此時亦仕王朝，預獲被殺，《國語》既云"殺譚伯"，故太史公依之，不從《左傳》也。'《索隱》甚謬。唐固引《傳》文，正以著'譚'、'原'之異，未嘗讀'譚'爲'原'。而譚久爲齊桓公所滅，此時安得有之，蓋《國語》誤。小司馬不糾《史》之誤從《國語》，而妄爲之徵。"這是對《索隱》之誤的考證。《五帝本紀》"自堯時而舉用，未有分職"，梁案："既曰'舉用'，又曰'未分職'，語意戾矣。若謂遇事共理，不分職守，豈堯朝如是之無紀律乎？《正義》'封疆爵土'之説，非。"乃是對《正義》之非的斷定。

第三節 對《史記》文例的揭示

《史記》在編纂和行文方面開創了不少先例，爲後世所借鑒。但是，這些先例大都散落在具體的内容中，没有明確説明。《太史公自序》雖簡要叙述了各篇的内容，但並非凡例，也没有全面概括《史記》所有的體例。後人對《史記》體例的探討大都是稱其本紀、世家、列傳、書、表這五體，梁氏對司馬遷在這方面的功勞也大加讚揚："史公變編年之例，突起門户，著目曰本紀，曰表，曰世家，曰列傳。史臣相續，稱爲正史。蓋鑿荒難而遵途易。"肯定了司馬遷的創始之功。但"五體"只是就大的方面而言，具體的一些細節則没有交待。梁氏就在《志疑》中對此作了一一的總結，并加以分析評論，有時並指出《史記》中不合乎慣例之處。

一、總叙法

《史記》開創了以人物爲中心的紀傳體的先例，以人物爲中心，圍繞着人物的活動，展開豐富多彩的叙事。在叙事的順序方面採用了各種不同的方法，針對不同的事件採用不同的叙述順序。其中，總叙法是一種比較常用的方法，對此，梁氏在相應的地方作出了揭示和概括。如《殷本紀》中，對有遷都行爲的殷王帝仲丁、河亶甲、祖乙事蹟的叙述，先總説此三君遷都之事："帝仲丁遷於隞。河亶甲居相。祖乙遷於邢。"然後在下文又一一叙述各自的崩立情況："帝仲丁崩，帝外壬立，是爲帝外壬"，"帝外壬崩，帝河亶甲立，是爲帝河亶甲","河亶甲崩,子帝祖乙立。"這樣,遷都與崩立兩件事情就叙述得條理清晰,一目了然。對這種叙事方式,梁氏總結爲:"先叙遷居之事,而後叙崩立",即是對《史記》先總叙再分叙的叙事順序的揭示。又如《孝文本紀》中,司馬遷先是叙述了孝文帝一生的經歷,然後直録漢景帝的詔書:

　　孝景皇帝元年十月,制詔御史:"蓋聞古者祖有功而宗有德,制禮樂各有由。聞歌者,所以發德也;舞者,所以明功也。高廟酎,奏《武德》《文始》《五行》之舞。孝惠廟酎,奏《文始》《五行》之舞。孝文皇帝臨天下,通關梁,不異遠方。除誹謗,去肉刑,賞賜長老,收恤孤獨,以育羣生。減嗜欲,不受獻,不私其利也。罪人不帑,不誅無罪。除肉刑,出美人,重絶人之世。朕既不敏,不能識。此皆上古之所不及,而孝文皇帝親行之。德厚侔天地,利澤施四海,靡不獲福焉。明象乎日月,而廟樂不稱。朕甚懼焉。其爲孝文皇帝廟爲《昭德》之舞,以明休德。然後祖宗之功德著於竹帛,施於萬世,永永無窮,朕甚嘉之。其與丞相、列侯、中二千石、禮官具爲禮儀奏。"丞相臣嘉等言:"陛下永思孝道,立《昭德》之舞以明孝文皇帝之盛德,皆臣嘉等愚所不及。臣謹議:世功莫大於高皇帝,德莫盛於孝文皇帝,高皇廟宜爲帝者太祖之廟,孝文皇帝廟宜爲帝者太宗之廟。天子宜世世獻祖宗之廟。郡國諸侯宜各爲孝文皇帝立太宗之廟。諸侯王列侯使者侍祠天子,歲獻祖宗之廟。請著之竹帛,宣佈天下。"制曰:"可。"

梁案:"景帝爲孝文立樂舞之詔,及丞相等請立太宗廟議,《漢書》

載《景帝紀》，而《史》録于《文紀》末者，承上文總叙文帝功德一段，以類相從也。"孝景帝的詔書，本應如《漢書》那樣置於景帝本紀中，但司馬遷却將詔書及群臣之議放在孝文帝的本紀中，乃是一種叙事方法，這樣可以更加概括明確地展示文帝一生的業績。

二、序律先言兵

在《律書》中，司馬遷首言"王者制事立法，物度軌則，壹稟於六律，六律爲萬事根本焉"。但他接下來並没有接着講關於律的問題，而是先論述了一段兵事："其於兵械尤所重，故云'望敵知吉凶，聞聲效勝負'，百王不易之道也。武王伐紂，吹律聽聲，推孟春以至於季冬，殺氣相並，而音尚宫。同聲相從，物之自然，何足怪哉……"，然後才詳解律事。對這種叙事順序，梁氏分析説："律爲兵家所重，故史公序律先言兵，昔賢謂律書即兵書，是已。"

三、舉一以概其餘

《律書》有云："生黄鍾術曰：以下生者，倍其實，三其法。以上生者，四其實，三其法。上九，商八，羽七，角六，宫五，徵九。置一而九三之以爲法。實如法，得長一寸。凡得九寸，命曰'黄鍾之宫'。"梁案："《正譌》謂'"黄"字衍。前言生鍾分，是諸律積實之數；此言生鍾術，是彼此相生之法。佈算之道，先審其實而後用法歸之，故先言分後言術。舊本割去"術"字連下"曰"字爲句，非是。'然《書》但言'實如法，得一，凡得九寸，命曰黄鍾之

宫’，下不悉數，即以爲生黄鍾亦可。舉一以概其餘也。”王元啟
《史記正譌》認爲《律書》此處的“黄”字爲衍文，而梁氏則認爲這
是太史公的一種叙述方式，因爲律吕所包含的内容甚多：黄鍾、
大吕、太簇、夾鍾、姑洗、仲吕、蕤賓、林鍾、夷則、南吕、無射、應
鍾，六律六吕所生之法大同小異，所以，《律書》僅以生黄鍾之術
總領之，而不必對其他數種作一一的説明，即梁氏所説“舉一以
概其餘”的叙事方法。

四、互見法

這是《史記》在叙事方面非常突出的一個特色，也是司馬遷的
創例：不將同一個人或同一件事放在一處一下子説完，而是放在
不同的篇章裏，有時詳寫，有時略寫，從不同的角度描寫一件事情、
刻畫一個人物，稱爲“互見”。後世研究者對此已頗多議論，梁氏在
《志疑》中也進行了揭示，如對《秦本紀》中“晉敗我一將”一句，梁氏
云：“《晉世家》作‘虜秦將赤’。考《年表》書‘獲諜’，即《左傳》宣八
年殺秦諜之事也。《索隱》云‘赤即斥，謂斥候之人。彼諜即此赤
也’。然既稱爲諜，不得號曰將。欲稱爲將，不得復曰赤。豈秦將
名赤者，詐爲細作而被晉獲之歟？《史》必别有所據，故《紀》《表》
《世家》所書各異，蓋互見耳。”這是以《紀》《表》《世家》對同一個人
的不同稱呼來揭示互見法的運用。又如《秦本紀》“四十四年，攻韓
南郡，取之”，梁氏説：“《年表》及《白起傳》作‘南陽’甚是，獨此稱
‘南郡’，謬耳……《韓表》及《世家》不書取南陽，但云‘秦擊我太
行’，蓋互見之，《白起傳》所謂‘攻南陽太行道，絶之’也。”南陽本爲
韓地，故《韓表》及《韓世家》對於南陽被秦奪取一事諱之，只説“秦

擊我太行",而《白起傳》及《秦本紀》則皆説是攻韓國的南陽。兩國
對同一件事的用詞不同,讀者可以互相參照。再如《六國年表》"趙
取我長城",梁氏云:"《表》言取,《世家》言歸,《史詮》從《表》。余謂
此互見法也。蓋是年取之,即於是年歸之耳。"各篇説法不同,但表
達的是同一個意思,也是互見法的運用。

　　五、據《表》例以斷是非

　　《史記》的各《表》在記載上有一定規則,梁氏通過對這些規則
的探討總結來類推某句的正誤。今以《高祖功臣侯者年表》爲例將
梁氏的糾正和對封侯之例的總結條列於下:

　　某侯初封的時間,記載的要求是:"《表》例初封皆具月、日,若
日無考則著其月。"根據這一原則,梁氏斷定《漢諸侯王年表》稱"初
王信元年"不完整,應該把月、日也記上。

　　新嗣位侯王,記載其嗣位時間,"例不書月"。《高祖功臣侯
者年表》"後二年六月,侯陽元年",梁氏據例指出"六月"二字爲
衍文。

　　如果有更封之事,在記載時,形式上有要求:"《表》例,更封國
名皆中間大書"。《高祖功臣侯者年表》有"封嬰孫賢爲臨汝侯"一
句,梁氏認爲這幾個字在形式的安排上有誤,應當"中書'臨汝'
二字"。

　　更封與初封記載在行文上的安排也很講究:"《表》例,凡更封
者,即附書初封之下。"如劉富,先封休侯,更封紅侯,記載時應當
"連書之",而不應像《惠景間侯者年表》中那樣"並列若兩人"。

　　對於已經是侯王的人,在記其名稱時,也需要遵循一定的規

則，"《表》例書名"，因此《高祖功臣侯者年表》"八年九月丙午，侯劉仲元年"不確，劉仲名喜，當改稱"劉喜元年"。又"凡嗣侯見在者則加'今'字，其始封之君見在，乃初侯也，故不加'今'字。"如《建元以來侯者年表》有"侯衛山"三字，衛山不是嗣侯，而是始封之侯，故不稱"今侯"，而只稱"侯"。這是對常例的揭示。

如果一個侯王在朝中任丞相，在記其年號時，應將此官職寫上，即"《表》例兼書爲丞相"。而《高祖功臣侯者年表》中武强侯莊青翟、辟陽侯審食其、柏至侯許昌，《惠景表》中建陵侯衛綰、商陵侯趙周、武安侯田蚡，《建元表》中樂安侯李蔡，都沒有將"丞相"二字寫上，梁氏認爲這是不合《表》例的。

一個侯王死後，或有繼承者，或後繼無人，情況不同，記載也有異。後繼無人者，"凡以元年薨而無後者，中間皆不書'一'字"。如《王子侯者年表》中的句容侯党、丹陽侯敢、茶陵侯陽、高丘侯破胡都是這種情況。有繼承人的，"《侯表》例不書薨"，即只記新即位之人，不記已死之前王。如《高祖功臣侯者年表》記"緤薨，子昌代"，梁氏據例認爲不應有"緤薨"二字，並以《史詮》"六年，子昌代侯"和《漢表》"侯昌嗣"兩句爲依據。

侯王死後，若其繼承人有罪，則無權繼承侯位，即"嗣子有罪不得代"。《高祖功臣侯者年表》"七、八、一"，梁氏説："此謂革朱在位年數，孝惠時七年，高后時八年，文帝時一年也。但《漢表》云朱以孝惠七年薨，嗣子有罪不得代，至文帝二年始以它子紹封，中間曠絕十年。則此所書妄矣，當衍去'八'字、'一'字，而高后格内補書曰'嗣子有罪，不得代'，《表》例也。"

在記侯王在位時間時，有罪者，"《表》例不數奪侯之年"。如皋柔以建元二年立，元鼎三年國除，共二十六年，因爲"不數奪侯之年",所以,《高祖功臣侯者年表》記爲"二十五"。無罪而薨者則"並其薨年書之",如樂以元鼎元年薨,因此《建元以來侯者年表》記爲"一"。

　　若侯王有罪被廢,則應書"絶"。如《高祖功臣侯者年表》"有罪除",梁氏糾正道:"'除'當作'絶',《表》例也。"

第四節　對《史記》内容的申説

梁氏對《史記》的内容，除了糾誤，也作了不少的分析闡發。有的是單純對《史記》本身的某種説法作出解釋，對其中隱含的深層次用意等進行揭示。有的則是爲《史記》正名，針對前人的誤説而作出分析和申述。

一、揭示史源

司馬遷在撰寫《史記》時，參考了他所能見到的很多古書，從中採集了大量的資料。《史記》有些篇章就是對相關古書内容的改寫和擴展。同時，司馬遷的某些觀點也來自古書，有時甚至沿襲古書的錯誤。梁氏對《史記》的引用和依據作了揭示。

1. 史文來源

指出《史記》之文的來源，如開篇幾卷《五帝本紀》《夏本紀》《殷本紀》《周本紀》，司馬遷參考和採録了《尚書》《大戴禮記》《孟子》《國語》等書的内容，梁氏就將其中的文段與諸書作一一的對照，指出《史記》採用的是哪一部分，並對《史記》的得失作出討論。如《五帝本紀》“堯立七十年得舜，二十年而老，命舜攝行天子之政，薦之於天”，梁案：“《書》言‘堯七十載得舜’，又言‘二十八載堯崩’，《史》與經合。”指出乃是採用《尚書》之文。“名曰重華”，梁案：“史公本《五帝德》，以放勳、重華、文命爲名。”指出採用《大戴禮記》之文。又《周本紀》“九年，武王上祭於畢”，梁氏云：“此以下疑即漢時僞

《泰誓》文，其曰'九年'，乃武王即位爲西伯之九年，下文曰'十有一年'，乃武王之十一年，與《書序》合，甚爲明劃，其言亦必有所據，與文王不相涉。師行載主，亦古之制，無足異者。乃自改元稱王之説興，於是以武王之年爲文王之年，而反斥《史記》爲誤，真所謂不狂爲狂矣。"又"登幽之皇，以望商邑"，梁氏云："此下本《周書·度邑解》，亦有異同，兹據《吹景集》及他書考定列後，其文之詳略弗論也。"對《史記》各段的來源，皆作了詳盡的考察。

　　2. 史説之源

　　指出《史記》某種説法的來源，如《殷本紀》"封紂子武庚禄父以續殷祀，令修行盤庚之政"，梁氏云："武庚之封，何以不告其遵成湯之法，三宗之道，而云盤庚之政乎？《吕子·慎大篇》'武王命周公旦進殷之遺老，問衆之所説，民之所欲。殷遺老曰：欲復盤庚之政。武王於是復盤庚之政'。《史》蓋本此。"《秦本紀》"收其良臣而從死"，梁氏云："史公所説本於《左傳》《文選》王仲宣詩所謂'臨歿要之死，爲得不相隨'也。"皆指出《史記》之説所本。

　　3. 誤説之源

　　《史記》的某些説法，梁氏認爲有誤或失之誣妄，亦追根溯源，如《五帝本紀》"黄帝二十五子，其得姓者十四人"，梁案："《國語》胥臣言'得姓者十四人，爲十二姓'，二人同姓己，二人同姓姬故也。而其叙己、姬二姓之子兩舉青陽，明是《國語》誤文，史公仍而不改。"《秦本紀》"益國十二，開地千里"，梁案："千里之地，或能開闢，而益國十二，則未敢爲信。《匈奴傳》言'八國服秦'，當是。此誤仍《韓子·十過篇》，非其實也。"對《史記》之誤的來源一一追溯。又《殷本紀》"阿衡欲干湯而無由，乃爲有莘氏媵臣，負鼎俎，以滋味説湯，致於王道。或曰，伊尹處士，湯使人聘迎之，五反然後肯從湯，

言素王及九主之事”，梁案：“伊尹之事，《孟子》已詳言之，乃史公猶
信剖烹爲真，而反疑聘迎非實，復取世俗誣百里奚是媵臣之説嫁附
伊尹，本於《楚辭·天問》《吕氏春秋·本味》《墨子·尚賢》中下篇，
殆《史通》所謂‘多雜舊聞，時采異論，或違經傳，與理不符’者也。”
梁氏所謂的“伊尹之事，《孟子》已詳言之”，即指《孟子·萬章上》：
“萬章問曰：‘人有言，伊尹以割烹要湯，有諸？’孟子曰：‘否，不然，
伊尹耕於有莘之野，而樂堯舜之道焉……湯使人以幣聘迎之，囂囂
然曰……湯三使往聘之，既而幡然改曰。’”孟子主要是反駁世人説
的伊尹“以割烹要湯”一事的不正確。梁氏既揭示出《史記》之言的
來源，並分析了這種説法的不當之處。

二、考釋文字

梁氏不是文字學專家，但在《志疑》中，他也用了文字學的相關
知識如音韻、訓詁等，對《史記》中的一些字進行了考釋。

1. 以聲考字

通過對某字讀音的考察來證明某種説法的正確與否，如《五帝
本紀》“居郁夷曰暘谷”，梁案：“唐陸德明《經典釋文》引《史》作‘禺
銕’。《堯典》疏引夏侯勝等書作‘禺鐵’。依今文也，不知何以改作
‘郁’……蓋古《史記》本多不同。郁聲近嵎，今西北音猶然，故轉爲
郁。即如暘谷，《索隱》謂《史》舊本作‘湯谷’，《正義》謂‘陽或作
暘’，則本又作‘陽谷’。同是唐人而所見本各異，亦是音近通借，可
以知嵎之爲郁矣，故《正義》音郁爲嵎。”此處借助音韻學的知識，考
證出郁、嵎二字乃音近之轉，可互用。因此知《經典釋文》《堯典》疏
等所記雖字異但皆非誤。又如《殷本紀》“九侯、鄂侯”，梁案：“九侯

即鬼侯，故徐廣曰‘一作鬼侯’。九與鬼音近，如宄、軌皆從九得聲。”《呂后本紀》“寧蚤自財”，梁案：“《考要》云：財、裁通。《漢書》改‘自賊’，師古注‘害也’，並謬。余謂《考要》專主《史記》，以古韻支、灰通用，故依此歌財字，叶下句‘之’、‘仇’二韻也（仇音奇）。但‘賊’字與上‘國’、‘直’兩韻亦叶，所傳異詞，不得便謂《漢書》謬。”皆是從字音的角度對文字作出考證。

2. 以形考字

通過對字形的分析來判斷是非。如《律書》“造曰度”，梁案：“‘曰’即‘日’字，非誤也。開口爲曰，合口爲日，不以廣狹字形論也。《史詮》以‘曰’爲‘日’之誤，蓋未考古書法。”通過對字形的考察，知“曰”和“日”字兩通，從而知《史詮》之說誤，而《史記》無誤。《志疑》中多通過對兩字通用的判斷來作說明，如《五帝本紀》“登丸山”，梁案：“《封禪書》及《漢·郊祀志》《路史》俱作‘凡山’……宋裴駰《史記集解》引徐廣曰‘丸一作凡’，即指《封禪書》爲說。而不知‘凡’乃古‘丸’字也，‘凡’字中從一。”凡、丸二字可以通用，因此徐廣所說多此一舉。又如《夏本紀》“予則帑僇汝”，梁案：“帑與孥通用。然古之用刑，父子兄弟不相及，寧有三代盛時，罪及妻子之事乎？考《漢書·王莽傳》引《甘誓》此語作‘奴戮’。師古曰‘戮之以爲奴也’。疑古奴、孥亦通借。”從對文義的懷疑考證出字之可通用。

三、闡述行文

《史記》對某一事件如何記載，對某段文字怎樣安排，皆有一定之意，梁氏對此作出了解釋。

1. 解釋《史記》之文

如《五帝本紀》言"禹、皋陶、契、后稷、伯夷、夔、龍、倕、益、彭祖自堯時而皆舉用,未有分職。"下文接着分別説明諸人的任職情況,而無彭祖之任,對此,梁氏解釋道:"此總叙禹、皋諸聖并彭祖爲十人,然下文不及彭祖,豈亦如《論語》叙逸民不及朱張之比乎?彭祖最壽,爲神仙家所託,《史》略其事,蓋不信之也。"對《史記》不載彭祖之職的原因作出分析。又如《平津侯主父列傳》載公孫弘是"齊淄川國薛縣人",梁氏先提出疑問:"齊與淄川實爲兩國,薛縣別屬魯,乃史公連書之,何也?"然後引錢大昕《史記考異》曰:"淄川本齊故地,扁鵲言:'臣齊勃海秦越人',與此一例,非《史》之誤。《漢志》淄川國衹三縣,無薛縣,然《高五王傳》'青州刺史奏淄川王終古禽獸行,詔削四縣',安知薛縣不在所削之内。《漢志》郡國領縣若干,皆元、成以後之制,未可據以駁《傳》也。"借用錢氏之解對《史記》的行文方式作出了解釋。

2. 對《史》録《書》文有異的説明

《史記》多録《尚書》之文,對其中的某些問題,梁氏一一作了揭示。如《史記》中所引《尚書》之文,與《尚書》有所差異,遂致後人有所譏議。梁氏認爲非司馬遷之誤,他説:"《漢書・儒林傳》言史公從孔安國問《古文尚書》,故《史記》載《堯典》《禹貢》《洪範》《金縢》諸篇多古文説,則是壁中真古文,而非史公之不循經典,自任胸懷矣。然字句之間,每與今所傳迥異,何歟?蓋古字多通借,又漢儒各習其師,不能盡同。許慎生於東漢和、安間,從賈逵受古學,而其所撰《説文解字》引經甚別,亦以雜舉衆家之本也。宋洪适《隸釋》所録諸碑,俱後漢人,其引經亦殊,況當西漢之世乎?因知史公之於《尚書》,兼用今古文,復旁搜各本,薈萃成一家言,《索隱》所謂

'博采經記而爲此《史》，不必皆依《尚書》'是也。而古人引用舊籍，不拘定本文，則增損竄易，誠所不免。且今之《尚書》，自東晉元帝時汝南梅賾奏上古文，遂至真僞雜厠，非安國之舊。又字體數更，迨唐開元時詔學士衛包改從俗書，不但科斗古文廢絕，即兩漢以來之隸書亦多浸失，安得無譌。此經文之所由異也。"對司馬遷在採錄《尚書》之文時的靈活運用進行了闡發。

3. 對《史》錄《書》文順序的說明

《史記》所錄《尚書》各篇的順序與《尚書》不盡相同，對這一點，梁氏云："史公所錄《尚書》次第與《書序》異，如置《禹貢》於《皋陶謨》之前，置《夏社》於《典寶》之後，蓋行文叙事，不盡依《書》之次第，況今所傳者是晉梅賾本，並非賈、鄭之舊，則安知《史》之次第非元本乎？禹告成功在堯時，陳謨在舜世，至於成湯因伐桀而作《湯誓》，因敗桀而伐三兇，既勝夏而作《夏社》，於義爲順。或以爲誤，非也。"

4. 對《尚書》篇目的探討

梁氏對《尚書》的篇目問題作了研究，如《殷本紀》"作帝誥"，梁氏云："此是《逸書》篇名，《書》凡百篇，幾逸其半，而名目見於《書序》。漢儒并以《書序》爲孔子作，蓋據《孔子世家》及《漢·藝文志》也。然獨怪史公作《史》，既兼採《逸書》，而百篇之名目有不盡錄者，未知其去取何在。信《書序》不得不議《史記》之疎，信《史記》不得不疑《書序》之僞。余嘗反覆參究，知《史》所載《書》之篇名原有漏略，故《五帝紀》無《汩作》《九共》《槀飫》《大禹謨》，《殷紀》無《鳌沃》《疑至》《臣扈》《伊陟》《仲丁》《河亶甲》《祖乙》，《周紀》及《世家》無《旅獒》《旅巢命》《君陳》《君牙》，而《尚書》實不止百篇。宋儒力排《書序》非出自孔氏，朱子謂周秦間低手人所作，雖執不知問，要是先秦古書。竊意《尚書》原序漢初已不全，後人傳寫又不免脫失耳。奚以明之？如《左傳》定四年有《伯禽》《唐誥》二篇，乃孔子所斷不刪者，而《序》無之，此殘缺不全之證也。《殷紀》有《太戊》一篇，必《書序》之所載者，而不列其目，此漢以後脫失之證也。然則《書》豈止百篇哉。"既對《史記》之文作了申說解釋，又對《尚書》的相關問題作了探討。

5. 對《史記》特有筆法的揭示

如《秦本紀》"哀公八年，楚公子棄疾弑靈王而自立，是爲平王"，梁氏云："昭十三年《春秋》，弑靈王者是公子比，而《史》於《秦紀》及吳、魯、蔡、曹、陳、衛、宋、鄭八世家皆稱棄疾，斯乃史公特筆，雖與《春秋》異詞，不免背經信傳，而于誅首惡之旨固合，故小司馬于《吳世家》云'《史記》以平王遂有楚國，故曰棄疾弑君。《春秋》以子干爲王，故曰比弑其君。彼此各有意義也'。"

四、訂正司馬貞之誤釋

司馬貞作《史記索隱》，對《史記》的解釋有時并不準確，梁氏便予以申明。如《夏本紀》"禹曰：予辛壬娶塗山，癸甲生啟予不子"。《索隱》言"豈有辛壬娶妻，經二日生子？不經之甚"，譏司馬遷之説爲不經。但實際上，《史記》原文並非如此，此乃因後人傳寫錯簡所致。梁氏説："此文傳寫誤倒，乃是'予娶塗山，辛壬癸甲生啟'也。《索隱》不察，妄譏史公。"《索隱》未能詳察，故有此譏，顯示了司馬貞的武斷粗疏。而對司馬貞的《補史記》，梁氏也表示了不滿，在對五帝進行考證時，他列出司馬貞的《補史記》之言："宜上自開闢，下迄當代，不合全闕。"對此，梁氏云："殊不知三皇之事若存若亡，五帝之事若覺若夢,況黃帝以前之荒邈乎?《列子・楊朱》篇曰'太古滅矣,孰志之哉?'《楚辭》屈平《天問》曰'遂古之初,誰傳道之?'小司馬補《三皇本紀》,雖不補亦可也。"《史記》之所以不錄三皇之事,乃爲司馬遷明白上古事蹟的飄渺難信,因此故意不載,而司馬貞反而予以補錄,畫蛇添足,徒留敗筆。梁氏通過對司馬貞之文的批駁,揭示出了《史記》的深層用意。

五、指出傳寫所致之誤

《史記》在輾轉傳抄過程中,本來面貌發生了很大的變化,致使後人所見之文有不少的錯謬,但這些錯謬並非司馬遷之誤,而是在傳寫過程中發生的譌誤。梁氏對傳寫致誤的内容作了揭示。

如《周本紀》"周君王赧卒",梁氏先列諸書之説,並一一駁之:

　　《集解》引宋忠謂王赧謚西周武公,固誤,《索隱》謂周君即西周武公,斯時武公與王赧皆卒,亦誤。蓋東西二周各自有君,王赧特居西周耳,烏得合爲一人。且果是西周,不應連書君王,《國策》吴注辨之矣。而西周武公並未偕卒,故下文云"遷西周公於憖狐"也。《索隱》謬以武公與王赧同卒,遂移東周之文君,指爲武公太子,以當下文之西周公,李代桃僵,豈不乖乎?《史詮》又據徐廣説東周惠公薨於顯王九年,惠公與武公兄弟,計武公當卒於顯王世,此周君乃別一人,《史》失其名謚。亦未然。東周只惠公、文君兩代,而歷一百十九年之久,本有可疑。但東周惠公是西周惠公之少子,雖與武公爲兄弟,年歲懸殊。而《六國表》中徐廣所引《紀年》,今《紀年》所無。

竹簡出於汲冢,斷爛倒錯,其歲次年數大半不足信,兼有僞亂,當慎取之,《史詮》據以爲斷,謬矣。

然後説出自己的論斷:

> 然則《史》何以書"周君赧王卒"? 曰:《史詮》引吴文學云"君"字羨文,是也,蓋後人傳寫羼入。奚以徵之?《楚世家》頃襄王十八年,周王赧使武公説楚相昭子毌圖周,此稱周王赧之明驗也。《論衡·儒增篇》述《史記》云"王赧卒",《御覽》八十五卷引《史記》云"周王赧卒",此《史記》元本無"君"字之的證也。

只因前人不知《史記》原文本爲"周王赧卒","君"字乃傳寫誤入,因此一味地圍繞"周君王赧卒"作出解釋和辯論,徒費文辭。

又如《五帝本紀》"九歲,功用不成",梁氏云:"本作'九載',明程一枝《史詮》云'載作歲,非也'。觀《正義》詳釋'載'字,則自不得作'歲',蓋唐以後本傳譌,《史詮》是也。"通過《正義》所釋之字爲"載"而非"歲",説明唐代張守節所見到的《史記》作"載",因此知"歲"字乃唐以後傳寫而譌。再如《周本紀》"二月甲子昧爽",梁案:"二月誤,當依徐廣注作'正月'爲是。《齊世家》作'正月'。此乃後人傳寫妄改也。蓋周之改正在克殷後,斯時周師初發,不得遽改殷建丑之正月爲二月。況上文依殷言十二月,不用周建子之月稱正月,何以此依周正作'二月'乎?"首先指出"二月"乃傳寫之誤,當作"正月",然後解釋作出這種判斷原因。條分縷析,一一道來。又"十年,烈王崩,弟扁立,是爲顯王",梁案:"烈王在位七年,此作'十年’，非。蓋傳寫誤直其下耳，《史》《漢》中‘七’、‘十’兩字多譌易。”“七”字與“十”字形近，極易互譌。梁氏不僅指出《周本紀》之誤，而且還從總體上揭示出《史》《漢》在“七”、“十”二字上易混淆，有提醒之意。

同時，梁氏將他所見的《史記》之文與諸書所引《史記》之文相對照，得出“今本”有誤的結論。在對《五帝本紀》“蚩尤作亂，不用帝命。於是黃帝乃徵師諸侯，與蚩尤戰於涿鹿之野，遂禽殺蚩尤”一句進行考證時説：

> 宋李昉《太平御覽》卷九引《史記》曰：“蚩尤氏能徵風召雨，與黃帝爭强，帝滅之於冀。”今本《史記》無之，豈事見他書，誤以爲《史記》歟？抑《史》文舊有，經後人妄刪也。《後漢書·楊終傳》終受詔刪太史公書爲十餘萬言，是以漢人書中引《史記》，往往爲今本所無，疑皆楊終刪之。但唐、宋以來諸書多引《史記》，其間雖不免裁易譌舛，而參校異同，每有出於今本之外者，得毋楊終既刪之後，轉相傳寫，復被妄人改削乎？前賢均未論及，故執不知問。

即指出今本《史記》已經過了前人的刪削，與司馬遷的原本有很多不同，因此，古書中所引《史記》之文有不見於今本者，以這些引文與今本相對，從而知今本之誤。

又如《五帝本紀》“便程南譌”，梁氏云：“《索隱》云‘爲，依字讀’，以《集解》讀譌、訓化爲非，則當作‘爲’字也。而今《史記》作‘譌’，蓋傳寫之誤。宋王應麟《困學紀聞》二引作‘爲’字。”通過《索隱》所釋及《困學紀聞》所引，知《史記》原作“爲”，而今本作“譌”爲誤。又如《周本紀》"子鞠立"，梁案："《國語》韋注、《酒誥》釋文及《路史》引《世本》皆作'鞠陶'，《豳詩譜》疏引此《紀》亦作'鞠陶'，則今本《史記》于《紀》《表》並脫'陶'字。"以《國語》《酒誥》釋文、《路史》引《世本》及《豳詩譜》疏所載相同內容對照，知今本《史記》脫"陶"字。再如《五帝本紀》"登雞頭"，梁氏云："《御覽》四十四及七十九卷兩引《史記》此文皆有'山'字，則'雞頭'下今本缺'山'也。"既是"今本"之誤，則非司馬遷之誤，而是流傳過程中的輾轉傳譌。

六、據《史記》以訂他書之誤

梁氏常常根據《史記》的內容，對其他書中的相同記載作出判斷，從而知他書有誤，如《史》《漢》二書的各《表》在記載功臣戶數時，凡"一"起數者多不書"一"字。即如果是"一千戶"，"一"字會省去，作"千戶"，除此則書具體數目。據此，梁氏推斷《漢書·高惠高后文功臣表》中的"一千戶"有誤，因爲若是一千戶，只會書"千戶"，他通過查考《史記·高祖功臣侯者年表》的相應內容，正作"二千戶"，因此知《漢表》的"一千戶"乃"二千戶"之譌。這是通過對規律性體例的總結及《史記》的內容來判斷他書之失誤。又如《夏本紀》"滎播既都"，梁氏云："《史》與馬、鄭、王本俱作'滎播'，伏生今文亦然，是也。《古文尚書》與《漢志》誤作'波'。滎爲濟之溢流，波乃洛之支水，此專主導濟，安得合而言之。自'播'誤爲'波'，顏師古以爲二水名，宋儒仍之，直錯到今，或者反欲改《史》文從'波'，何妄也。"據《史記》及各書之載，知"播"字本就無誤，乃是後人妄改爲"波"字，竟至喧賓奪主，代代流傳。梁氏因此作出申明。

第五節　對《史記》亡篇和
　　　　續文的討論

　　《史記》問世之後,遭到數次删續,如馮商、褚少孫等人的補綴,流傳過程中的輾轉錯亂。這些有意無意的改動,使《史記》的本來面貌發生了很大變化,而其中某些篇章的殘缺和續補問題,成爲後人考證議論的焦點和《史記》研究的重要内容。但究竟缺了哪幾篇、哪幾篇是續補之文,諸家説法却不一。梁氏對《史記》的亡篇和續文,也作出了自己的探討和研究。

一、對《史記》亡篇的討論

　　梁氏對《史記》的亡篇問題作了深入細緻的探討,他首先駁斥了前人的削書之説,認爲《史記》所缺並非因觸怒帝王遭删改,而是在流傳中殘缺漸失:"史公《自序》曰:'天下翕然,大安殷富,作《孝景本紀》。漢興五世,隆在建元,作《今上本紀》。'可知《紀》中必不作毁謗語,祇殘缺失傳耳,豈削之哉。且《封禪》《平準》諸篇,頗有譏切,又何以不削? 而其餘八篇,不盡是譏切,非關怒削,又何以俱亡? 若説史公未成,則《自序》中篇目完全,并字數亦明白記載,何云未成?"《史記》的篇章有亡佚之説,起源於班固《漢書》稱《史記》十篇有録無書,後人遂作了大量的探討。顏師古注引張晏曰:"遷没之後,亡《景紀》《武紀》《禮書》《樂書》《兵書》《漢興以來將相年表》《日者列傳》《三王世家》《龜策列傳》《傅靳列傳》。元成之間，褚先生補缺，作《武帝紀》《三王世家》《龜策》《日者傳》，言辭鄙陋，非遷本意也。"①後人於是據張晏此説認爲《景紀》等十篇皆褚少孫所補，如張守節《正義》曰："《史記》至元、成間，十篇有録無書，而褚少孫補《景》《武紀》《將相年表》《禮書》《樂書》《律書》《三王世家》《傅成侯》《日者》《龜策列傳》。《日者》《龜策》言辭最鄙陋，非太史公之本意也。"②趙翼《廿二史劄記》也以十篇爲褚少孫所補③。梁氏亦未能免，他説："張晏諸人動言褚生補《史》，今即其所數十篇明言褚補之者，惟《三王世家》《日者》《龜策》兩《傳》，其餘七篇，安得概指爲褚作耶？"可見他也以爲張晏云十篇皆褚補。但實際上，張晏列出的十篇是指《史記》所亡，褚少孫所補者，僅下文所云《武帝紀》等四篇，而非所列的十篇。梁氏等人皆誤解張晏之語。

　　但爲《史記》作續補者却的確很多，不止褚少孫一人。錢大昕説：

　　　　少孫補《史》，皆取史公所闕，意雖淺近，詞無雷同，未有移甲以當乙者也。或魏晉以後，少孫補篇亦亡，鄉里妄人取此以足其數爾。《秦始皇本紀》末有"漢明帝十七年十月"云云，《平津侯傳》末有"太皇太后詔大司徒大司空"云云，《司馬相如傳》贊有"揚雄以爲靡麗之賦，勸百諷一"云云，皆魏晉以後人竄入。④

---

①　班固《漢書》卷六十二《司馬遷傳》，第2724—2725頁。
②　司馬遷《史記·龜策列傳》，1982年11月中華書局，第3223頁。
③　見《廿二史劄記》卷一"褚少孫補《史記》不止十篇"一條。
④　錢大昕《廿二史考異》卷一《孝武本紀》，《嘉定錢大昕全集》，第13頁。

梁氏對補《史》者也作了辨證：

> 如補《史》止屬少孫一人，則《始皇紀》末附《秦記》及班固語，《高祖》《惠景侯表》增入征和後元，《封禪書》增天漢後事，《楚元王世家》增地節時事，《齊悼惠世家》增至建始，《曹相國世家》增曹宗征和時坐法，《賈誼傳》書賈嘉至昭帝時列爲九卿，《韓信傳》書韓曾續侯，《酈商傳》書侯宗根坐法免，《張丞相傳》續車丞相已下七人，《李將軍傳》續李陵事，《匈奴傳》載天漢已後李廣利降匈奴，《衛將軍驃騎傳》載諸將公孫賀等坐巫蠱族滅，《平津侯主父傳》載王元后詔及班固所稱，《司馬相如傳》改易賦詞及剿入班固引揚雄語，《酷吏傳》添入《漢書·減宣傳》，及杜周爲執金吾後事，凡此衆端，詎皆褚爲之歟？

證明補《史》者不僅褚少孫，而是大有人在。

對於張晏所言亡佚十篇的補文，後人也多有説明和議論，如司馬貞《索隱》云：

> 《景紀》取班書補之，《武紀》專取《封禪書》，《禮書》取荀卿《禮論》，《樂》取《禮·樂記》，《兵書》亡，不補，略述律而言兵，遂分曆述以次之。《三王世家》空取其策文以緝此篇，何率略且重，非當也。《日者》不能記諸國之同異，而論司馬季主。《龜策》直太卜所得占龜兆雜説，而無筆削之功，何蕪鄙也。①

---

① 司馬遷《史記·太史公自序》，第3321—3322頁。

對各篇的補文來源作出一一的說明。但王鳴盛不同意張晏和司馬貞之言，他說：

今考《景紀》見存，是遷元文，不知張晏何以言遷沒後亡，且此《紀》文及贊皆與《漢書·景紀》絕不同，又不知《索隱》何爲言以班《書》補之。《武紀》則是褚少孫所補，《禮書》《樂書》雖是取荀卿、《禮記》，其實亦是子長筆，非後人所補。不知張晏何以云亡。《兵書》即是《律書》，觀《自序》自明。師古謂本無《兵書》，以駁張晏，誠誤，但今《律書》見存，即是《兵書》不亡，而張晏何以云亡。《索隱》亦誤會也。《漢興以來將相年表》惟太始以後，後人所補，其前仍是子長筆，何以云亡。《日者》《龜策》二篇，惟末段各另附褚先生言，其元文仍子長筆。《索隱》以《日者傳》司馬季主事爲褚補，非也。不知張晏何以云亡。而褚《龜策傳》末則云：太史公作《龜策列傳》，"臣往來長安中，求《龜策傳》不能得，故之太卜官，問掌故文學長老習事者，寫取龜策事，編于下方"。然則今所有《龜策》元文出子長者，褚所未見，又不知以何時出而得行也。《三王世家》直列三王封策書而不置一詞，其贊云："王者封立子弟以褒親親，自古至今，由來久矣，非有異，故弗論著也。"然封立三王，文辭燦然可觀，是以附之《世家》。此亦是子長筆，據文雖未定之筆，亦不可云亡，而張晏何以云亡。……據贊，則取封策以當世家者，亦子長所爲……《傅靳傳》俱是子長元文，並無補續，又不知張晏何以云亡。然則《漢書》所謂"十篇有録無書"者，今惟《武紀》灼然全亡；《三王世家》《日者》《龜策傳》爲未成之筆，但可云缺，不可云亡。其餘皆不見所亡何文。①

認爲所亡者只有《武紀》而已,其他各篇則或存或僅有缺而非亡,對張晏和司馬貞之言進行了徹底的批駁。

梁氏也認爲"十篇"不確,他説:

> 晏等所數十篇,則《三代世表》《建元侯表》《外戚世家》《梁孝王世家》《田叔傳》《滑稽傳》少孫俱有附益,何以不在十篇之數歟?而十篇之中,《兵書》既序目所無,則止九篇,與《前》《後漢書》言十篇不合,若云《律》《曆》本一而分次之,則史公序目元分爲二書也。據《藝文志》馮商《續太史公》七篇,注韋昭曰"馮商受詔續《太史公》十餘篇,在班彪《別錄》。商字子高"。師古曰"《七略》云商,陽陵人,事劉向,與孟柳俱待詔,頗序列傳,未卒,病死"。《班彪傳》"《史記》自太初以後闕而不錄,好事者頗或綴集時事,然多鄙俗,不足以踵繼其書"。李賢注好事者謂揚雄、劉歆、陽城衡、褚少孫、史孝山之徒。又《史通·古今正史篇》"續《史記》諸儒有劉向、歆、馮商、衛衡、揚雄、史岑、梁審、肆仁、晉馮、段肅、金丹、馮衍、韋融、蕭奮、劉恂等,迄於哀、平,猶名史記",則補《史》非褚少孫一人明矣。今讀《孝景紀》,所書惟大事,另一體格,後世史家作帝紀,多祖此例,且有《漢書》所無者。宋真德秀錄《景紀論》於文章正宗,亦以爲史公之筆,夫豈他人所能僞哉。《將相名臣表》惟缺前序,自高祖元年至太初四年完然具存,天漢已下後人所續,亦如《建元

---

① 王鳴盛《十七史商榷》卷一,第6—7頁。

侯表》之類,非本《表》有未全也。《律書》即《兵書》,《易》稱師
出以律,而古者吹律以聽軍聲,所以名律爲兵,《索隱》已嘗論
之,觀本書及《自序》可見,烏得以爲闕乎?《傅靳傳》非史公不
能作,其叙事簡而有法,與《曹相國世家》《樊酈滕灌傳》同一體
例,孟堅仍其文,少所刪潤,其闕安在?

他提出"十篇"乃"七篇"之譌的觀點:

　　蓋《史記》凡缺七篇,十篇乃七篇之譌也。故兩《漢書》謂
十篇無書者固非,而謂九篇具存者尤非。七篇者,《今上本紀》
一,《禮書》二,《樂書》三,《曆書》四,《三王世家》五,《日者傳》
六,《龜策傳》七。或問以十篇乃七篇之譌何據? 曰:《史》
《漢》中七、十兩字互舛甚多,並辨見各條。而其所以誤者,篆
隸字形相似,《隸釋·孔龢碑》三月二十七日是已。

二、對《史記》續文的討論

　　褚少孫等人的續補文,少有佳者,《十七史商榷》稱"褚所補亦
惟《武紀》,其餘特附益於各篇中,如贅疣耳。《武紀》之補固屬可
笑,其餘皆鄙瑣無謂,或冗復混目。"[1]對褚少孫及其補文大加嗤
笑。梁氏也説褚少孫"元、成間俗儒也",他對褚少孫所續之文,多
持否定態度,但又並非全盤否定,對某些較好的續文,他也給以肯
定。在《志疑》的相關篇章中,梁氏將褚少孫等人的補文皆列出來,

---

① 王鳴盛《十七史商榷》卷一,第7頁。

並一一作出評論：

《三代世表》：“張夫子問褚先生。”梁案：“褚少孫，元、成間俗儒也。所續《史記》，此篇乃其首製。徒見《世表》訖于共和，天位久虛，人臣攝政，遂以其事與霍光相類，因附論焉……誠小司馬所謂‘言之不經，蕪穢正史’者也。”

《建元以來侯者年表》：“右太史公本表。”梁案：“六字褚生所改。……至此下當塗至陽平四十六侯，亦皆褚所續，非但侯位多有遺闕，其編錄之誤，不可指計。凡功勳、罪狀、國號、姓名、官職以及戶數、年數，盡與《漢書》不合。”

《漢興以來將相名臣年表》：“天漢元年。”梁案：“天漢已下至孝成鴻嘉元年，皆後人所續。以《漢書》校之，大半乖迕。如劉屈氂爲澎侯而稱‘彭城侯’。王章爲安平侯，而兩書‘平安侯’。韋玄成嗣父爲侯也，而曰因爲丞相封扶陽侯。元帝永光二年七月馮奉世擊西羌，八月任千秋別將並進，乃此移奉世擊羌之月爲千秋，反遺却奉世主帥。張禹以鴻嘉元年免相，哀帝建平二年卒，乃謂禹卒於鴻嘉之元。斯皆誤之大者，其餘年月、官職，駁戾頗多，因均在删削之列，不復匡訂矣。”

《禮書》：“禮由人起。”梁案：“史公《禮書》惟存一序，此下皆後人因其缺而取《荀子》續之。自‘禮由人起’至‘儒、墨之分’及‘天地者生之本’至末，是《荀子·禮論》，中間‘治辨之極’至‘刑錯而不用’，是《議兵》篇答陳囂語……而末段又割截《禮論》，橫加‘太史公曰’四字以作論，尤爲乖陋。”

《律書》：“律曆，天所以通五行八正之氣，天所以成熟萬物也。舍者，日月所舍。舍者，舒氣也。”梁案：“此語與前後文亦不貫。《正譌》謂‘律曆’二十字，乃《論》中‘建律運曆造日度’之注，‘氣’下當有‘日度’二字。而‘舍者’十一字爲‘二十八舍’之注，傳寫者不察，攙入本文也。”

《曆書》：“昔自在古。”梁案：“史公《曆書》缺，惟存前序，然篇首‘昔自在古’至‘難成矣’百餘字，乃《大戴禮·誥志》篇孔子稱周太史之語，而倒亂先後，改易字句，不可解。”

《曆書》：“曆術甲子篇。”梁案：“此乃當時曆家之書，後人因本書之缺，謬附於《史》，增入太初等年號、年數。其所説曆法仍是古四分之術，非鄧平、落下閎所更定之《太初曆》也……《史》訖太初，而叙至成帝建始，非妄續之的證耶？其他所算餘分或大餘小餘，並篇末述干支之名，多有差脱，不復詳辨。蓋太初定曆，別有成書，史公作《史》時未經録入，孟堅作《志》載《三統》而又不載《太初》，其法遂無傳矣。”

《封禪書》：“其後五年，復至太山修封，還過祭恒山……今上封禪，其後十二（“二”乃“三”之誤）歲而還徧於五岳、四瀆矣。”梁案：“此前後三十三字乃後人妄增。《史》訖太初，安得叙至天漢已下乎？……《補今上紀》者不知斷限，謬割《漢志》以續《本紀》，並增《封禪書》，遂令文義隔絶，注家豈未之察耶。”

《楚元王世家》：“王純立。”梁案：“此下二十七字後人妄續，當削之。”

《齊悼惠王世家》：“是爲惠王。”梁案：“此下四十八字後人所續，當刪之，且所説孝王景之年與《漢書》不合。”

《齊悼惠王世家》：“是爲頃王。”梁案：“此下四十四字後人妄續，且年數謚法多誤也。”

《曹相國世家》：“征和二年中。”梁案：“此下十二字後人妄增，當刪。”

《屈原賈生列傳》：“及孝文崩，孝武皇帝立，舉賈生之孫二人至郡守，而賈嘉最好學，世世其家，與余通書。至孝昭時，列爲九卿。”

梁案:"此文爲後人增改。'孝武'當作'今上'。而中隔景帝,似不
必言'孝文崩',宜云'及今上皇帝立也'。'世'字衍一,各本誤重。
'至孝昭時'二句當删之。"

《韓信盧綰列傳》:"子代,歲餘坐法死。後歲餘,説孫曾拜爲龍
額侯,續説後。"梁案:"此下乃後人所續,當删之。且續于《侯表》
者,並其名字兄弟而誤之。續於《列傳》者,亦既誤以曾爲説孫,又
誤其坐罪復封之歲。"

《李將軍列傳》:"李陵既壯。"梁案:"以下皆後人妄續也。無論
天漢間事《史》所不載,而史公因陵被禍,必不書之,其詳别見於《報
任安書》,蓋有深意焉。觀贊中但言李廣而無一語及陵可見。且所
續與《漢傳》不合,如族陵家在陵降歲餘之後,匈奴妻陵又在族陵家
之後,而此言單于得陵即以女妻之(與《匈奴傳》後所續同誤),漢聞
其妻單于女族陵母妻子,並誤也。且漢之族陵家因公孫敖誤以李
緒教單于兵爲李陵之故,不關妻單于女。又杭太史云"子長盛推李
少卿,以爲有國士風,雖敗不足誅,彼不死,欲得當以報。何云李氏
名敗,隴西之士爲恥乎? 斷非子長筆。"

《衛將軍驃騎列傳》:"六歲,坐法失侯。"梁案:"此六字,後人妄增。
伉失侯在天漢元年也,《建元侯表》書'今侯伉',則知此非史公本書。"

《衛將軍驃騎列傳》:"爲光禄勳,掘蠱太子宮,衛太子殺之。"梁
案:"十四字删,後人以征和二年事續入也。"

《司馬相如列傳》:"揚雄以爲靡麗之賦。"梁案:"此下二十八字
當削。"

《酷吏列傳》:"自溫舒等以惡爲治。"梁案:"自此至'以文辭避法
焉'一段,無端横入,不成章法,乃《漢書·减宣傳》尾之語,後人妄取
入《史》,而又誤置於此也。蓋《漢傳》减宣已上皆襲《史》原文,田廣明

已下孟堅自作,故以斯語結之。且徐勃等阻山攻城,天子遣使者繡衣治盜,事在天漢元年,'沈命法'更在後,則非史公所撰益明矣。"

《酷吏列傳》:"周中廢。"梁案:"此下乃後人增入而謬者也。"

《太史公自序》:"作《越王句踐世家》第十一。"梁案:"越僭號爲王,例不應書,觀陳涉不書王可見,此後人妄加之,當刪'王'字。"

《太史公自序》:"作《田敬仲完世家》第十六。"梁案:"《史記》篇題未有名謚兼書者,此必後人妄增。"

以上皆爲梁氏所指出的後人所續《史記》之不佳者,並進行了辯論批駁。而後人對《史記》的續文,也並非一無是處,對於某些有價值的續補,梁氏也給予了肯定:

《夏本紀》:"迺召湯而囚之夏臺。"梁案:"《外紀》本《世紀》言'桀殺關龍逢,湯使人哭之,乃囚於夏臺'。又《路史》本《太公金匱》言'桀以諫臣趙梁計,召湯囚之鈞臺',故褚先生補《龜策傳》云'桀有諫臣,名曰趙梁,教爲無道,繫湯夏臺',此可補《史》缺。"

《外戚世家》:"褚先生曰。"梁案:"此所續爲褚生極筆,非他蕪陋可比。"

《梁孝王世家》:"褚先生曰。"梁案:"褚生續語可刪……惟所言漢諸侯王朝見期法,可補《漢》《史》之缺。"

《滑稽列傳》:"褚先生曰。"梁案:"少孫續傳六章,惟郭舍人、東方生、東郭先生、王先生四章爲類。但方朔雖雜詼諧,頗能直言切諫,安可與齊贅優伶比……若夫西門豹,古之循吏也,而列于滑稽,尤爲不倫。然叙次特妙,非他所續之蕪弱。"

《日者列傳》:"自古受命而王。"梁案:"《史》缺此《傳》,褚生取記司馬季主事補之,序論亦僞託,然其文汪洋自肆,頗可愛誦。"

梁氏對《史記》的續補之文有褒有貶,而對於某些個別之處,則未置可否，只是指出是後人所續之文，而未加評論：

《樂書》：“太史公曰：余每讀《虞書》。”梁案：“《樂書》全缺，此乃後人所補，托之太史公也。”

《田叔列傳》：“數歲爲二千石。”梁案：“此已下必褚生所增。”

《匈奴列傳》：“且鞮侯單于既立。”梁案：“此下乃後人所續，非史公本書。”

《衛將軍驃騎列傳》：“坐子敬聲。”梁案：“此下後人所續，非《史》本書。”

《衛將軍驃騎列傳》：“七歲，復以因杅將軍。”梁案：“此下後人所續。”

梁氏對各處補續文的評價也許不盡恰切，不過他指出了何處爲補續文，對後人正確分辨《史記》的原文和補續文提供了一定的參考價值。而其評價也不無中肯之處，如褚少孫補續《史記》各處，有些雖與《史記》不合，但就補續文本身來說，從史料學的角度看，還是有可取之處的。梁氏指出了這一點，對後人正確評價褚之補續文具有引導性①。

──────────

① 對於梁氏所説的這些“補續文”，當今學界仍有爭議。如張大可就堅持“褚少孫等十六人是續史，並非補缺”，他在《史記斷限考略》中説“凡續史都是自成體系，或單獨成書，或附驥而行，均標明作者姓氏。《漢志》載‘馮商所續《太史公》七篇’，即單獨別行。褚少孫所續附驥《史記》而行，均標明了‘褚先生曰’，以志識別。馮商、褚少孫等十六人是續史，並非補缺，而且褚少孫等人從來就沒有説《史記》有缺。在兩漢興亡之際，《史記》有了殘缺，如《禮書》《樂書》《律書》《今上本紀》等篇，補缺者也是轉抄現成材料，並不妄作。至於《史記》在流傳中，讀史者抄注他書材料，或鈎玄提要，或發抒評論，寫在篇後作備注，後之讀者誤抄入正文，這是無意補史而竄亂了原文，此謂之增竄。增竄是無意爲之，既不系統，且往往與原文矛盾，也非‘妄人所續’。太初以後，司馬遷還有附記，乃是終結太初以前大事，前後相接，自有脈絡可尋。所以綜觀《史記》全書，續史、補缺、增竄、史公附記，四者的脈絡是相當清楚的。《史記》並無‘妄人所續’的問題。”見張大可著《史記研究》，1985 年 4 月甘肅人民出版社，第 142—143 頁。

第六節　對《史》《漢》異同的研究

《史記》《漢書》同爲漢代人之著作，一西漢，一東漢，且所記之史也有重合之處。自晉張輔撰《班馬優劣論》之後，對《史》《漢》異同優劣的分析逐漸成爲《史記》研究的重要課題之一。宋倪思的《班馬異同》是第一部關於這方面研究的系統之作。清代，錢謙益、顧炎武、全祖望、徐乾學、沈德潛、王鳴盛等人，在前人研究的基礎上更進一步，發表了一些新的見解。或評論《史》《漢》是非，或指出班、馬之得失與優劣。梁氏在寫作《志疑》時，對《漢書》與《史記》的異同也作了廣泛的對比，尤其是對兩書各《表》的比較，更是詳細繁密，數量頗多。他將二者的不同之處皆羅列出來並經常作出取捨，或以《史》爲正，或以《漢》爲正，或不能確定孰是孰非而存疑。在此以《史記·高祖功臣侯者年表》與《漢書·高惠高后文功臣表》的對比爲例，將梁氏所作的比較，分情況列出。

一、僅列異處，不論是非

這主要是指客觀地將兩個《表》中的不同之處列出來，而不加主觀的意見。可以分爲以下幾種情況：

1. 所載戶數不同

漢代對有功之臣進行分封，每處封地都有戶數統計。兩《表》在記數方面有不同。如《史表》"清陽侯，三千一百戶"，而《漢表》'二千二百戶'"。《史表》"梁鄒侯，二千八百戶"，"《漢表》作'三千八百户'"。

2. 所載在位年數不同

兩《表》在記載分封諸侯在位年數方面有不同。如《史表》"侯最、頃侯嬰齊、侯山柎",梁案:"此以最在位五十六年,嬰齊在位三年,山柎……在位二十年。《漢表》謂最五十八年,嬰齊二十年,山柎一年。即連失侯之年計之,三代年數錯互不合,未知孰是。"又如"侯皋柔 二十五",梁案:"《表》例不數奪侯之年,故皋柔以建元二年立,元鼎三年國除,在位二十五年,書曰'二十五'。而《漢表》謂元鼎二年爲鬼薪,在位二十四年,未知孰是。"

3. 所用字、詞不同

兩《表》在記載人名、謚號時,用字有不同。有的是人名不同,如《史表》"侯皋柔","《漢表》作'皇柔'"。《史表》"制侯丙倩","《漢表》作'丙猜'"。有的是謚號不同,如"靖信侯單甯、夷侯如意",梁案:"《漢表》'甯'作'究','夷'作'惠',豈兩侯名謚有二乎?""祇侯陳錯",梁案:"《漢表》作'祖侯陳鍇',謚名並異。"有的則僅是字詞不同,如"逮御史大夫湯不直",梁案:"《漢表》'逮'作'建',師古曰'以獄建之意而不直也'。"

4. 時間不同

兩《表》在記載事件發生時間方面有不同。如"八年,侯辟強元年",梁案:"《史》謂懿侯二十年薨,故其子辟強以高后八年嗣。《漢表》謂懿侯二十四年薨,辟強以孝文五年嗣……二《表》不同,未知孰是。""十二月丁卯",梁案:"《漢表》作'二月丁卯'。"

5. 罪狀不同

兩《表》在記載某人所犯罪行方面有不同。如"十九,太始四年五月丁卯,侯石坐爲太常,行太僕事,治嗇夫可年,益縱年,國除",

梁案："《史》訖太初,安得記太始時事,此妄續,當削。但考《漢書·侯表》云'坐爲太常,行幸離宫,道橋苦惡,太僕敬聲繋以謁聞赦免。'《百官表》云'太始四年爲太常,四年坐爲謁問囚,故太僕敬聲亂尊卑免。'(謂以征和三年免)罪狀不同,年數亦異,未知孰誤,坐罪書月日,《表》例所無。""遂坐賣宅縣官故貴,國除",梁案:"《漢表》書侯遂之罪云'坐掩搏,奪公主馬',與此異。"

二、捨《史》取《漢》

此是指在選擇去取時以《漢》爲標準,以《漢》爲對,以《史》爲錯。

1. 譌文

兩《表》記載有不同,是因爲《史表》有譌文。如"功臣受封者百有餘人",梁案:"高祖功臣百三十七人,兼王子四,外戚二,計百四十三人,《表》內所載是已。其實《侯表》惟載功臣,則王子、外戚不宜混入,《表》例自以班書爲當。""四年,侯襄奪侯爲仕伍",梁案:"'四年'當作'元年',《漢表》謂襄免侯在高后元年是也,何以斷之,《表》例不數免侯之年,若襄之奪侯在高后四年,則當中書'三'字,不當書'四'字。若果高后時襄爲侯四年,則下方當書'五年奪侯',不當書'四年',明是誤也。仕、士古通。""頃侯世",梁案:"《漢表》作'臣'是,即《項羽紀》之吕臣也,'世'字誤。"

2. 脱文

兩《表》記載有不同,因爲《史表》有脱文。如"荒侯巨",梁案:"《漢表》作'巨鹿,此缺'鹿'字。""爲郎騎",梁案:"《漢表》'騎'下有'將'字,此脱。"

3. 衍文

兩《表》記載有不同,是因爲《史表》有衍文。如"恭侯勃齊",梁案:"《漢表》無'齊'字是也,若名勃齊,則恭侯之父不得謚齊矣。" "至霸上,侯",梁案:"本傳周緤至霸上時未爲侯也,'侯'字衍,《漢表》無之。"

三、取《史》捨《漢》

此是指在選擇去取時以《史》爲標準,以《史》爲對,以《漢》爲錯。

1. 人名不同

《漢表》在記載人名方面有誤。如"侯勝客",梁案:"《漢表》作'勝侯客',誤也。""莊侯吕勝",梁案:"《漢表》作'騰',非。"

2. 時間不同

《漢表》在記載時間方面有誤。如"三,一,有罪",梁案:"則在位四年,其三年在孝文時,其一年在孝景時,故書曰'三,一'。而《漢表》謂則二十年薨,誤。""六年三月丙申",梁案:"《漢表》作'甲申'誤,三月乙酉朔,無甲申。"

3. 地名不同

《漢表》在記載地名方面有誤。如"新陽",梁案:"新陽縣屬汝南,《漢志》及《水經注》二十二與此同。應劭曰'縣在新水之陽也'。《漢表》誤倒作'陽信'。古新、信通用,若渤海之陽信,文帝以封劉揭矣。""故市",梁案:"河南縣名也,《漢表》誤作'敬市'。"

4. 官名不同

《漢表》在記載官名方面有誤。如"爲執圭",梁案:"《漢表》作'執金吾’,誤也,武帝太初元年始有執金吾之官。”“爲趙太傅”,梁案：
“《漢表》作‘太僕’,誤也,此侯以漢太僕封侯,不應降爲趙太僕矣。”

四、《史》《漢》並誤

此是指在選擇去取時既不以《史》爲標準,也不以《漢》爲標準,
因爲《史》《漢》皆誤,所以在此是以其他材料爲標準。如“曲周,六
年正月丙午,景侯酈商元年”,梁案：“《史》《漢》皆云商以高帝六年
封,然考列傳,商之封曲周在擊陳豨、英布之後(豨反在十年,布反
在十一年),則六年商尚爲涿侯也,當書國名曰‘涿’,而以‘曲周’爲
改封,橫書於高祖格中,方得。”“用將軍擊黥布,侯”,梁案：“功侯見
上,此記其後事耳,當衍‘侯’字。《漢表》亦衍。”

五、《史》《漢》兩通

此是指《史》《漢》都正確,兩書的説法皆通。如“恭侯則”,梁
案：“《漢表》‘則’作‘明’,蓋古字通借,非誤也。”“胡侯呂清”,梁案：
“《漢表》作‘青’。考《釋名》‘清,青也’。《説文繫傳》‘青者清也’。
則知古通用字,故少昊青陽,《漢志》作‘清陽’,不可以爲誤矣。”

六、《史》《漢》失書

通過比較發現,二書都有失書謚號現象。

1.《史記》失書

如“侯孔藂”,梁案：“《漢表》侯謚夷,此失書也。”“侯市臣”,梁

案：《漢表》市臣謚孝，此失書。"

2.《漢書》失書

如"圉侯陳賀"，梁案："《漢表》失謚。""强侯郢人元年"，梁案："郢人之謚，《漢表》失書。"

3.《史》《漢》皆失書

如"封賀子侯最"，梁案："最謚《史》《漢表》皆缺。""侯辟强"，梁案："此侯之謚，《史》《漢》皆失書。"

第七節　對其他相關問題的探討

《史記》的内容豐富多彩，梁氏對《史記》的考證也涉及廣泛，既有對規律性内容的總結和揭示，也有對特殊性問題的探討和考察。

一、對避諱例的揭示

陳垣説："避諱爲中國特有之風俗，其俗起於周，成於秦，盛於唐宋，其歷史垂二千年。其流弊足以淆亂古文書。然反而利用之，則可以解釋古文書之疑滯，辨別古文書之真僞及時代，識者便焉。"[1]不懂避諱之學，理解古書就會有一些困難。梁氏曾與盧文弨討論過避諱的問題，盧文弨説"古人生不辟名，卒哭乃諱"，而梁氏羅列諸不避諱者之例以疑問之[2]。在《志疑》中，梁氏通過對《史記》避諱問題的探討，總結歷史上的某些避諱原則。

避諱有避國諱和家諱兩種。國諱是指所有人都必須避諱的名字，如孔子之名和本朝帝王之名，衆所共諱。家諱是指祖、父之名，子孫避之。梁氏在《志疑·周本紀》中談到這個問題："漢法觸諱者有罪，如高帝諱'邦'之字曰'國'，惠帝諱'盈'之字曰'滿'，文帝諱'恒'之字曰'常'，景帝諱'啟'之字曰'開'，武帝諱'徹'之字曰

---

① 陳垣《史諱舉例》序，1998 年 4 月上海書店出版社。

② 梁玉繩《蜕稿》卷四《復盧學士論諱書》。

‘通’。馬、班作史，咸遵此典。又史公以父名談，遂私諱爲‘同’，或改用‘譚’字。”漢高祖名劉邦，在書寫時遇到“邦”字，就得改稱“國”。惠帝名盈，改稱“滿”。文帝名恒，改稱“常”。景帝名啓，改稱“開”。武帝名徹，改稱“通”。這些都是避國諱。司馬遷的父親名“談”，所以，他在寫“談”字時就改稱“同”或“譚”。這是避家諱。

但《史記》在避諱方面並不嚴密，梁氏在《志疑・周本紀》中説：“其於君父之名往往有不盡諱者，甚且文帝、武帝直書其名。”他舉例如“兼列邦土”、“以從盈數”、“恒山也”、“宋微子啓”、“立皇太子徹爲膠東王”，這些都是《史記》失於避諱之處。又如，秦始皇名正，故秦人改稱“正月”爲“端月”。梁氏認爲，“端月”只適宜於秦朝，以後朝代不必爲秦朝避諱，應稱爲“正月”，而司馬遷仍書“端月”，是漢避秦諱，乃不需避而避了。

梁氏並非一味指摘《史記》的失諱之處，對某些看似失諱，其實是不需要避諱的行文，梁氏也予以申明，同樣是在對《周本紀》的考證中，他説：“夏后啓則不諱，蓋不敢以今天子易古天子之名也，是以微子之名改稱‘開’，而禹之子不稱‘夏后開’。”對《史記》中稱“夏后啓”，不避啓字，作出了解釋。

錢大昕《廿二史考異》也提到《史記》的避諱問題，他舉《史記》中諸未避漢高祖、惠帝、文帝、景帝名諱之處，認爲“此非《史》之駁文，後人以意改易耳”①。陳垣説，漢時避諱並不很嚴格：“《史記》《漢書》於諸帝諱，有避有不避。其不避者固有由後人校改，然以現存東漢諸碑例之，則實有不盡避者。大約上書言事，不得觸犯廟諱，當爲通例。至若臨文不諱，詩書不諱，禮有明訓。漢時近古，宜

尚自由,不能以後世之例繩之。"①因此梁氏指出的未避諱之處,或由於漢代避諱不嚴,司馬遷原文即如此,或由於後人改動而使原本避諱之處變成了今日未避之處。由於時代久遠,我們已無法確知《史記》原文的具體情況,因此不應對今未避處作絕對的判斷。

二、對特殊諡號的解釋

上古有號無諡,周初始制諡法,秦始皇廢不用,漢初又得以恢復。所謂諡號,即指帝王、貴族大臣、士大夫等死後,朝廷依其生前事蹟給予的稱號。《逸周書・諡法解》云:"維周公旦、太公望開嗣王業,建功於牧之野,終將葬,乃制諡,遂叙諡法。諡者,行之跡也。號者,功之表也。車服者,位之章也。是以大行受大名,細行受細名。行出於己,名生於人。"②通常一個諡號顯示着被諡者生前的功過,或褒揚其美德,於君則文、明、睿、孝、德、懿等;於臣則忠、勇、靖、節。或貶斥其暴虐無能,如煬、厲、幽、悼、哀、閔等。諡號有用一字者,如文、武、昭、宣。有用二字者,如昭烈、簡文、孝武。對於諡號的字數問題,梁氏曾有探討,如《周本紀》"子定王介立",梁氏云:"周不應有二定王,韋注《國語》《後書・西羌傳》《陶公紀年》並據《世本》作'貞王',而《竹書》《人表》《世紀》均作'貞定王',《御覽》引《史記》亦作'貞定',則固有兩字諡也。"

周時諡法不是很嚴格,因此定諡號也就沒有依某一嚴格的規則,而諡號與人品也並非完全一致,諡號之定也依時勢而不拘一

_____

① 陳垣《史諱舉例》卷八,第 96—97 頁。
② 《逸周書》,見《二十五別史》,2000 年齊魯書社,第 68 頁。

格，如《史記·十二諸侯年表》："國怨惠公亂，滅其後，更立黔牟弟。衛戴公元年。"梁氏説："至於戴之爲謚，雖見於《周書》之《謚法》，在當日亦必以爲國人翼戴之故而遂稱之。即以懿公之爲'懿'，名亦浮其實矣。要皆無暇集衆定議，告於廟而後宣播者也。且衛之後世，如輒之出奔，且有孝公之謚矣，寧能盡拘常典乎？故夫十數日之君之有謚也，以前君之年爲其年也，皆變禮也，舉不足致疑。"衛公謚爲"戴"之因在於就便取之，懿公、孝公亦非謚如其人，可知定謚並不嚴格。但也不能違背常理，《史記·十二諸侯年表》有"曹襄公元年"句，梁氏説："此公七世祖共公名襄，則豈有以先君名爲謚之理。"定謚號雖然不必拘泥，但以先君之名爲子孫之謚，則於理不通了。

三、對"太史公"之稱的考辨

梁氏除了對《史記》的各項内容進行考證外，有時還會針對某些問題加以議論，評論前人的説法，附以己説。

如對《史記》中的"太史公"這個稱呼，梁氏表達了自己的理解：

> 太史公之稱，《補今上紀》及《自序傳》注引桓譚《新論》云"東方朔所署"。又引韋昭云"遷外孫楊惲所加"。又引衛宏《漢儀注》謂"太史公，武帝置，位在丞相上。遷死後，宣帝以其官爲令，行文書而已"。又引虞喜《志林》，謂"古主天官者皆上公，自周至漢，其職轉卑，然朝會坐位猶居公上，其官屬仍以舊名尊之"。考《史記》遷死後稍出，至宣帝時始宣布，東方朔安得見之，《索隱》非之矣。《遷傳》有楊惲祖述其書之語，韋昭所

本,《索隱》亦從之。但一部《史記》均稱太史公,惟《自序》中"遷爲太史令"一句稱令,然《正義》引《史》作"公",疑今本傳譌,或依《漢書》改,豈盡惲增之耶?《索隱》以爲姚察非之矣。蓋太史公是官名,衛宏漢人,其言可信,《西京雜記》《隋書·經籍志》《史通·史官建制篇》、宋三劉《兩漢刊誤》並同衛宏也。或問:晉晉灼《漢書·司馬遷傳》注曰:"《百官表》無太史公在丞相上,衛宏不實"。《索隱》亦言宏謬。又宋宋祁《筆記》曰"遷與任安書,自言:僕之先人,文史星曆近乎卜祝之間,固主上所戲弄,倡優所畜,流俗之所輕。若其位在丞相上,安得此言"。唐顏師古《遷傳》注謂"遷尊其父,以公爲家公之公"。宋吳仁傑《兩漢刊誤補遺》謂"遷父子官令而云公者,邑令稱公之比"。諸說然否?曰:非也。漢官之不見於表者甚多,不獨太史公。況宣帝已改爲令,屬於太常。表固宜無之,奈何據以駁衛宏乎?《史記》中太史公,大半遷自稱之,不皆指其父,何尊之有?《後漢書·鄭康成傳》載孔融告高密縣立鄭公鄉云"太史公者,仁德之正號,不必三事大夫"。此尊之說也。而東吳顧氏炎武《日知録》二十卷譏之,縣公僭稱,他人呼之猶可,自號則不可。明于慎行《讀史漫録》以爲"朝會立庭,在人主左右,以記言動,如唐、宋螭頭記注之制,非爵秩之位,乃朝著之位。前人多誤釋。惟《正義》以虞喜爲長,而《志林》實與《漢儀注》相通明,戲弄而倡優畜之,正以其在人主左右耳"。至宋蘇洵《嘉佑集·史論》議遷與父無異稱爲失,更不然。《史記》祇《天官書》"太史公推古天變"及《封禪書》兩稱太史公,《自序》前篇六稱太史公,指司馬談,文義顯白,餘皆自謂,蘇氏何所疑而譏其失哉。

先是羅列出前人的理解，然後提出自己的觀點："《史記》中太史公大半遷自稱之，不皆指其父。"僅《自序》中的六處指司馬談，對"太史公"的指稱作出了詳細的界定。錢大昕在《廿二史考異》中也說：

> 太史公是官名，遷父子世居其職。衛宏漢人，其言可信。而後人多疑之。予謂"位在丞相上"者，謂殿中班位在丞相之右，非職任尊於丞相也。虞喜謂"朝會坐位猶居公上"，蓋得之矣。子長自言"天下遺文古事，靡不畢集太史公"。與《漢儀注》云"天下計書先上太史公"者正合。《史記》一書，惟自序前半稱"太史公"，及《封禪書》兩稱"太史公"，指其父，餘皆遷自稱之詞。

梁氏之說與錢說一致。

第八節　如何評價《史記志疑》

清朝乾嘉時期是《史記》考證的一個高峰期。學者們充分利用經學、小學、金石、天文、曆法、輿地等方面的知識來對《史記》進行全面深入的考辨，取得了很大的成就。梁玉繩的《史記志疑》是其中的翹楚。

一、成就

《史記志疑》是在繼承前人成果的基礎上寫成的，而《志疑》的成書，又爲後人研究《史記》提供了借鑒，具有承前啟後的作用。

《志疑》之前，針對《史記》的研究著作已經很多，也取得不小的成就。但多是零篇散段，或是對《史記》中某一篇的闡述，或是單從某一方面、某一角度進行研究，顯得系統性、全面性不夠。《志疑》則是對《史記》的全方位研究，既有對歷史事件、歷史人物的考察，又有對字詞音義的考證，還有對《史記》的訂誤補缺。從點到面，從不同的角度進行剖析。因此可以說《志疑》將對《史記》的研究上升到了一個比較系統的層面，在《史記》研究史上舉足輕重。梁玉繩繼承前人又超越了前人，爲後世留下了一筆寶貴的財富。

首先，《志疑》對傳世之《史記》進行了一次全面細緻的考察，指出並糾正了其中的失誤，爲還原《史記》的本來面目作出了努力。

而對《史記》三家注的批評指正,有利於《史記》的研究更加深入恰切。

其次,《志疑》揭示了《史記》中一些隱含的内容。比如對《史記》通例的闡發,這些通例雖然存在暗含於《史記》文本中,但並不條理。而《志疑》的貢獻之一,就在於將這些規律性的材料條理化,使之系統明晰,從而爲後來的學者提供了方便。

再次,《志疑》補充了《史記》記載的缺失。梁氏根據《史記》之外的材料以及《史記》本身的規律特點進行分析,發現了《史記》記載的缺失,並通過著作《志疑》將這些缺失加以補充,使《史記》更加完整。

二、影響

清人在對《史記》的研究中,逐漸形成了獨有的特點:通過訓詁、箋釋、校勘、辨僞等方法和手段,對《史記》進行整理。從研究領域看,清代的《史記》考證,從唐宋時期的局限於對《史記》文本進行注釋和考證,轉變到對《史記》進行全方位的考證。梁玉繩的《史記志疑》是這一方法的有力實踐者。該書在清代的治史舞臺上,充當着重要的角色。既爲當時人,又爲後人所稱讚和借鑒。

孫志祖在《清白士集序》中稱《志疑》:"網羅群籍,務求其是,爲士林推右。"①王念孫《讀書雜誌》稱錢大昕的《史記考異》"討論精核,多所發明,足爲司馬氏功臣",而梁玉繩《史記志疑》"所説又有錢氏未及者,而校正諸表,特爲細密"②。錢泰吉對《志疑》極爲推

---

① 《清白士集》,清嘉慶五年刻本。
② 王念孫《讀書雜誌》二《史記序》,第1頁。

崇，他在校勘《史記》時將《志疑》與錢大昕的《史記考異》和王念孫的《讀書雜誌》三書奉爲準繩①。傅斯年對《志疑》敢於疑的精神極爲稱讚，他在《〈史記志疑〉三十六卷》中説："中國人之通病，在乎信所不當信，此書獨能疑所不當疑，無論所疑諸端，條理畢張，即此敢於疑古之精神，亦可以作範後昆矣。"②他無疑是將《志疑》看作一個超越了時代的産物。陳直《史記新證》説："清代至近世，有專著者約十餘種，以梁玉繩《史記志疑》最爲精核。"③林紓稱贊《志疑》"論黄帝一事凡千言，其下歷舉異同，良足以刊《史記》之誤"④。皆是對《志疑》的正面肯定。

當然，對《志疑》的批評也不少，李慈銘《越縵堂讀書記》説："（《志疑》）頗多錮於學究識見，强解三代以上之事。""曜北信所不當信，又雜引唐人柳宗元、鄭魴之説，以盡黜載籍徵信之言，是以溝猶瞀儒，不出方隅之見，而妄測古人，何其舛也。"⑤吳廷燮撰《史記志疑》提要："梁氏猶有過泥漢唐以來舊説"，"是書又謂《史記》載伊尹朝諸侯爲妄及文王未受命，此皆泥於尊君舊則。""司馬氏撰《史》，距今已數千年，所見之書，今多不傳。是書言可疑者甚多，實不足爲信。"但同時也指出"所載《太平御覽》諸書，引有今本《史記》未見者，爲之摘出，頗具苦心"。⑥ 有批評也有理解。另外，梁氏採

① 錢泰吉《甘泉鄉人稿》卷六《跋史記志疑》，《續修四庫全書》據華東師範大學圖書館藏清同治十一年刻光緒十一年增修本影印。

② 《傅斯年全集》第一卷，第 120 頁。

③ 陳直《史記新證》，1979 年 4 月天津人民出版社，自序第 2 頁。

④ 曾憲輝《林紓》，1993 年 8 月福建教育出版社，第 178 頁。

⑤ 李慈銘《越縵堂讀書記》，2000 年 6 月上海書店出版社，第 207—208 頁。

⑥ 《續修四庫全書總目提要（稿本）》，中國科學院圖書館整理，1996 年齊魯書社影印本，24 册第 99 頁。

用乾嘉學者普遍運用的方法：以現傳古籍校訂《史記》，而現傳古籍的文本正確性也是一個有待商榷的問題。

　　無論是褒是貶，只是一種評價。《志疑》流傳至今，其在歷史中的影響無法抹煞。梁玉繩之後的張文虎《校刊史記集解索隱正義劄記》多採用《志疑》，道光年間黃汝成撰《日知錄集釋》，其中《史記》部分，也多集梁説，這些都在相當程度上證明了《志疑》的價值。後世研究《史記》者，《志疑》是不能忽視必讀書目之一。

第四章 《人表考》

　　《人表考》是梁玉繩的第二部代表作，與《史記志疑》一樣，體現了梁玉繩在史學考證方面的成就。梁氏對《志疑》和《人表考》也很有自信，他在給梁履繩的信中説：“二書俱竹汀及盧學士、孫侍御審定，當無大舛謬處。”①而與《志疑》對《史記》的總體考證不同，《人表考》只是針對《漢書》的一個部分，即“八表”之一的《古今人表》所作的詳細考察和論證。

　　班固在《漢書》中設《古今人表》一卷，以人物的品行、才智爲主要標準，參之以事功和學術成就，將人物分爲上上、上中、上下、中上、中中、中下、下上、下中、下下九等。此九等之分，梁氏以爲始自司馬遷：“《人表》借用《禹貢》田賦九等之目，造端自馬遷。《史記·李將軍傳》云：李蔡爲人在中下。”《史記》只是對個別人物作了品評，而《古今人表》則對大量人物進行了細緻的分類。

　　歷代有不少學者對《人表》持否定態度，梁氏在《人表考序》中説：“《史通·表歷》《品藻》諸篇，宋鄭樵《通志序》，吕祖謙《大事記解題》十，羅泌《路史·後紀》十四，王觀國《學林》三，明楊慎《升菴

---

① 梁玉繩《蜕稿》卷四《寄弟處素書》。

集·人表論》，皆競相彈射，少所推嘉。”列舉了前人的的譏評之篇。綜觀這些書中的意見，對《人表》的批評主要集中在兩個方面：

首先是以“古今人表”爲題，但表中只有古人没有“今人”。劉知幾説：“班固撰《人表》，以古今爲目。尋其所載也，皆自秦而往，非漢之事，古誠有之，今則安在？”①又説：“其書上自庖犧，下窮嬴氏，不言漢事，而編入《漢書》，鳩居鵲巢，蔦施松上，附生疣贅，不知翦截，何斷而爲限乎？”②對《表》中没有漢人這一點，歷代學者做了不同的解釋。顔師古認爲“其書未畢”，把《人表》看成是未完之作。但這一觀點爲後人所否定，在《人表考》中，梁氏即對顔師古此解作了糾駁。他首先之説：“明淩稚隆《漢書評林》引宋黄履翁曰：‘《表》名古今，不言漢人，師古以爲未及言今，非也。蓋固爲漢人，畏避閣筆。’長洲何氏焯《義門讀書記》曰：‘今人則褒貶具於書中，雖云總被古今之略要，其實欲人因古以知今也。師古非。’錢宫詹曰：‘今人不可表，表古人以爲今人之鑒，俾知貴賤止乎一時，賢否著乎萬世。失德者，雖貴必黜。修善者，雖賤猶榮。後有作者繼此而表之，雖百世可知也。觀孟堅序但云究極經傳，總備古今之略要，初不云褒貶當代，則此表首尾完具，小顔蓋未喻孟堅之旨。’”梁氏肯定了何焯借古寓今和錢大昕因古鑒今之説，而更加認同黄履翁的“畏避閣筆”之見，他説：“若表今人，則高祖諸帝悉在優劣之中，豈孟堅所敢出哉！”從政治的角度分析未列漢人之故。班固自漢明帝元年開始私撰《漢書》，永平五年被人告發下獄，翌年得明帝恩准可繼寫《漢書》。班固因著書而罹禍，也可能從此明哲保身，不表

①　唐劉知幾撰，清浦起龍釋《史通通釋·題目》，1978 年上海古籍出版社，第 59 頁。
②　唐劉知幾撰，清浦起龍釋《史通通釋·表歷》，第 34 頁。

今人。

　　其次是分類和排序問題。劉知幾在《史通·表歷》中稱《人表》"區別九品,網羅千載,論世則異時,語姓則他族,自可方以類聚,物以群分,使善惡相從,先後爲次,何藉而爲表乎?"[1]在《品藻》中又説:"《古今人表》,仰包億載,旁貫百家,分之以三科,定之以九等。其言甚高,其義甚愜。及至篇中所列,奚不類於其叙哉!"[2]其下列舉《人表》排序及去取的諸多不當之例,對《人表》極盡批駁。而張晏也批評人物排序不當:"文伯之母達於禮典,動爲聖人所歎,言爲後世所則,而在第四。田單以即墨孤城復强齊之大,魯連之博通,忽於榮利,藺子申威秦王,退讓廉頗,乃在第五。大姬巫怪,好祭鬼神,陳人化之,國多淫祀,寺人孟子違於大雅,以保其身,既被宮刑,怨刺而作,乃在第三。嫪毐上烝,昏亂禮度,惡不忍聞,乃在第七。"對張晏所指《人表》排序失當者,梁氏引錢大昕《廿二史考異》曰:"今本魯仲連、藺相如第二,寺人孟子、田單第四,嫪毐不列,蓋後人妄以己見升降出入,不皆班氏之舊。"引王鳴盛《十七史商榷》曰:"晏所譏不過八人,今本同者四人,脱者一人,則全卷中傳刻脱誤不知凡幾。"知今所見之《人表》與班固原文有不少的出入,因此,遇到班書有異時,應先考察是否傳寫致誤,而不應先妄譏班氏。

　　正因爲前人對《人表》的種種批評和誤解,梁氏才有意作《人表考》。他在自序中説:"褒貶進退,史官之職,始三皇,以迄嬴秦,聖仁智愚,不勝指數。馬遷既未能盡録,班氏廣徵典籍,蒐列將及二千人,存其大都,彰善戒惡,準古鑒今,非苟作者。開元時韓祐續

---

[1]　唐劉知幾撰,清浦起龍釋《史通通釋·表歷》,第34頁。
[2]　唐劉知幾撰,清浦起龍釋《史通通釋·品藻》,第25頁。

之，猶見收於《唐志》。矧本《表》朗垂遠久，又何譏焉！"爲了揭示班固作《人表》的真正意圖、澄清《人表》在流傳過程中的種種錯亂，糾正前人對班固的各項譏議，梁氏"勘校各本，摭采群編"①，搜羅了大量的資料，成《人表考》九卷。

《人表考》九卷，彙編入《清白士集》。廣雅書局將《瞥記》和《庭立紀聞》中所收對《人表考》補充的内容作爲補一卷附録一卷，放到《人表考》九卷之後，編入《廣雅書局叢書》，後《叢書集成初編》《二十五史補編》也都收録《人表考》九卷補一卷附録一卷。

第一節　《人表考》的内容

《人表考》的内容非常豐富，主要可以分爲四大部分：一是對《古今人表》中人物的詳細考察，對人物的生卒、姓氏、職官、行跡乃至葬地等，都作了考證。二是對在考證人物時涉及的其他問題所作的研究。三是對《古今人表》的失誤以及在流傳過程中造成的錯亂的討論和糾改。四是對《古今人表》中人物的排序及去取的深入探討和考證。

一、對人物本身的考證

《古今人表》是各類人物的大彙集，《人表考》對《古今人表》的考證自然離不了對人物的考察和研究。一個人本身的屬性是多樣

① 《人表考》梁玉繩自序。

的,生卒、生平、身份地位、社會活動、社會關係等等,都是伴隨着每個人的獨特符號標誌。《人表考》在對《人表》中人物做考證時,對人物的屬性,只要有跡可循,必作詳細的説明。在此僅就幾個大的方面舉例論之。

1. 人名

每個人都有自己的姓名,古人又有氏、字、號等身份屬性。《人表考》對人名的探討包括多個方面。

(1) 姓:對每一個人,必明確其姓,如太昊帝宓羲氏,風姓。炎帝神農氏,姜姓。黄帝軒轅氏,姬姓。少昊帝金天氏,己姓。顓頊帝高陽氏,姬姓。帝嚳高辛氏,姬姓。帝舜有虞氏,姚姓。帝禹夏后氏,姒姓。帝湯殷商氏,子姓。對一些有争議的姓,梁氏通過引證材料進行分析,并得出自己的結論,如帝堯陶唐氏,一説姓伊:"《五德志》及《帝堯碑》俱稱伊堯。《晉書·禮志》上言魏明帝景初元年,詔以舜妃爲伊氏。是堯實姓伊。"一説姓伊祈:"《易》疏引《世紀》,堯姓伊祈,故《禮·郊特牲》釋文有堯號伊耆氏之説。"一説姓祁:"《史》正義引《世紀》云祁姓,宋司馬光《稽古録》從之。《淮南·脩務》高注云:'堯母寄伊長孺家'。《索隱》引皇甫謐云:'堯初生時,其母寄于伊長孺家,從母所居爲姓'。"一説姓姬:"《路史》謂堯姬姓,注以姓伊祈爲失,復辨《世紀》或説祁從母姓之誤。"梁氏列舉各書的不同説法,最後表達自己的觀點:"竊疑堯生於伊水之上,遂爲伊姓,猶伊尹之姓伊爾,不關母所居,亦非從母姓。而堯既姓伊,自不得爲祁矣。"他認同伊姓。

又如郯子爲己姓還是嬴姓的問題,梁氏説:"郯子自言祖少昊,杜注本《晉語》,謂少昊己姓之祖,則郯爲己姓矣。而《史·秦紀》論、本書《地理志》東海郯注、《釋例·盟會圖》疏、《路史·後紀》七、

《國名紀》二並稱郯嬴姓國，豈緣嬴亦出少昊而誤歟?"梁氏取己姓之説，同時又列舉了以爲嬴姓的各種材料。

（2）氏：對各氏的起源問題，梁氏也多有考究。如尉氏源於邑名，梁氏先引《水經・渠水注》引《陳留風俗傳》云："尉氏，鄭東鄙弊獄官名，鄭大夫尉氏之邑。"又引《漢書・地理志》陳留尉氏注："應劭曰：古獄官曰尉氏，鄭之別獄也。"從而知"地以官得名。尉止食采於此，遂以邑爲氏"。

又如楚鄖公鍾儀以所司爲氏，州犂以食邑爲氏："儀蓋世居樂官而爲鄖公者。樂官有鍾師，因以命氏。楚昭王時樂尹鍾建必儀之後。《唐表》《通志・氏族略》三謂鍾氏出自子姓，與宗氏皆晉伯宗後。伯宗子州犂仕楚，食邑鍾離，遂以爲氏。此乃別一鍾氏，鍾儀在州犂前故也。"

又有對氏的辨析，如散宜生究竟是以復姓散宜爲氏還是以散爲氏，有兩種説法，一説當以散宜爲氏："《帝繫》言堯娶散宜氏之子，此《表》亦云：堯妃，散宜氏女，《困學紀聞》二據之，謂散宜生當以散宜爲氏。"但梁氏認爲當以散爲氏："歷考諸書，皆云氏散，未有言復姓散宜者。孔、馬之外，如《公羊》定六年疏舉散宜生與處不齊對，以證二名。《後書・史弼傳》閔、散懷金注引《世紀》稱宜生。《廣韻》散字注言散姓，《通志・氏族略》四有散氏。宋趙明誠《金石録・散季敦銘》引宋吕大臨《考古圖》云是武王時器。其時散氏惟有宜生，李疑其字。朱文公《孟子集注》亦依舊説，則以爲復姓者，恐非也。"遍引諸書來證明自己的觀點，從而確定散宜生氏散而非散宜。

又如認爲段和段干乃二氏，並非一氏的兩稱，二者判然不同，段氏"出鄭共叔段之後，《國策》韓有段規是也"。而段干氏乃"老子之後名宗者，爲魏將，封于段干，因以爲氏。如《秦策》段干越人、《齊策》段干綸、《魏策》段干崇、《列子·楊朱》篇段干生是也。”但因“段干木之子隱如入關，去干字亦爲段氏”，所以“《廣韻》注段姓又引《風俗通》云：段干木之後也”。段干木復姓段干，《路史·國名紀》二引《風俗通·氏姓注》謂姓段名干木，是割裂其姓名。而“《三國志·衛臻傳》《水經·河水四注》《高士傳》《文選·魏都賦》、《抱朴子·嘉遁》《逸民》《欽士》《譏惑》《博喻》等卷，劉晝《新論·薦賢》《文武》《遇不遇》諸篇，俱稱干木，《文選》宋謝靈運《述祖德詩》稱段生”，皆是不正確的。

（3）人名釋義：即探討人名的意義，如“孺帝顓頊”之義，梁氏根據前人所記：“漢劉向《新序》五齊閭丘卬曰：‘顓頊十二而治天下’。梁沈約《竹書僞注》及《宋書·符瑞志》曰：‘生十年佐少昊，二十登帝位。’《路史》作‘十五佐小昊’。”知顓頊少時即輔佐少昊治理天下，所以《山海經》有“少昊孺帝顓頊”之稱。然郭璞注却説不知“孺”字爲何義。梁氏引徐文靖《竹書紀年統箋》之語以釋之：“顓頊十年佐少昊，故有孺子之稱。又十年登位，孺帝猶後世稱孺子王。其嗣少昊，以臣代君，故以少昊孺帝顓頊連言之。”

又如對“仲尼”之義的解釋，結合對其兄孟皮之名的考證：“孔子有兄伯居，第二曰仲（《儀禮·士冠禮》疏。《史·孔子世家》索隱引《家語》云：梁紇妾生孟皮，是孔子庶兄也。賈疏謂兄伯，與《孝經》邢疏謂字伯並誤。今本《家語》謂孟皮一字伯尼，尤妄。庶長曰孟，安得稱伯？孔子以禱尼山生，故字尼，孟何以稱尼？且古無名字排行者。）”古以孟、仲、季排行，則仲尼之“仲”，義爲排行第二。尼是孔子的字。其兄名孟皮，是叔梁紇之妾所生，是庶出。古代兄弟的排行，以伯、仲、叔、季爲序，嫡長子稱伯，庶長子則稱孟。班固

《白虎通義·姓名》云："適長稱伯，伯禽是也。庶長稱孟，魯大夫孟氏是也。"①孟皮是庶出，所以稱孟不稱伯。而如魯國公子慶父亦是庶出，其名慶父，字仲，與叔孫氏、季氏合謂"三桓"。梁氏説："《公羊》以三桓爲莊公母弟，《史·魯世家》從之，韋昭亦云慶父，莊公之弟。而杜注云慶父，莊公庶兄。叔牙，慶父同母弟。季友，莊公母弟。"梁氏取杜説，以其本於《世本》。"是以莊二、文十五疏曰：慶父庶長而字仲，其後子孫以字爲氏，故《經》書仲孫。時人因其庶長，故《傳》稱孟孫。雖强同於適，實是庶長也。"慶父本爲庶出長子，原該稱孟，但以其勢力而强稱仲而已。

　　除此之外，對人的名、號也多有考證，名如齊威王有因、牟二名，常之巫即《左傳》中的雍巫等。號如烏獲乃因老子言"用衆人之力者，烏獲不足恃"，後人慕之以爲號。湯既非名，也非字，亦非謚，而是以湯陰之地爲號，不一而足。另外又有對姓名用字的討論，對某稱是否人名的考證，等等，皆詳細縝密。

　　2. 世系

　　古人的世系，是一個比較複雜的問題。尤其是傳説中的上古帝王，關於其傳承的記載多紛亂錯雜。梁氏在《人表考》中也反覆討論過這個問題，他説："五帝三王之世系，顓頊、舜、禹不出於黄帝，少昊帝及譽是黄帝之裔，非其親子與曾孫也，堯、稷、契亦非譽親子，并非親兄弟，余有辨，詳《史記志疑》一。"無論在《人表考》，還是在《史記志疑》或者其他的著作中，梁氏都作了大量的考證工作。而《人表考》的目的之一，是要將每個人的來龍去脈都作一個清楚的説明。同時還要對已有的説法辨别是非，從紛繁複雜的材料中

①　漢班固撰，清陳立疏證《白虎通疏證》卷九，清光緒元年淮南書局刻本。

去僞存真。因此梁氏在考察人物世系的同時，對班固《古今人表》的失誤之處也作了糾正，舉例論之：

（1）顓頊：關於顓頊帝的世系傳承，梁氏雖沒有明確清晰地列出每世每代的名字，但對《人表》所說的"顓頊之子"的上下幾世皆有考證，從而知所謂的"顓頊之子"不過是顓頊的後世子孫而已。帝顓頊，氏高陽，傳二十世。其後代皆以高陽爲氏，故高陽乃是這一支的通號，所以不能認爲提到高陽就是指顓頊。有些書中即是以高陽爲顓頊的，所以才有將離顓頊好幾世的後代認作顓頊之子的錯誤。《人表》在界定某些人物的身份時即誤襲了這些錯誤的説法，梁氏一一作了考證辨析。如"女禄"，班固注云"顓頊妃，生老童"，梁氏認爲顓頊與老童非父子關係，他説："《史》言高陽生稱，稱生卷章。此不書稱，而以顓頊即生老童，蓋本《帝繫》及《大荒西經》，韋注《鄭語》亦從之，然非也。顓帝傳二十世，則高陽是一代通號，老童乃顓頊後世子孫名稱者所生，非顓頊親子，故《史》不曰顓頊生稱，而曰高陽生稱耳。"梁氏以《史記》爲據，認爲老童（一名卷章）之父是稱。《史記》因不曉稱之父名，故以一代通號高陽名之，這個高陽並非指顓頊帝，只不過是顓頊的後代而已。又如"窮蟬"，班固注"顓頊子，生敬康"，以窮蟬爲顓頊之子，與以老童爲顓頊之子同誤。梁氏説"《路史・餘論》載《呂梁碑》云：'舜祖幕，幕生窮蟬'。《魯語上》云：'幕能帥顓頊者'。幕之上世無考，未知顓頊之親子歟，抑其子孫歟。金石較譜牒似更確。窮蟬既是幕子，又未知窮蟬之去顓頊中隔幾世，安得以爲父子哉！《表》依《帝繫》《史記》不列幕名，亦疏。"《人表》之誤以老童、窮蟬爲顓頊之子，實乃因不明顓頊後世世系所致。

（2）帝嚳：帝嚳高辛氏，上距黃帝幾千年，下傳十世。《人表》

對其父祖和子孫也有誤傳。如"僑極"，《人表》稱"玄囂子，生帝嚳"，以其父爲僑極，祖爲玄囂。梁氏説："《禮·祭法》疏引《命歷序》云：'黄帝傳十世二千五百二十歲，少昊傳八世五百歲，顓頊傳二十世三百五十歲，次是帝嚳'。則以高辛爲黄帝曾孫，安矣。蓋嚳之上世莫考，僑極即爲嚳父，必非玄囂親子，當是其子孫也。"上古帝王的傳承順序是：黄帝軒轅氏——少昊帝金天氏——顓頊帝高陽氏——帝嚳高辛氏。《人表》以帝嚳爲僑極之子、玄囂之孫。而玄囂乃黄帝之子，所以梁氏説"以高辛爲黄帝曾孫"。帝嚳上距黄帝、玄囂幾千年，當然不可能是其孫其子。又如《人表》稱姜原、簡遏、陳豐、娵訾皆爲帝嚳之妃，四人所生子棄、契、堯、摯皆帝嚳之子。而梁氏通過對帝嚳世系的追溯知姜嫄四女不配一夫，棄、契四人並非同父。

　　除對上古帝王的世系進行考證外，《人表考》對世系的考證更多地體現在先秦君主和臣民的身上。因爲可供查考的資料比上古帝王的更爲豐富和可靠，所以，對這些人世系的考證就比較清晰，除少數是從指出《人表》之誤的角度出發外，大多還是從正面進行分析，考證人物的世系傳承。

　　(3) 孔氏：對孔子之先世的考證，因《人表》之誤而闡明正確的世系。《人表》所列順序是：正考父——大金——孔父嘉——方叔。而梁氏以《詩經·商頌》，《左傳》《穀梁傳》疏引《世本》《潛夫論·志氏姓》《孔子家語·本姓》之説爲據，認爲其世系傳承當是：正考父——孔父嘉——木金父——祁父——防叔。木金父即《人表》之大金。相比之下，《人表》既缺祁父一代，又世次倒錯。

　　(4) 亞圉之先世：《人表》列亞圉之先世世系爲：公非——辟方——高圉——夷竢、亞圉、雲都。而《史記》所載世系爲：公非——高圉——亞圉，無辟方、夷竢、雲都三世。對於這兩種不同的世系，後人或從《史記》，或從《漢書》。而皇甫謐則"彌縫其間"，謂辟方、夷竢、雲都是公非、高圉、亞圉三人之字。梁氏對這三種意見沒有表示明確的取捨，但他最後說"竊疑亞圉乃高圉之弟，非父子也"，則又不同于前人。

（5）晉哀公忌：繼晉出公而立者，究爲何公，諸書所説不一："《表》次哀公忌，次懿公驕。《世家》'出公死，立昭公曾孫哀公驕'。《趙世家》'立昭公曾孫懿公驕'，《竹書》'立昭公孫敬公'。其不同一也。《索隱》《正義》引《表》，哀公二年，懿公十七年。《世家》'昭公子雍生忌，早死，立其子驕，十八年卒'。《竹書》'敬公二十二年卒'。其不同二也。"則或爲哀公忌，或爲懿公驕，未定孰是。同時，對二公在位年數的記載也不統一。梁氏又説："考《索隱》《正義》引《世本》云'昭公生桓子雍，雍生忌，忌生懿公驕'，與《晉》《趙世家》稱驕爲昭公曾孫合。是哀公忌乃懿公驕之父，忌早死未立，哀公之號，蓋懿公追謚之。而驕又謚敬。"則知繼晉出公者實爲懿公驕，驕之父忌早死未立，謚曰哀公。而懿公驕在位年數，梁氏説："忌本無年，則懿公之年，上下計算，當依《竹書》爲確。"懿公驕謚爲敬，則其在位年數當爲二十二年。

3. 身份

每個人都有自己身份歸屬，梁氏對《人表》中人物的身份有歧義者作了分析，如對箕子和比干身份的界定。比干乃商紂之叔，先儒意見比較一致："紂爲比干之兄子，《孟子》已有明文，故先儒皆云比干，紂諸父。趙岐注《孟子》言紂與微子、比干有兄弟之親，是互文錯舉耳。"但對箕子身份的認定則各持己見："《商書》《左傳》《論語》注疏，馬、鄭、王以箕子爲紂諸父，服、杜以爲紂庶兄，高誘注《呂氏春秋・必己》《離謂》《過理》等篇云紂諸父，而注《淮南・主術》云紂庶兄。"或以爲紂之叔，或以爲紂之兄。梁氏認爲當是"諸父"即紂之叔："考《商書》箕子呼微子爲王子，則箕子非王子矣，微子稱箕子爲父師，則箕子爲諸父矣。庶兄之解，殊非事實。"則箕子與比干的身份是一樣的。

有的書中認爲某兩個姓名相近的人是同一人，如《孟子》疏以泄柳即《檀弓》之子柳。梁氏經過考證，認爲二人非一："考《檀弓》上篇，子柳之母死，子碩請具。下篇叔仲皮學子柳。鄭注云：'子柳，魯叔仲皮之子。'疏引《世本》，桓公生僖叔牙，叔牙生武仲休，休生惠伯彭，彭生皮，爲叔仲氏。而《春秋經》《傳》叔仲惠伯在魯文公時，安得其孫爲穆公之臣，與子思並世？泄柳蓋別一人。"梁氏通過考證《檀弓》中的子柳所處的時代，知其祖爲叔仲惠伯，惠伯在魯文公之世，則子柳約在成公、襄公之世。而泄柳乃是魯穆公時人，相距甚遠，則《孟子》疏之説誤，泄柳並非《檀弓》中的子柳，二者不是同一個人。

又如告子和浩生不害原爲兩人，但前人多混二爲一，梁氏認爲："告子惟見《孟子》及《墨子・公孟》。告姓，名勝，亦曰子勝。"他追溯了將告子和浩生不害混淆的源流：趙岐注《孟子》稱"告子名不害，嘗學于孟子"，是將告子誤認爲浩生不害。然他在《盡心》篇注中又説："浩生姓，不害名，齊人。"兩注相牴牾。其後，宋政和五年封告子不害東阿伯，朱子《集注》云告子名不害，皆沿誤趙注。《文獻通考》雖改稱浩不害，却不知浩生乃復姓。清朱彝尊《孟子弟子考》《孟裔衍泰三遷志》俱謂浩生不害封東阿，仍未確。直至乾隆二十一年衍聖公孔昭焕請罷孟廟告子從祀，朝議從祀乃浩生不害，並非告子，遂寢其奏，方確定二人非一。

4. 籍貫

由於所用資料的多樣,不同書中對同一人籍貫的記載會有所差異,如對子張的籍貫,《史記》索隱引鄭玄《孔子弟子目録》稱子張是陽城人,"縣固屬陳也"。則子張乃陳人。而《吕氏春秋‧尊師》云:"子張,魯之鄙家。"又説子張是魯人。因子張氏顓孫,梁氏於是考《通志‧氏族略》謂"顓孫氏,出陳公子顓孫"。《左傳》莊公廿二年"顓孫來奔",則知陳有顓孫,後奔魯國,子張乃顓孫後人,所以説子張是陳人可,是魯人亦可。

又如商瞿,據《史記》本傳,商瞿是魯人,而"楊慎《丹鉛録》云:《世本‧石室圖》作商瞿上,宋景文《成都先賢贊》以爲蜀人"。梁氏認爲商瞿非蜀人:"考瞿上城在雙流,此説殊不可信。今雙流縣東有商瞿祠墓,疑出後人附會。蓋孔門弟子無自蜀來者,且其時蜀道亦未通。"以《史記》所載魯人爲確。

5. 爵位

公、侯、伯、子、男,原是嚴格的爵位順序,但先秦禮崩樂壞之際,諸侯往往有僭稱之舉,如越王允常,"《世家》言周元王命句踐爲伯,號稱霸王,《地理志》言粤至句踐稱王,《越絶》亦言句踐大霸稱王,則允常猶未僭王號,其爵爲子。故《左傳》云越子,《竹書》云於越子。"故知允常乃子爵。又如對《人表》稱"祭侯"的考證:"經傳祭有祭公、祭伯,未見有稱侯者。蓋初爲侯爵,其後本封絶滅,食采畿内,降而爲伯,若公則其官也。"

再如對秦襄公之父莊公之稱公,梁氏説:"秦至襄公始國,據《春秋》是伯爵。襄公之先爲附庸,爲大夫,何以有公侯伯之稱?"遂疑莊公乃僭稱。按《史記‧秦本紀》:"秦嬴生秦侯。秦侯立十年,卒。生公伯。公伯立三年,卒。生秦仲。秦仲立三年,周厲王無道,諸侯或叛之。西戎反王室,滅犬丘大駱之族。周宣王即位,乃以秦仲爲大夫,誅西戎。西戎殺秦仲。秦仲立二十三年,死於戎。有子五人,其長者曰莊公。周宣王乃召莊公昆弟五人,與兵七千人,使伐西戎,破之。於是復予秦仲後,及其先大駱地犬丘並有之,爲西垂大夫。"則秦莊公只是大夫,尚未封公爵。後"西戎犬戎與申侯伐周,殺幽王酈山下。而秦襄公將兵救周,戰甚力,有功。周避犬戎難,東徙雒邑,襄公以兵送周平王。平王封襄公爲諸侯,賜之岐以西之地。曰:'戎無道,侵奪我岐、豐之地,秦能攻逐戎,即有其地。'與誓,封爵之。襄公於是始國,與諸侯通使聘享之禮,乃用騮駒、黃牛、羝羊各三,祠上帝西畤"。至此,秦之君始封爲公爵,方可稱公,而之前的國君不能稱公,因此梁氏之疑秦莊公僭稱是有道理的。

6. 職官

對古代的某些職官,梁氏也作了探討,如重黎,"《左》昭廿九,少暤氏之叔曰重,爲木正句芒,顓頊氏子之曰犁,爲火正祝融。《鄭語》:黎爲高辛氏火正,《楚語下》:顓頊命南正重司天,火正黎司地。《大荒西經》:重獻上天,黎卬下地"。皆以重、黎爲二人,重爲南正司天,黎爲火正司地。所以梁氏也說"重與黎乃少暤顓頊之子孫,當高陽時爲南正火正之官,歷至高辛,世居此職。"而《人表》以重黎爲一人,梁氏解釋說:"而今以重、黎爲一人,仍是顓頊之子孫者,蓋重徙爲木正,黎嘗以火正兼司天地,其後遂以重黎爲號,不關少暤之重,故韋昭曰:重黎,官名,楚之先爲此二官。宋胡宏《皇王大紀》曰:嚳使火正兼掌重職,則知重黎即黎也。"因後來重徙爲木正,司天之職由黎兼任,重黎也就變成了一個專有名詞,官職名,僅指司天地的火正,而與原本司天之重無關了。

又如南史氏,梁氏説:"史有内外大小左右之别,而無南北之稱。"《左傳》序正義云:"南史,佐大史者,當是小史,其居在南,謂之南史,非官名也。"梁氏認爲:"此説欠安,東西南北,人各有居,何獨此史以居南爲號? 竊疑古史官之職,四時分掌之,故有青史氏、南史氏,青史主春,南史主夏,崔杼弑君在夏五月,記注正其職矣。"駁斥《正義》之説,以南史氏爲因時而得名。

7. 年齡和生卒年

《人表考》對人的年齡多有記載,並時有考證,如子夏:"少孔子四十四歲,孔子卒時,子夏年二十九,而受經于魏文侯,蓋年幾百歲矣。"項羽:"《史》言羽初起時年二十四,亡于漢五年,則僅二十八歲也。"

對人物的生卒年,梁氏儘量搜考辯證,如孟子,梁氏説"孟子生卒年月日及父母妻姓名無書傳可考",但他嘗見明人所纂《孟氏譜》載:"孟子于周烈王四年四月二日生,赧王二十六年十一月十五冬至日卒,年八十四。娶田氏。"遂列於《人表考》中。又如晉鄂侯之卒,不知何年。梁氏據《左傳》隱公五年"曲沃莊伯伐翼,翼侯奔隨,王立哀侯。明年,翼人逆于隨,而納諸鄂,謂之鄂侯",知"其子哀侯之立,鄂侯未卒"。那麼,鄂侯究竟卒於何年呢? 梁氏説:"《史》稱鄂侯六年卒,亦非。《詩·唐譜》疏已辨之。"雖不能確知晉鄂侯的卒年,但可知《史記》所載的時間是不正確的。

8. 君主在位時間

對每一個君主,梁氏皆考證其在位時間,如帝禹夏后氏,《竹書》《吴越春秋》《通鑒前編》皆言其在位八年,而《夏紀》《通志》作十年,《外紀》作九年,《路史》作十五,宋邵雍《皇極經世書》作二十七,《御覽》引《紀年》作四十五,説各不同。梁氏據《孟子》之言

"禹薦益，七年禹崩"，推斷當以八年爲確。又如晉孝公："《表》謂孝公十五年，《世家》謂十七年，而《竹書》於孝公廿三年書遷屯留。孝公未卒也，其子靜公立，二年滅。《竹書》顯王十年有鄭取屯留之文，疑孝公在位三十二年。"以諸書所載推斷孝公在位時間爲三十二年。

9. 葬地

對人物的最後一項考證是所葬之地，前人之說亦多有分歧。如帝舜有虞氏的葬地，梁氏不取蒼梧、九疑之說，以之不足信，而是據《孟子》《路史·後紀》及《發揮·舜冢》篇，謂在安邑鳴條。而《墨子·節葬》《呂覽·安死》所言葬紀市，據羅苹云"紀即冀"，則亦指鳴條。又如商湯葬地，梁氏說："湯墓失傳，故《楚元王傳》劉向曰：'殷湯無葬處。'《路史·後紀》八曾嘆悼之。"則前人皆不知湯墓所在地。酈道元《水經·汳水注》引用了前人關於湯墓的各種說法，又一一駁正："引杜預云：'梁國蒙縣北薄伐城有湯冢。'而酈公謂是仙人王子喬之墓，有碑可證。復引漢哀帝建平元年大司空史郤長卿按水災，因行湯冢，在左馮翊徵陌。而酈公辨其爲西戎亳王號湯者所葬。惟所引漢崔駰云：'湯冢在濟陰薄縣北。'引宋何承天等《皇覽》云：'薄城北郭東三里有湯冢。'與《周書》《商頌》疏引臣瓚說同。"梁氏認爲湯墓是在薄縣，劉向蓋將帝乙誤爲天乙，所以才說湯無葬處。

二、對人物之外相關問題的總結研究

除了對人物本身屬性進行考察外，對《人表》所及的其他問題，梁氏也作了深入探討。

1. 揭示避諱

《人表》中人物，凡稱呼中有“莊”字的，無論是名字還是諡號或者封號等，皆改爲“嚴”字，這是班固避東漢明帝名劉莊之諱，梁氏對此也稍作了説明，如卞莊子，《人表》作卞嚴子，梁氏説：“避明帝諱，故改莊曰嚴。凡《漢書》爲嚴者皆類此。”又如莊周，《人表》作嚴周，梁氏説：“本書《王貢兩龔鮑傳》亦云老子、嚴周，《叙傳》云貴老、嚴之術，並避諱改稱。”但《人表》有些地方却忘記避諱，如《論語》中的漆雕開，《人表》作漆彫啓。梁氏説：“漆彫名啓，《表》《志》兩見，《論語》書其字，《史記》稱漆彫開字子開者，上開本是啓，避景帝諱改。自孔安國于《論語》誤注開名，而其名遂隱。幸班氏忘諱直書，先賢名字昭然矣。”班固因未避景帝諱而直書作漆彫啓，不過這一未避却爲後人提供了考察漆雕名字的線索。

除對《人表》的避諱問題進行説明外，對其他書中某些因避諱而改的字，梁氏也一一指明。如夏后啓，《山海經·大荒西經》及《墨子·耕柱》作夏后開，梁氏説：“蓋校書者避漢諱改。”微子名啓，有的書中又作開，梁氏説：“漢人避景帝諱改。”漢景帝名啓，此二條皆是漢人爲避景帝諱而將古書中的“啓”字改爲“開”字。又唐張之宏《兗公頌》稱顏淵之字爲“子泉”，梁氏稱是“易淵爲泉，避高祖諱”。唐高祖名李淵，因此唐人避其名諱，改淵爲泉。又《人表》有龍臣，顏師古注曰：“周武賁氏也。《尚書》作武臣。”梁氏説：“師古避唐諱改虎作武。而《表》言龍臣，疑亦校書者所改。唐人避虎字，不僅作武，或爲彪，或爲獸，又間作豹（隋韓擒虎《隋書·韓禽傳》云本名豹）。則此似以龍代虎也。”唐人避高祖李淵祖父李虎之諱，不直稱“虎”字，而用武、彪、獸、豹、龍等來替代。因此，顏師古注“武賁”、“武臣”，乃是對“虎賁”、“虎臣”的改造。梁氏因此懷疑《人表》

中的"龍臣"原作"虎臣",亦是唐人避諱所改。

同時,梁氏指出有些人名改字並非避諱。如荀卿改稱孫卿,顧氏炎武《日知録》、顔師古注及楊倞《荀子》注、《史記·孟荀傳》索隱皆云避漢宣帝劉詢諱改,梁氏則認爲漢不避嫌名,宣帝名詢,所以不需改"荀"字,他説:"荀之爲孫,語之轉也。"認爲荀卿改稱孫卿,乃是音轉的結果。又如衛莊公蒯聵,《人表》作衛簡公蒯聵,《繹史》謂諱莊爲簡,梁氏説:"漢諱莊爲嚴,未見作簡。"他懷疑蒯聵有兩個謚號,一爲莊,一爲簡。

2. 辨析史事

如對歷史上有名的介子推焚死之事,梁氏認爲:"恐起於戰國好事者附會。是以《莊子·盜跖》云抱木燔死,《楚辭·惜往日》云忠而立枯,《新序·節士》又謂文公焚山,推不出,焚死。流俗相傳,遂有禁火之事。所述推之亡月,或云冬中,或云寒食,或云三月三日,或云五月五日,俱無稽之言爾。"介子推的故事在民間流傳,可謂家喻户曉。傳統節日中的"寒食"據説就是爲紀念介子推而設的。對介子推這樣一個深入人心的故事,梁氏却認爲非實有其事,儘管《莊子》《楚辭》《新序》等前人著作中反復提到,但梁氏仍然認爲介子推焚死一事乃無稽之談。又如對於楚國都郢的考證,究竟是哪一位國君始徙都於郢的,諸書説法不一:"《漢書·地理志》從《史記》,文王徙郢。而《左》桓二疏引杜《譜》依《世本》,謂武王徙郢。"一説是文王,一説是武王。而"高氏《春秋地名考略》云:《左傳》沈尹戌曰:若敖、蚡冒至于武、文,猶不城郢。"梁氏由此斷定:"居郢并不始武王,疑數世經營,至武、文始定耳。"再如殺三郤之人,《左傳》與《晉語》所載不同:"《左傳》謂長魚矯以戈殺之,《晉語》前云胥之昧、夷陽午,後云長魚矯。"梁氏經過分析得知兩書所記並不矛盾,因爲是長魚矯、胥之昧、夷陽午三人共同之力,而最終手刃者爲長魚矯:"蓋三嬖合謀,矯獨手刃,如項羽殺義帝,九江、衡山、臨江三王同受羽命,而使將追擊之者,九江黥布也。"對史事作了詳盡的分析。

3. 考釋文字

在考證中,經常會涉及對文字形、音、義的探討。有些文句的選擇又關乎對整個段落的理解及對前人之説正誤的判斷。因此,梁氏總是不厭其煩地對文字進行考證。

(1) 字形:對文字字形的探討主要通過引證諸書之説來作出二字相通的結論。如魯惠公之名,諸書所記不同:"《禮·曾子問》疏、《史》索隱引《世本》作弗皇,杜《世族譜》《左》疏從之。《侯表》作弗生,《世家》作弗湟,《釋文》作不皇,本書《律曆志》單作皇,又《皇王大紀》作沸湟。"梁氏認爲當作"弗湟",因爲"生"、"湟"通用,"不"與"弗"同。如周幽王名宮湟,亦作"生",曹桓公名終生,亦作"湟"。

又如馘手,梁氏説:"手、首二字古通。《儀禮·士喪禮》左首進鬐,鄭注:古文首爲手。《左氏》成二《經》曹公子首,《公》《穀》皆作手。《左》宣二《傳》見其手,《釋文》一作首。襄廿五《傳》授手于我,《家語·正論》引作授首。《檀弓》下斂首足形,《家語·子貢問》作斂手。《穀梁》定十《傳》首足異處,《公羊》注同,《史·孔子世家》《家語·相魯》作手足。褚先生補《史·龜策傳》曰足肣手仰有外,亦以手爲首。"引諸書所載以證手、首二字可以通用。

(2) 字音:通過對文字讀音的討論來證明某書之説的正誤。如吳子之名,《春秋》作乘,《左傳》作壽夢。對此,有兩種不同的解釋,一是杜注云"壽夢,吳子之號",孔疏云"乘、壽夢,名、字之異",認爲"壽夢"與"乘"是吳子的名號或名字。一是服虔云:"壽夢發聲，蠻夷言多發聲，數語共成一言，壽夢一言也。《經》言乘，《傳》言壽夢，欲使學者知之。"顧炎武《左傳杜解補正》因之，曰："夢，古音墨騰反。一言爲乘，二言爲壽夢。"從讀音的角度來證明"乘"與"壽夢"實際是同一的。此解與注、疏不同，梁氏雖不能判斷是非，但仍"存之以備一説"。

又如宓羲又作包羲、伏羲，梁氏據《別雅》所云"古字包、孚一聲，如枹作桴，胞作脬"，斷定"孚、甫、付、伏，正一聲之轉，非別有義。宓乃虙之省，與伏字同"。並列舉諸書所載：

> 《漢書》如《人表》《公卿表》《律曆》《藝文志》《揚雄傳》並作宓。隋顔之推《家訓・書證》篇引魏張揖、孟康云：宓，今伏。他若鄭注《周禮》太卜，《禮・月令》《明堂位》及《風俗通・聲音卷》亦作宓。更徵之《韓子・難言》《史記・弟子傳》以虙子賤爲宓子賤，《藝文志》有宓子，即子賤，《淮南・俶真》《史・司馬相如傳》以虙妃爲宓妃，師古注《漢書》俱音宓爲伏。

而"又有誤作密者，緣宓本音密，遂轉譌爲密。《釋文》於《月令》《明堂位》宓字首音密，舛矣"，乃是以音轉而致數字通用。

(3) 字義：對文字之義的解釋，如《人表序》："唐、虞以上，帝皇有號謚。"梁氏解"謚"字之義："如'謚爲洞簫'之謚，非謚法也。"因爲"謚"字最常見的意義即謚法、謚號，而西周之前，尚没有謚法，所以那時帝王的所謂"號謚"，乃稱號的意思，即如王褒《洞簫賦》中所説的"幸德謚爲洞簫兮，蒙聖主之渥恩"里"謚"的意思。

4. 闡述行文

《人表》在某些措辭的選擇上並非隨意而爲，而是有一定意義的，梁氏對其中的深意給予了揭示。如《人表》用字上的一個特點是"伯仲"的"伯"字多寫作"柏"字，對此，梁氏説因爲"伯、柏古通"，所以"《表》中伯仲之伯多作柏"①。

某些書因未作深考而誤會《人表》，梁氏作出解説，還原了《人表》的本來面目，最明顯的一個例子是對"郵亡恤（王良柏樂）"的考證：

> 《通志·氏族略》四注言秦穆公子有孫陽伯樂，善相馬。考《列子·説符》，穆公謂伯樂曰：子之年長矣，子姓有可使求馬者乎？不似問其子語，必秦之公族。宋釋法雲《翻譯名義集》六稱李伯樂，李姓固與嬴同出也。《楚辭·七諫》注、《莊子·馬蹄》釋文謂孫陽是伯樂姓名，蓋又別爲孫氏，伯樂乃其號。《莊子》釋文曰：伯樂，星名，主典天馬，孫陽善馭，故以爲名。《史·司馬相如傳·子虚賦》之陽子，東方朔《七諫》《文選》晉袁宏《三國名臣贊》、郭璞《弘農集·山海經駒驗贊》之孫陽，皆指秦之伯樂。《列子·説符》，《淮南·道應》及《吕氏春秋·精通》《分職》注，《淮南·俶真》注，《子虚賦》張揖注，《廣韻》陽字注均以伯樂爲秦穆時人，而郵亡恤之稱伯樂者，緣其善馭同於孫楊，遂以爲號，如后羿、扁鵲之比。後世並以孫氏蒙之，但未直呼爲孫陽耳。且王良亦星名，《史·天官書》王良策馬，因其字子良，便目爲王良，説者謂死而託精于天駟星。蓋郵其氏，初名無恤，後改無正，字子良，一字子期也。班氏雙

---

① 陳直《漢書新證》於"柏益"條云："本表伯字皆作柏，與漢《開母廟石闕銘》'伯鮌'作'柏鮌'、武梁祠畫像'韓伯瑜'作'柏瑜'正同，此沿用戰國時之古文，其他漢碑'伯仲'之'伯'，甚少作'柏'者。"1959 年 10 月天津人民出版社，第 155 頁。

注以定其疑，傳寫誤爲大字。羅泌、楊慎未加深考，譏此《表》
無郵與王良並著，妄矣。

羅泌、楊慎譏《人表》將郵亡恤與王良並列，實際上，這是後人傳寫
之誤，非班氏原文。《人表》原文是"郵亡恤"下有雙行小注"王良柏
樂"，王良、柏樂皆指善相馬，郵亡恤亦善相馬，因此以"王良柏樂"
稱之。而後人傳寫將"王良柏樂"進爲大字，遂爲人所譏。梁氏以
此長篇大論爲班固之文正名。

又如"后夔玄妻"，《路史·後紀》譏《人表》居夔於上中，出后夔
於下上，楊身《人表論》襲其説。梁氏説："蓋誤離四字爲二。《考
證》齊氏曰：此文連玄妻讀，不謂后夔是第七等人也。"《人表》本意
是"后夔玄妻"乃一個詞，而《路史·後紀》和《人表論》皆以爲"后
夔"和"玄妻"兩個詞，遂致誤會《人表》。梁氏爲班書申説，有力地
駁斥了前人對班固的譏刺。

　　5. 探討本源

　　對《人表》的説法，追本溯源，指出其源於某書。如《人表序》
"譬如堯、舜、禹、稷、契與之爲善則行"，梁氏稱"出漢賈誼《新書·
連語》"。按賈誼《新書·連語》的原文是"夏禹、契、後稷與之爲善
則行"。又如"封胡、孔甲惟見本書《藝文志》，蓋本劉歆《七略》也"，
按《漢書·藝文志》有"孔甲《盤盂》二十六篇。黄帝之史，或曰夏帝
孔甲，似皆非"。與"《封胡》五篇。黄帝臣，依託也"之文。《漢書·
藝文志》沿襲劉歆《七略》，故梁氏説本於劉歆《七略》。孔甲之名，
古籍中的記載不止一處，如《國語·周語下》："孔甲亂夏，四世而
隕。"《史記·夏本紀》："帝孔甲立，好方木鬼神，事淫亂。夏后氏德
衰，諸侯叛之。"《人表》中的孔甲非指夏帝，因此梁氏説孔甲惟見

《漢書·藝文志》。

對張晏注所本,梁氏亦指明,如帝舜有虞氏,張晏曰:"仁聖盛明曰舜,舜之言充也。"梁氏説:"張晏釋舜爲充,本《中庸》鄭注。"按《中庸》原文是:"子曰:'舜其大知也與?舜好問而好察邇言,隱惡而揚善,執其兩端,用其中於民,其斯以爲舜乎!'"鄭玄注云:"其德如此,乃號爲'舜',舜之言'充'也。"張晏正是用了鄭玄的説法。

對其他書的某種説法,梁氏也探究其本源,如"炎帝之裔伯夷掌四岳(《史·齊世家》索隱引譙周説,本《周》《鄭語》)"。按《史記·齊太公世家》:"太公望呂尚者,東海上人。姓姜氏。"唐司馬貞《索隱》引譙周曰:"姓姜,名牙。炎帝之裔,伯夷之後,掌四岳有功,封之于呂,子孫從其封姓,尚其後也。"所以梁氏説"炎帝之裔伯夷掌四岳"一句,來自《史記索隱》引譙周之説。而這種説法並非譙周首創,譙周之説本於《周語》《鄭語》。按《國語·周語》云:"共工……其後伯禹念前之非度,厘改制量,象物天地,比類百則,儀之於民,而度之於群生,共之從孫四岳佐之,高高下下,疏川導滯,鍾水豐物,封崇九山,決汩九川,陂鄣九澤,豐殖九藪,汩越九原,宅居九隩,合通四海。"《國語·鄭語》云:"姜,伯夷之後也……伯夷能禮於神以佐堯者也。"皆有關於伯夷掌四岳之事的記載。因此知譙周説"本《周》《鄭語》"。

6. 糾誤引文

梁氏在《人表考》中引用了大量的材料來對人物進行説明,列上這些材料有的是爲了給自己的觀點找旁證,有的則是指出其中的譌謬之處。梁氏並非單純考證本書,而是同時將自己對某部書的評價、對某一條資料的認知,都夾雜在考證中,固然是爲了考證尋求支持,也是爲了表達自己對某一問題的觀點。

（1）張、顏注之誤：要考證《漢書·古今人表》，《漢書》的注家也是一個重要的對象。《人表考》中，梁氏對張晏、顏師古等人的注解也有詳明的考證。對他們的某些觀點和説法，提出了自己的見解，對張、顏的失誤之處，進行了反駁糾正，尤其是二人對《人表序》的解説，梁氏多所異見。他站在班固的立場上，對張、顏之説作出反駁。

張晏對《人表》的不滿主要有兩點，一是《人表》將老子列爲中上，張晏則認爲老子應在上上第一等："老子玄默，仲尼所師，雖不在聖，要爲大賢。"而梁氏認爲：

> 列老子于中上，抑異端也，即太史公老、韓同傳之意。如張所規，必依唐、宋昇入上聖而後可乎！唐僧道宣《廣弘明集》八有晉釋道安《二教論》，問："老子乃無爲之大聖，《漢書》品爲中上，詮度險巇"。答曰："孔子號素王，未聞載籍稱老爲聖，言不關典，君子所慚。"

此處駁斥張晏之注，爲班固的排序申説。班固列老子於中上，乃是遵循儒家正統思想，老子屬於道家，在儒家就是"異端"了，所以作爲儒者的班固當然不會把老子抬得太高。張晏認爲班固列老子中上是貶低了老子。唐朝統治者尊老子爲先祖，將他推到了極高的位置，唐乾封元年追號老子太上玄元皇帝，天寶二年加號大聖祖，尊聖祖父爲先天太上皇，母先天太后，天寶八年加號聖祖大道玄元皇帝。宋大中祥符六年加號太上老君混元上德皇帝①。唐宋兩朝對老子的尊崇達到了極點。所以梁氏才有"必依唐、宋升入上聖而

---

① 見《人表考》卷四。

後可"之反詰。此處梁氏是反駁張晏、支持班固的。

其次，張晏對寺人孟子在《人表》中的位置也不滿意："寺人孟子違於大雅，以保其身，既被宮刑，怨刺而作，乃在第三。"梁氏説："天台齊氏召南曰：'寺人孟子，張晏不諒其忠直遭讒，而責以保身，不諒其正性嫉惡，而責其譏刺，此則師古所云"又自差錯"者也'。"引齊召南之語以駁張晏。

顏師古對《人表序》的解説，梁氏也作了一些駁正。如顏師古曰："諸人士見于史傳，彰灼可知者，無待解釋，其間幽昧者，時復及焉。"而梁氏云："師古注極簡略，其幽昧者，咸拱手而不言，斯語殊誕。"對"幽昧者"，顏師多所不言，遂爲梁氏所駁。

除了對《人表序》顏注之失作考證外，梁氏對《人表》正文中顏師古的注解之誤也作了不少指正。如《人表》"臣扈"，師古曰："亦湯臣。"而梁氏先申明師古説之源：

> 《商書》序湯勝夏時有臣扈，故師古云湯臣。孔疏曰：湯初臣扈不得至今仍在，蓋二人同名，或兩字一誤。又曰：《春秋》范武子光輔五君，或臣扈事湯又事太戊也。師古注同後説。

然後又據他書所載及臣扈在《人表》中的位置，判定此臣扈非湯臣，而是太戊之臣：

> 考湯爲天子至太戊踐位凡九王，據《外紀》《通志》共百五十五年，而《竹書》止八十四年，古人多壽，自可相及。但《君奭》云在太戊時則有若伊陟、臣扈，其非湯初之臣扈可知。

《表》與伊陟並列，其爲太戊時之臣扈可知。《唐書》任、薛世系
表、《路史‧後紀》五謂臣扈乃仲虺之裔，雖未詳所出，而可以
證商之有兩臣扈矣。作二人解是。

因此顏師古之注誤。

又如"擊磐襄"，師古曰："自師摯以下八人，皆紂時奔走分散而
去。"梁氏則認爲："孔子明言師摯之始，則孔安國注八人云魯哀公
時樂人，自不可易。史遷《禮書》序亦云：仲尼没後，受業之徒，沈
湮而不舉，或適齊、楚，或入河海。"以師摯等八人爲魯哀公時人，而
其他諸説"皆學者異傳，義旨乖別，不足據依。小顏就文通説，未免
守株。而於《禮樂志》反謂孔注未允，亦齊、楚、秦、蔡是追繫其地，
何專僻之甚耶！"

（2）其他書之誤：除了糾正張晏、顏師古注之誤外，對《人表
考》所引其他書有誤者，梁氏也都作了辨析。如在論"少昊帝金天
氏"的姓時，對諸書有誤者一一指出："《易‧系》疏引《世紀》及《左》
昭十七疏皆因《晉語》別有'青陽姬姓'之文，以爲姓姬。《路史》作
紀姓，注引譙周《古史考》以爲嬴姓，並非。"指出《易‧系》疏、《帝王
世紀》《左傳》疏、《路史》並誤。又如"《白虎通‧姓名章》謂湯爲王
後改名天乙，恐難據。又《易乾鑿度》以《易》之帝乙爲湯，亦非"。
指出《白虎通‧姓名章》《易乾鑿度》有誤。"《通志》謂嫘祖亦曰女
節。本書《律曆志》以昌意、蒼林爲一人，並非"。指出《通志》《漢
書‧律曆志》有誤。其他如稱吳仁傑《漢書刊誤補遺》"太顚即太
公，誕甚"、《廣韻》"王字注以樂王爲復姓，殊非"、"《新序》五作唐
且，誤加且字"、"《文選‧魏都賦》注引《呂》作司馬康，恐譌"等語，
皆是對諸書之誤的揭示。對所引《史記》之文，除在案語中糾誤外，

有的還直接用改正之後的文字,如曲沃武公之立年,引《史記》之文"前即位曲沃三十八年,代晉二歲,通四十年卒",下小注云:"《史記》。然立年多誤,今校正。"又楚杜敖,引《史記》之說"立三年,爲弟成王所弑",下小注:"《史記》。然誤作立五年,今校正。"對《史記》之文作了校改。

梁氏不僅指出了諸書之誤,對致誤的原因亦有揭示。如魏文侯(桓子孫)之名,"《史表》《世本》並作斯,《國策》吳注作勘,乃斯之譌也。《唐表》七十二中謂名都"。梁氏認爲諸書皆誤,乃是因斷句有誤所致:"蓋《世家》云'桓子之孫曰文侯,都魏',讀者誤絶都字爲句,以魏字連下'文,侯元年'作一句。又各本攙徐廣注于都字下,遂錯認爲名耳。"又如《尸子·君治》篇云:"妻之以媓,媵之以娥。"梁氏説:"羅萍斥《尸子》爲妄,然是傳寫之譌,《御覽》引《尸子》曰:'堯妻舜以娥皇,媵之以女英。'"則是《尸子》原不誤,乃傳寫致誤。

三、對《人表》排序得失的考察

班固在《人表序》中多引《論語》之説,顏師古注曰:"凡引此者,蓋班氏自述所表先聖後仁及智愚之次,皆依于孔子者也。"可知班固以儒家正統思想爲指導來將人物分門別類。錢大昕對此大加讚賞:"此表用章儒學,有功名教。觀其尊仲尼於上聖,顏、閔、思、孟於大賢,弟子居上等者三十餘人。而老、墨、莊、列諸家,咸置中等。書首祖述夫子之言,《論語》中人物悉見于表,而他書則有去取。詳列孔氏譜系,儼以統緒屬之。"[1]再一次證實了班固的取捨標準。

---

[1] 《人表考》梁玉繩序引。

而將人物分爲三科九品，實非易事，梁氏説：

> 惟是定以三科，區分尚易，別以九品，確當爲難。毫釐之差，誠所不免。而屢經傳寫，紊脱尤多。元序有崇侯，張晏謂有嫪毐，宋《重脩廣韻》公字注有齊大夫公幹，士字注有士思癸，《通志·氏族略》四有司褐拘，而今俱無之，斯疏脱之謚也。元序粲爲下愚，《學林》引《表》亦在九等，張晏謂田單、魯仲連、藺相如第五，寺人、孟子第三，《史通》謂陽處父第四，士會、高漸離第五，鄧三甥、荆軻第六，鄧祁侯、秦舞陽第七，俱與今異，斯紊次之謚也。他若標署誤復，時代乖違，均由乎此。然則豈盡班氏之咎哉！

指出了《人表》在流傳過程中所致原排序的紊亂和原所列人物的缺失。梁氏以糾正《人表》之失和還原《人表》之面貌爲己任，對《人表》的排序作了大量的考證。

1. 肯定恰當的排序

(1) 對《人表》中排序適宜的，梁氏爲之申説，解釋班固將人物置於此處的原因，申明班固之意：

> (二等)①彭祖　案彭祖乃彭姓之祖，老彭爲二人。故《表》列彭祖二等，老彭三等。
>
> (五等)息嬀　案《列女傳》言息夫人與息君同日自殺，與《左傳》異。《表》置二人于第五第七，蓋從《列女傳》也。

---

① 按："（ ）"爲筆者所加，内爲該人物在今《人表》中的等次。

文子　案文子不傳其名字,本書《藝文志》但云老子弟子……《志》又云“文子與孔子同時,而稱周平王問,似依託者”。然則《表》何以列文子在幽、平之間乎? 宜叙於老子後方合。《困學紀聞》十辨文子非周平王時人,宋晁公武《郡齋讀書志》言三代之書,經秦火錯亂,類如此,是皆仍《藝文志》之誤。檢《文子・道德篇》平王問一條無周字,末云寡人敬聞命,其非周王甚審。《通考》引周氏《涉筆》以爲楚平王,極確。班氏所見之《文子》,或是誤本,遂疑《文子》書有依託,而於此《表》仍列周平王時,蓋疑以傳疑之意也。

按: 文子實乃楚平王時人,班固因誤“平王”爲周平王而疑《文子》爲依託之書,遂疑文子亦非周平王時人,但又不知其究爲何時人,因此仍置文子於周平王世。梁氏此處加以解釋。

(2) 有些書認爲《人表》的排序不恰當,而梁氏則認爲無誤,遂批駁他書,爲班固之排序申説:

(二等)共工氏　案據諸書所載,共工乃一暴橫諸侯,何以居于上中?《路史》嘗譏班氏以襲工與女媧齊等也。余疑共工之有國,未必在太昊後,而《表》所書之共工氏,似霸九州者之先世。《三墳》云“伏犧上相共工”,當亦有本,《表》置第二,或其人歟?

(五等)齊桓公小白　案楊慎云:“首霸者齊桓,乃居于四公之次。蓋不知五霸莫盛于齊桓之説也。”所譏殊未當。錢宫詹曰: 桓公爲中人,《序》有明文,其列入第五等,無可疑者。秦穆、晉文、楚莊以令終而進一等,宋襄不得其死,故又降一等。孟堅予奪之意如此。

（九等）平王宜白　案《學林》三譏《表》不當列平王在愚人之等，非也。避戎東徙，不得謂之中興。而始奔于申，既立于申，復爲之戍申，借手叛人，無殊推刃。棄父奉讎，不孝莫大。班氏置之下愚，宜矣。

（3）《人表》排序原本很合理，但後因傳寫而致使順序錯亂，梁氏指出此點並歸之於合適的位置：

（二等——四等）①屈原　漁父　案屈生被放沈淵，君子蓋亦哀其忠而狹其量，已不可與孔、思、孟子並列，若漁父何爲者？金王若虛《滹南集·雜辨》曰："《離騷》《漁父》篇假設以見意爾，《人表》遂列漁父之名，使誠有斯人，觀其所言不過委順從俗，以求自全，何遽至九等中第二哉！"錢宮詹曰：屈原之義高矣，然班氏嘗譏其露才揚己，必不躋諸大賢之列，蓋後人妄以意進之，並漁父亦牽連入第二等，非班氏意也。竊意屈原、漁父二人元本當在陳軫之後，占尹之前。

（二等——三等）魯仲連　藺相如　案張晏注魯連、藺子在第五，則是今本轉寫譌舛也。② 然高下皆失當，似宜列第三。

（三等——二等）虢中　虢叔　案《晉語》四"文王敬友二

---

① "——"之前二字爲該人物在今《人表》中的等次，"——"後之二字爲梁氏認爲原《人表》該列的等次。

② 張晏曰："魯連之博通，忽于榮利。藺子申威秦王，退讓廉頗，乃在第五。"可知，張晏見到的《人表》中，魯、藺排在第五等，所以梁氏認爲今本排在第二等是"轉寫譌舛"。但他又認爲二人在第五等太低，應在第三等才最合適。

號，咨于二號”。《新序》五“武王學乎虢叔”。《韓詩外傳》五“周公學乎虢叔”。《白虎通·辟雍章》“周公師虢叔”。則二號不劣于閎、散諸人，叔尤勝仲，何以置第三？王光祿《尚書後案》已非之。錢宮詹曰：《君奭》篇叙殷、周賢臣，《表》皆列第二，伊陟、臣扈、巫賢、虢叔之在第三，後人校刊亂之也。虢仲爲虢叔之兄，亦當在二等。

（三等——四等）公孫丑　案孟子弟子以樂正子爲首，《表》置樂正四等，而公孫子居第三，恐傳寫誤升一格，未必元本果爾也。

（三等——五等）孔襄　案孔襄何以居第三？豈因其藏書壁中，有功經學，又嘗爲孝惠博士，長沙太傅歟？錢宮詹曰：朱英當與毛遂同等，王翦當與蒙恬同等，孔襄當與孔鮒同等，此皆刊本之誤，非班氏意也。

（四等——六等）秦武王　錢宮詹曰：秦孝公、惠王、昭襄王皆在第六，武王好勇輕生，又其下者，豈當超居四等？此轉寫之誤，非孟堅意也。秦武、任鄙，烏獲皆宜與孟説同等。

（六等——七等）鄧祁侯　案《史通·品藻》篇謂《表》居第七，則今本譌六等也。

（六等——八等）赧王延　錢宮詹曰：周自思王以後七傳，皆在第八。赧王失國之君，當在九等。蓋刊本差錯，誤超兩格。

（七等——九等）燕王噲　子之　錢宮詹曰：《表》例亡國之君，篡弑之臣，皆在下下。此處燕噲、子之二人乃在第七等，即楚懷、靳尚亦當與鄭袖同等，而誤入第七。蓋此數行刊本差錯，並宜退下兩格。

（八等——九等）癸（發子，是爲桀。）　案《學林》三言《表》桀在九等，今本皆列第八，當是轉寫之誤。

（4）在同一等次中，人物的排列是以時間先後爲序的。因傳寫之誤而使得後人所見《人表》中某些人物的位置發生了錯亂，對此梁氏也予以説明：

帝鴻氏　案干令升曰：鴻、黄世及。班氏置之炎帝前，則又失之……《表》次于神農前，乃傳寫誤耳。

子桑子　案《莊子》言桑户與孟子反、琴張爲友，又與子貢、孔子問答，何以《表》列周顯王時？疑傳寫誤後。

2. 批駁失當的排序

（1）梁氏認爲《人表》中人物所置之處不合適，遂加以論證，説明不合適的原因，有的並指出應置的恰當位置：

（二等——三等）方回　《表》宜與後雒陶、續身並列，不當居此。

（二等）太師庛 少師强　案二師乃紂樂官，雖明于擇主，以較師摯諸伶之避亂守正爲少遜，乃摯等八人在第三，而庛、强列第二，豈不慎乎？

（二等）太子晉　案子晉雖幼，有成德，然火色不壽，未冠告終，安得與顔、閔大賢同居第二？

（二等）孫卿　案荀卿之爲人，宋蘇軾《東坡集》有論甚確，觀其非史鰌、子思、孟子，又以禮義爲僞，人性爲惡，豈大醇而小疵者耶?《表》仍遷《史》孟、荀同傳之文,遂與子輿氏並居第二,《學林》已非之。元豐時,因禮官言錫封從享孔廟,至明世宗始黜而不祀,宜哉!

(四等)雍己　案《殷紀》言雍己時,殷道衰,諸侯或不至,何以列中上?

(四等)霍叔處　案叔處與管、蔡同在罪人之列,何以居第四?

(五等)魯公伯禽　案賢如禽父,亦不應屈居第五。

(五等)魏公子無忌　案昔人稱四公子爲原、嘗、春、陵,然論其品,信陵最優,平原次之,孟嘗又次之,春申爲下。《表》獨列平原於中上,餘俱在第五,失其倫矣。

(六等)衛武公　案武公當列中人以上,而降在中下,蓋惑於《史記》殺兄篡國之説也。

(七等)邾顏　案《公羊》謂顏以亂魯被誅,立其弟叔術,叔術致國於其子夏父,則賢不肖相去昭然。妻嫂之事,當時已辨其誣矣。乃《表》置顏於下上,而列叔術第八,慎孰甚焉!

(七等——五等)魯孝公　案《國語》謂孝公能訓治其民,命于夷宮。則當列第五,與武公同等也。

(七等——九等)高渠彌　案高伯弑君之賊,當置下下。

(七等——九等)宋桓魋 匡人　案魋與匡人宜置下下。

(八等)女志　案朱、均之母皆列第三,志無失德,而誕生聖子,獨置之下中,何哉?

(八等——九等)逢門子　案夷羿、逢門皆篡弑之賊,何以一在第八,一在第九? 當置逢門九等。

(八等——九等)李兌 田不禮　案李、田二人亂國弑君,當置下下。

（九等）衛共伯 蚤死。（《詩》序，而《世家》謂其弟武公攻之，自殺。） 案《經》《史》一云蚤死，一云自殺，固已異矣。而武公睿聖，何以有殺兄奪國之事？余有辨，見《史記志疑》二十。即如所説，亦不應置共伯九等。

（九等）衛靈公元 案靈雖無道，然應夢而生，知人善任，於孔子爲際可之仕，當進上一格。

（九等）杞隱公 案隱公與弑兄之僖公同居末等，亦未安。

（2）《人表》中人物的順序有誤者，梁氏有的指出，有的指出並説明應置的正確順序：

容成氏 案容成在十五氏之外，似太昊以前帝王。莊子諸氏舉容成爲首，宜列女媧、共工前。

按：《人表》中女媧、共工分別爲二等的第一、第二位，容成氏爲第三位。梁氏認爲當置容成氏于第一位。

絫祖 案《史》以嫘祖爲正妃，則當列方雷之前，《表》失其序矣。

按：《人表》列方雷于二等二十四位，嫘祖二十五位。

吴回 案吴回當與祝融並列，《表》先序于高陽時，誤。

按：《人表》中吴回爲二等四十三位，祝融爲六十一位。

　　呂錡　案錡爲呂相父，《表》叙于相後，誤也。

按：《人表》呂相在五等一四五位，呂錡在一四八位。

　　宋司徒皇父 司空牛父 公子穀生 彤班　案據《傳》四人在宋武公之世，《表》次春秋初，嫌太後。

按：《人表》此四人在七等五十、五一、五二位，宋武公在六等五十六位。

　　長狄僑如　案獲僑如在魯文之世，《表》列于莊公時，誤也。

四、對《人表》失誤的糾改

除了對人物的順序失誤進行揭示和糾正外，《人表考》對班固在《人表》中所造成的有關人物名稱、身份等方面的失誤，也作了大量的考證。

1. 人名誤

（1）用字誤：

　　姞人【吉人】①　案《傳》以姞有吉義，故曰吉人，此直作姞

---

① 按："【　】"爲筆者所加，内爲梁氏認爲的正確人物。下同。

人,誤矣。

　　師涓【師延】　師涓始見《史·殷紀》　案此乃《史》之誤也。師涓當晉平公、衛靈公之世,見《韓子·十過》《呂氏春秋·長見》《史》補《樂書》。紂時樂人乃師延。

（2）諡號誤：

　　宋辟公　名辟兵。案諡法無辟,亦斷無以名為諡之理,蓋仍《史》誤。
　　鄭繚公駘【鄭繆公駘】　鄭繻公駘始見《六國表》《鄭世家》。　案《表》集解云：繻或作繚。與此同。然皆諡法所無,疑是繆字之譌。

（3）無避諱：

　　田恒　案漢人諱恒,此何以不諱？陳後改田,故二氏通言之。成乃其諡,諸書所稱多復誤。

（4）國籍誤：

　　衛視夷【齊視夷】　案《呂氏春秋》式夷違齊如魯,天寒而死,注謂齊之仁人,則此衛字亦誤。

（5）爵位誤：

晉武公【晉武侯】 案《表》於後第七稱武侯,是公乃侯之誤。

蔡文公(嚴公子)【蔡文侯(嚴侯子)】 案嚴公、文公,此依《春秋》《史表》書之,其實皆當稱侯,且前云蔡嚴侯,不稱公也。

趙武公【趙武侯】 趙武公,烈侯弟,始見《六國表》《趙世家》。 案武公之前爲烈侯,武公之後爲敬侯,不應武獨稱公,《表》仍《史》誤。

(6) 人名衍字:

魯公子般【魯子般】 魯莊公太子。 翟教授曰:太子不當稱公子,公字似衍。

柏封叔【柏封】 伯封始見《左》昭廿八。 案叔字衍。

(7) 人名脱字:

公良【公良孺】 公良孺始見《史·孔子世家》《弟子傳》。公良復姓,孺又作儒,亦曰良儒。 案《表》似脱孺字。

鞠【鞠陶】 案《周語下》注、《酒誥》釋文、《路史》引《世本》並作鞠陶。《齒詩譜》疏引《史》同。疑今本《史記》脱陶字,此《表》似亦缺。

(8) 一人名分割爲兩人:

鳴犢 竇犨 案《説苑》云:澤鳴、犢犨、孔丘三人,《三國志》注引《新序》云：趙有犢犫，晉有鐸鳴，故《孔叢·記問》云：鳴犢與竇犫見殺。《表》蓋仍劉向説，列爲二人，然非也。古人名字相配，犫，牛息聲，故字鳴犢。《世家》索隱、《困學紀聞》六、《路史·後紀》注並謂是其字，且《世家》明曰竇鳴犢，豈二人乎？犢、鐸聲近，竇亦音徒各切，與瀆通，字既互異，稱各不同。

按：梁氏認爲鳴犢乃竇犫之字，鳴犢與竇犫乃爲一人。

　　魏哀王（襄王子）　案魏無哀王，因哀、襄字近，《史》誤分爲二人。説見《史記志疑》九。

按：《人表》沿襲《史》之誤。

(9) 兩人名誤爲一人：

　　根圉　案《禮·祭法》疏引《世本》云：昌若生遭圉，遭圉生根國，根國生冥。故劉氏《外紀》曰：昌若卒，子曹圉立。卒，子根國立。卒，子冥立。乃《史·殷紀》《世表》謂昌若子曹圉，曹圉子冥，缺根國一代。而此《表》又誤合兩代爲一。

按："根圉"乃是曹圉、根國二人名合併而成。

(10) 此位置當爲另外一人：

　　咎繇【庭堅】　案《左傳》八愷之六爲庭堅，《路史·後紀》八庭作霆，與咎繇異族別姓，乃《表》直以咎繇易庭堅，豈誤讀

《左傳》皋陶、庭堅之文耶？抑豈誤讀《史·秦紀》，以女脩爲男子，繫於高陽之後，合大業、皋陶、庭堅三人爲一耶？

　　晉定公（昭公子）【晉懿公，哀公子】　案《繹史》本作昭公孫，而以《表》爲重出，因前已列定公也。然皆非是。當云晉懿公，哀公子。蓋定公卒，子出公立，出公之後爲懿公驕。懿公者，哀公忌之子，戴子雍之孫，昭公之曾孫，在位二十二年。哀公早死未立，其子追諡之爾。

2. 人物關係誤
(1) 非母子：

　　方雷氏（黃帝妃，生玄囂，是爲青陽）　案玄囂乃嫘祖所生，姬姓，與青陽實二人。《表》仍《世本》《帝繫》《史記》誤合爲一爾。

(2) 非父子：

　　窮蟬（顓頊子，生敬康）　案《路史·餘論》載《呂梁碑》云："舜祖幕，幕生窮蟬。"《魯語》上云："幕能帥顓頊者。"幕之上世無考，未知顓頊之親子歟？抑其子孫歟？金石較譜牒似更確。窮蟬既是幕子，又未知窮蟬之去顓頊中隔幾世，安得以爲父子哉！《表》依《帝繫》《史記》不列幕名，亦疏。

　　僑極（玄囂子，生帝嚳）　案《禮·祭法》疏引《命歷序》云："黃帝傳十世二千五百二十歲，少昊傳八世五百歲，顓頊傳二十世三百五十歲，次是帝嚳。"則以高辛爲黃帝曾孫，妄矣。蓋嚳之上世莫考，僑極即爲嚳父，必非玄囂親子，當是其子孫也。

(3) 既非母子，亦非父子：

　　昌僕（昌意妃，生顓頊）　案顓頊之母曰女樞，非昌僕也。昌僕是昌意妃。但顓頊非出黄帝，安得以爲昌意所生？此仍《大戴禮》《史記》之誤。

　　女祿（顓頊妃，生老童）　案《史》言高陽生稱，稱生卷章。此不書稱，而以顓頊即生老童，蓋本《帝繫》及《大荒西經》，韋注《鄭語》亦從之，然非也。顓帝傳十二世，則高陽是一代通號，老童乃顓頊後世子孫名稱者所生，非顓頊親子，故《史》不曰顓頊生稱，而曰高陽生稱耳。

(4) 非夫妻，非父子：

　　姜原（帝嚳妃，生棄）簡遏（帝嚳妃，生卨。師古曰：遏音吐歷反。即簡狄也。）陳豐（帝嚳妃，生堯）娵訾（帝嚳妃，生摯）　案嚳傳十世四百歲，安得與棄、契、堯、摯爲父子？先儒論之甚詳……因以知姜嫄四女不配一夫，棄、契四人並非同父。

(5) 祖孫誤爲父子：

　　魏犨（畢萬子）　案《世家》謂畢萬生武子，《表》遂依之，但《世本》言萬生芒季，芒季生武仲州。故杜于閔元年注云：畢萬,魏犨祖父。疑《世家》非。

中山武公(周桓公子)　案以武公爲周桓公子,殊誤……武公乃惠公子,桓公曾孫,不得言桓公子。

秦簡公(厲公子)　案簡公非厲公子,乃靈公之季父,懷公之子,厲共公之孫也。

(6) 父子誤爲兄弟:

祖乙(河亶甲弟)　案《殷紀》《書》孔《傳》及疏引《世本》,皆謂祖乙是河亶甲子,此以爲弟,疑譌。《繹史》本作子也。

中丁(大戊弟)　案《書》孔傳疏引《世本》《史·殷紀》並言仲丁是太戊之子,此作弟,誤也。

齊文公(厲公弟)齊文公赤,厲公子,始見《侯表》《齊世家》。　案《表》以子爲弟,誤也。

(7) 兄弟誤爲父子:

衛宣公晉(桓公子)　案此《表》及《詩譜》疏引《世家》以宣公爲桓公子,誤也。今本《世家》以晉爲桓弟,亦未的,疑是桓庶兄。

曹靖公路(聲公子)　案《世家》以靖公爲聲公弟,此作子似誤。

杞釐公(隱公子)　案《春秋》無隱公,《世家》以釐公是隱公弟,則此云子誤。

(8) 兄弟誤爲師徒:

孔襄(孔鮒弟子)　子襄,鮒弟,始見《史·孔子世家》(此云弟子,誤。)【孔襄(孔鮒弟)】

(9) 舅誤爲兄：

敬王匄(景王子,悼王兄。)　案《史·集解》引賈逵、《周語下》韋注、杜《世族譜》及《左》注皆言敬王是悼王母弟,獨此以敬爲悼兄,恐誤。

(10) 世系錯亂：

趙孟(夙子,生衰)　案趙孟即《史·趙世家》共孟,《晉語》四公明也,並夙、衰之父。此依《世家》《世本》,以孟爲夙子,夙爲衰祖,非,説在第六趙夙下。

按：六等"趙夙"梁氏云："案《晉語》稱趙衰,夙之弟。韋注云：衰,晉卿公明之少子。杜注《左傳》及《世族譜》俱從《晉語》,則夙、衰皆公明子也。乃《世家》與此《表》依《世本》謂夙生共孟,共孟生衰,以夙爲衰祖,恐未必然。《索隱》引譙周及《左》宣二《疏》並言《世本》誤耳。"對於趙孟、趙夙、趙衰三人的關係,《人表》以爲是：趙夙生趙孟,趙孟生趙衰。而梁氏則認爲當是：趙孟生趙夙、趙衰。

3. 取捨之誤

(1) 收所不當收：

五鳥 五鳩　案少昊以鳥紀官,五鳥、五鳩,未嘗實有其人，可以不列表。既收之，則五雄、九扈又何以不書耶？

舟人 案《路史·後紀》八云：高辛師舟人，《後紀》九云：帝嚳師赤松舟人，不知何出？《表》連書舟人二字于赤松子之上，或因此誤説。

按：《人表》中"舟人"後爲"赤松子"。

六卿 案此但六軍之將，不知爲誰，《表》可不列。

師氏 龍臣 案師氏、虎臣皆官名，不知誰某，何以列之？

(2)當收者未收、脱漏：

顔淵 案孔子弟子百餘，即《史記》《家語》所載亦七十七人，乃《表》所列不及其半，未測厥旨。

按：孔子弟子多有未收者。

子思 字子思。(《史·孔子世家》。《表》無伯魚，不可曉)【伯魚】

孟釐子 孟獻子之子孺子速莊子，莊子之子仲孫羯孝伯。(杜《世族譜》。莊子、孝伯始見襄十六、二十、廿三、廿四《經》《傳》，《表》皆不列)【莊子】【孝伯】

宋戴公(惠公子) 案《世家》惠公卒，子哀公立。元年卒，子戴公。是戴公者，惠公之孫，哀公之子也。《侯表》脱哀公一代，此仍其失，故亦不列哀公，而又誤以孫爲子耳。【宋哀公】

　　杞題公（東樓子）　案《世家》東樓公生西樓公，西樓公生
題公。《表》無西樓，而以題爲東樓子，誤也……蓋杞國微弱，
謂之夏肆，事多闕脱，無能詳知耳。【西樓公】

　　杞隱公（悼公子）　案《表》自題公以下並缺，《世家》題公
生謀娶公，謀娶公生武公，武公子靖公，靖公子共公，共公子德
公，生成公，始見《春秋》。成公卒，弟桓公姑容立，桓公子孝公
匄，孝公卒，弟文公益姑立，文公卒，弟平公鬱立，平公子悼公
成。凡十一君，皆不列。

按：杞國十一君未列。

（3）重出：

　　秦嬴（非子子）　案嬴即非子，此乃重出，誤分爲父子也。

　　祭公　案《逸周書・祭公解》穆王稱謀父爲祖祭公。注
云：昭穆于穆王在祖列。然則溺漢之祭公是謀父之父，周公
之子，即始封之祭君也。《表》似重列。

　　宋昭公　案宋有兩昭公，前爲昭公杵臼，後爲昭公得，
《表》皆列之，此蓋重出。

　　蒯瞶　案第八出公後列蒯瞶，則此爲重出。

4. 小注之誤

　　太康（啟子。昆弟五人，號五觀）　案《逸周書・嘗麥》之
五子，《楚語》上、《韓子・説疑》之五觀，即《竹書》啟季子武觀，
非《五子之歌》五人也。五人乃太康之子，《離騷》可據。自班

氏誤以爲太康兄弟，僞孔傳襲之，《潛夫·五德志》、韋注《楚語》《水經·巨洋水注》仍其説，辨見《史記志疑》二。

按：班固對"五子"的解釋有誤。《尚書·五子之歌》中的"五子"是指五個人，而"五觀"、"武觀"是指一個人名，二者並不相干。所以，梁氏説班固所言之"昆弟五人，號五觀"有誤，而《五子之歌》中的"五子"是指太康的五個兒子，不是班固所説的太康兄弟五人。

5. 傳寫之誤

在流傳過程中，《人表》産生了一些錯讹，致使後人所見之《人表》與班固原文有所差異。但這些錯讹並非班固之誤，因此梁氏在《人表考》中對因傳寫而致之誤作了詳盡分析。有的指明因傳寫而誤，有的則根據人物在《人表》中的位置推斷班固原不誤。

（1）傳寫致人名誤：

柏虎 仲熊 叔豹 季熊【季貍】 案《路史·後紀》十二注曰：《書》有朱虎、熊羆，説者以爲二人。予稽之，四人也。虎爲伯虎，熊爲仲熊，江東語豹爲朱，是朱爲叔豹，則羆爲季貍。《表》作季熊，傳寫誤爾。

祭公【榮公】 案《表》列祭公在文王之世，而祭爲周公子所封，後文于成王時書凡、蔣、邢、茅、胙、祭六侯是也，文王時安得有之？兒子學獻疑曰：馬融注《論語》十亂有榮公，《晉語》四亦並稱周、召、畢、榮，而《表》獨缺，則祭字必榮之誤。《禮·緇衣篇》祭公顧命作葉公，《困學紀聞》五言其誤，此又誤榮作祭，皆因形近致讹也。

士鞅【士魴】 案《路史·發揮》"同名氏辨"注謂《人表》士

鞅有二,一在中上,一在中下,相去不遠,殆不可曉。蓋未知此士鞅爲士魴之譌也。

師己【師乙】 仁和孫孝廉傳曾曰:《表》于前昭公時已置師己在第五,此乃《樂記》之師乙,以字形譌也,故與賓牟賈並列。

茍尹【荀庚】 案此是荀庚,轉寫字脱其半耳。

晉船人固來(師古曰:即固乘也)【晉船人固桑】 船人固桑始見《新序》一。案來、乘二字皆與桑形近,俱轉寫誤。

(2) 傳寫致人物脱漏:

少典(炎帝妃,生黄帝) 案《晉語》少典取于有蟜氏,生黄帝、炎帝。《史·五帝紀》:黄帝者,少典之子。《大戴禮·五帝德》:少典之子軒轅。《帝繫》:少典産軒轅。《易·繫》疏引《世紀》:有蟜氏女爲少典妃,生炎帝。《晉語》注:少典,黄帝、炎帝之先。言生者,謂二帝本所生出也。《魯語》注:黄帝,少典之裔子。《山海·大荒東經》注云:諸言生者,多謂其苗裔,未必是親所産。又小司馬《補三皇紀》注云:皇甫謐以爲少典諸侯國號。《五帝紀》索隱云:《秦本紀》顓頊裔孫女脩生大業,大業娶少典氏,生柏翳,明少典非人名也。然則前之少典氏取有蟜,生神農,後之少典氏亦取有蟜,生黄帝,其名皆不著。《表》當云生炎帝、黄帝,衍妃字,而云炎帝妃生黄帝,繆甚。次子者曰:"以少典爲炎帝之妃,以黄帝爲炎帝之子,孟堅不應舛誤如此,疑原《表》大字少典、有蟜並列,而于有蟜注云少典妃,生炎帝、黄帝,傳寫譌脱耳。"其説尚通,故附之。

按：班固對少典身份的説明是"炎帝妃，生黄帝"。而梁氏經過考證，知少典乃男性，怎會有爲妃生子之事？因知此處文字有誤。梁氏列出了兩種修改意見：他自己認爲當作"少典，生炎帝、黄帝"，而其子耆則以爲班固原不誤，乃後人傳寫致此錯，原文當是"有蟜：少典妃，生炎帝、黄帝"。

　　少連　案若柳下惠自是上中人物，《表》獨不及（《繹史》補在三等，又《表》無夷逸）。……錢官詹曰：《表》不見柳下，必是刊本脱漏。孟堅最尊信《論語》廿篇中所載人物，略無遺缺，豈有獨遺柳下之理？《表》中漏落甚多，固不敢以意增補。若柳下則可信其必在第二等，以微、箕三仁例之，可弗疑也。

　　葉陽君　案考《策》《史》，穰侯魏冉、華陽羋戎、涇陽公子市、高陵公子悝，時稱四貴，《表》獨不列高陵，蓋傳寫脱耳。

　　楚熊渠（錫子。依《繹史》本，各本皆作楚摯紅，渠子，誤也。）　案楚至熊渠始大，僭竊王號，《表》不應獨缺。又九等熊摯注云：渠子。尤《表》有熊渠之驗。《繹史》據別本更之，是也。而熊摯、熊紅乃渠之二子，摯以疾廢，紅嗣渠而立。《史》誤合摯、紅爲一，此《表》失列熊紅，後人因《史》妄改爾。《索隱》引譙周謂渠卒，子翔立，豈紅即位改名歟？

(3) 傳寫將小字注譌轉爲大字：

　　鬭伯比　案伯比在魯桓公時，已列第五等，不應復見于宣公之世。元《表》必鬭伯比子四字，是上格令尹子文之注，傳寫譌作大字，混入下格，又脱去子字耳。【令尹子文鬭伯比子】

羊舌　未詳。仁和孫侍御志祖曰：嬰、杵臼之間，豈容復傷羊舌其人，此衍文無疑。錢宫詹曰：得非嬰爲羊舌之族，本是小字注，因羊舌下有脱文，誤進爲大字邪？

按：此處前爲程嬰，後爲公孫杵臼。羊舌，孫志祖以爲是衍文，錢大昕以爲本是“程嬰羊舌”。

韓宣子厥　案《表》元注當是厥子二字，傳寫譌厥爲大字，又脱子字爾。【韓宣厥子】

(4) 傳寫將大字譌轉爲小字注：

雍渠(黎且子)　案黎且子三字不可解，錢宫詹曰：黎且並季桓子，必黎鉏也。子字衍，各本譌寫小字，非。

按：《人表》中“雍渠”後是“季桓子”，錢大昕以爲原文當是：雍渠、黎鉏、季桓子，後傳寫將黎鉏譌爲小字，遂成雍渠之注。

第二節 《人表考》的價值

史表的重要意義，如萬斯同所説"讀史而不讀表，非深于史者也"①。司馬遷作《史記》，創制本紀、表、書、世家、列傳五種體例，班固《漢書》因之，又略作調整，僅改書爲志，不列世家。《史記》《漢書》皆有表，而以後諸正史有表者却甚少，僅《新唐書》《宋史》《遼史》《金史》《元史》《明史》《新元史》有。究其原因，《四庫全書總目提要》曰："史家之難，在於表志，而表文經緯相牽，或連或斷，可以考證而不可以誦讀，學者往往不觀。"②道出了作史表的困難所在。但表作爲史書的組成部分，與史書的其他内容是緊密聯繫在一起的，夏燮説："表之自爲一體，可以考紀傳志之異同焉，以補紀傳志之闕軼焉。且據表以正紀傳志之誤，與據紀傳志以正表之誤者，恒得失相半焉，然則表曷可廢乎哉！"③則史表之重要性可見。然而劉知幾却認爲史表的價值微乎其微，他認爲表"得之不爲益，失之不爲損"④，將史表置於一種可有可無的位置上，完全忽視了表的意義。對此，牛運震作了批駁：

史之有年表，猶《地理志》之有圖經，族譜之有世系也，昔

---

① 《清史稿》卷四百八十四，第 13345 頁。

② 永瑢等撰《四庫全書總目提要》卷四十五，1965 年 6 月中華書局影印本，第400 頁。

③ 夏燮《校漢書八表序》，見《史記漢書諸表訂補十種》，1982 年 7 月中華書局。

④ 唐劉知幾撰，清浦起龍釋《史通通釋·表歷》，第 34 頁。

人推之,以爲史家本源冠冕。蓋事繁變衆,則年月必不能詳。世積人多,則傳載必不能備。年表者,所以較年月於列眉,畫事蹟於指掌,而補紀傳書志之所不及也。況年表既立,則列傳可省。如高祖功臣百有餘人,有《功臣侯年表》,則一百餘人之功績履歷官爵封邑傳國失侯,詳悉具備,檢圖可得也。建元以來侯者七十二國,亦同此論。若無年表,則高祖功臣侯者百有餘人,寧當爲百有餘傳乎? 建元以來侯者七十二國,寧當一一悉爲傳乎? 此《史記》之有年表,其命意不可及,而其立法爲不可議也……而劉知幾《史通》以爲史家列表,徒滋繁費,得不爲益,失不爲損,考其立説,不亦誣乎![①]

正是基於對史表重要性的這種認識,清人開始對史表有了大量的校訂和研究工作。梁玉繩的《人表考》是其中内容豐富、價值重大的著作之一。

一、資料豐富,便於檢覽

《人表考》是梁氏最重要的考據學成果之一,是繼《史記志疑》之後的又一部史學考證力作。正是這兩部著作,奠定了梁氏在乾嘉史學領域的地位,堪稱其學術生涯中的"雙璧"。

《人表考》是對《漢書人表》的考證之作,内容宏富,搜羅廣博。前人對《漢書》有過大量的研究工作,但對《人表》的涉及却不多,更

---

① 楊燕起,陳可青,賴長揚編,《歷代名家評〈史記〉》,1986 年 3 月北京師範大學出版社,第 138—139 頁。

没有一部像《人表考》這樣全面細緻的考證之作。因此,《人表考》在《漢書》研究史上的地位舉足輕重。《人表考》對《漢書人表》中的每個人物進行了考證,在大量古籍中作細密的搜羅梳理,凡是與《人表》人物有關的資料,皆予以收録,從而使得《人表考》成爲大量人物資料的總彙集,具有極强的史料價值和索引功能。李慈銘稱梁氏於該書"致力甚深,引證宏奥,幾出馬三代之上,卓然可傳"①,又稱"搜采頗博,尤便於省覽"②。除了收集人物屬性的有關資料,梁氏還對這些資料作了大量的考證工作,追本溯源。同時,面對諸書所載各種不同的資料,梁氏雖然是以正經正史之説爲首選,但與經史不同的説法,他並非完全捨棄,而是同時列出,既可見諸書之説的異同,又保存了大量的資料。如"畢公:案《左》僖廿四,畢爲文昭,則是文王子也。惟《世家》言與周同姓,不依《左氏》説"。"田大公和:案《世家》和嗣莊子在齊宣公四十六年,封侯在齊康公十九年,則是相齊廿四年,爲侯二年。而《索隱》引《紀年》以和卒于康公廿一年,《皇王大紀》又謂和卒于康公十九年,並與《史》殊"。"趙桓子:案《索隱》于《趙》《魏世家》引《世本》以桓子爲襄子之子,而《繹史》本作襄子兄,《春秋分記》云鞅三子:桓子、伯魯、無恤,並與《史》《漢》異"。皆是對前人資料的羅列對比,也具有保存之功。

有些書中的説法也許並不恰當,但梁氏認爲尚有可存之理,於亦録於書中,以備後人檢覽。如"朱斨:案孔《傳》謂叟斨,臣名。《路史》云:叟一作朱,蓋指此《表》。疑古通借字。《廣韻》以叟爲姓,而《路史》以叟爲國,即齊地冒淳。又本《海内經》稱炎帝之裔伯

---

① 李慈銘《越縵堂讀書記》,第 227 頁。
② 同上書,第 1130 頁。

陵生殳，殳斨其後，果信然歟？至王仁傑辨殳斨是二人，王光禄《十七史商榷》斥其謬，存之以備一説可也”。“奚仲：黄帝妃嫫母生禺陽，禺陽生禺號，禺號生儵梁，儵梁生番禺，番禺生奚仲（《路史·後紀》五羅平注以《山海·大荒東經》黄帝生禺號，《海内經》帝俊生禺號爲非，其實《路史》亦不可信，姑記異耳）”。“紀侯：案莊四年《經》，紀侯大去其國。《公羊》云：大去者，滅也。《穀梁》云：不遺一人之辭。故杜以不反解之。而《困學紀聞》六引宋儒説，以大爲紀侯名，亦新”。所列以上這些説法並不見得對人物的屬性有所補充或考證，但却爲後人的利用提供了方便，具有一定的索引價值。

二、有功《人表》，正本清源

前人對《漢書人表》的評價，多譏議之辭。隨着清代學人對史表價值的正確認識，《人表》的意義也逐漸得到了肯定。如章學誠説：“班固《古今人表》，爲世詬詈久矣。由今觀之，斷代之書，或可無需人表。通古之史，不可無人表也。固以斷代爲書，承遷有作。凡遷史所闕門類，固則補之。非如紀傳所列君臣事蹟，但畫西京爲界也。是以《地理》及于《禹貢》《周官》，《五行》羅列春秋戰國。人表之例，可類推矣。”[1]“專門名家之史，非人表不足以明其獨斷別裁。集衆所長之史，非人表不足以杜其參差同異。强分抑配之史，非人表不足以制其蕪濫猥棼。故曰：斷代之史，約計三門，皆不可無人表也。”[2]對《人表》作出了高度的評價，肯定了史書中立人表

① 清章學誠撰，吕思勉評《文史通義》卷七《〈亳州志·人物表〉例議》，2008 年 12月上海世紀出版集團，第 267 頁。
② 同上書，第 269 頁。

的必要性。梁氏對《漢書人表》的認識與章學誠是一致的,他作《人表考》,正是以還原《人表》原貌爲己任的。

《人表考》補充了《人表》因傳寫而失的人物,並作出考證。如《人表序》"干莘、崇侯與之爲惡則行",將崇侯與干莘並提,但正文里却没有列崇侯,梁氏認爲乃轉寫所失,因此,他在此處對崇侯作了考證:"崇侯始見《墨子·所染》篇,崇侯虎始見《韓子·説疑》。《吕·當染》注云:崇國,侯爵,名虎。宋羅泌《路史·後紀》十三謂崇是禹後,亦曰崇虎。梁蕭統《文選》魏陳琳《爲曹洪與魏文帝書》有之。"《人表考》在還原《人表》原貌方面所作的最重要的貢獻就是對《人表》的排序和内容之誤的考證和糾改。梁氏將《人表》本身的失誤和在流傳過程中的轉譌區別開來,一一進行考證説明,依照他書資料及對《人表》義例的申明,澄清了前人對《人表》的誤解,力圖還原出一個真實的《人表》。

梁氏《人表考》之後,對《漢書人表》的研究之作,有夏燮《校漢書八表》中的《人表》校訂、翟雲升的《校正古今人表》、孫國仁的《漢書人表略校》等,但皆内容短小,不如《人表考》的豐富全面。而蔡雲《漢書人表考校補》則是對《人表考》的補遺考訂之作。《人表考》成爲後人研究《漢書人表》不能忽略的一部,王先謙《漢書補注》卷二十對《漢書·古今人表》的補注和王利器《漢書古今人表疏證》皆大量羅列梁氏《人表考》之説,成爲兩書的重要組成部分。

第五章 《元號略》與《誌銘廣例》

第一節 《元號略》的文例

　　所謂元號,指改元和年號。年號是古代帝王爲紀在位之年而立的名號。漢武帝以前,帝王没有年號,紀年用甲子。漢武帝即位,以"建元"爲年號,以後新君即位,例於次年改用新年號,稱改元。有的帝王在位期間往往多次更改年號,亦稱改元。梁氏在《元號略》的自序中針對該問題作了闡發,他首先追溯了改元、紀號的起始、發展過程,認爲改元始於魏惠王、秦惠文王,紀號始於漢武帝。雖自此始,但歷代改元、改號的義例却混亂不一、没有統一的標準:"或改元而未踰年,或踰年而不改元,或一年而三易元,一帝而十餘號,或取先皇之號而仍用之,或昧昔朝之號而謬襲之。又或與前代宫殿陵謚及州縣之名相同。其他僭僞迭出,難以縷數。"正因爲有如此衆多的"義例乖違",梁氏才決定作一個系統的清理工作,他"考謬校異,旁采曲收",最後成《元號略》四卷。他在自序後羅列了八條説明性的文字,對《元號略》的體例、分類、排序等作了概括性的介紹今結合該書内容逐條説明之。

一、首列清帝

"本朝列聖紀元謹録于卷首,尊國體也":《元號略》首列清朝皇帝,自努爾哈赤起,至乾隆帝止,共六位皇帝,詳列除乾隆帝以外每位帝王的廟號、謚號、年號、在位年數和陵墓名稱,如"太祖承天廣運聖德神功肇紀立極仁孝睿武端毅欽安弘文定業高皇帝天命十一年,陵曰福陵"。因《元號略》作於乾隆時期,故書中記乾隆帝時只有"今上皇帝乾隆萬萬年"一句。對本朝皇帝,因有所尊避,所以不列皇帝姓名。梁氏記歷代元號,清朝當然也在其中,他以清朝人載清帝紀元,將本朝帝王置於卷首,是"尊國體"的表現。

二、内容結構

1. 專號、重號、佚號

"自漢迄今分專號、重號,編爲三卷。其擬而未用及無考者,別爲佚號一卷,以俟參覈":《元號略》四卷,卷一卷二爲專號六百五十八個,專號即只被一位皇帝用過的年號。卷三重號一百八十五個,重號即不止一位皇帝用過的年號。[1] 卷四佚號一百零三個,有

---

[1]　梁章鉅《浪跡三談》卷二"元號相同"條:"《隨園隨筆》載年號雷同者,建武有七,中興有六,建元有六,建平有八,天成有六,永和有五,應天有五,太平有五,建興、建初、正始俱有四,建始、天祐、乾德、光天、天興、天正俱有三,其餘元康、元和、中元、永和、貞觀、天寶俱有二,又指不勝屈矣。按隨園所列,尚多未備,如永興有六相同,甘露、永康、永安、建元、建平皆五相同,永平、太和、太安皆四相同,嘉平、龍興、元興、永寧、太寧、太定、太安皆三相同,其二相同者,如天禧、天德、天順、天啓、天璽、和平、黃龍、皇始、元康、元和、元嘉、天漢、延興、延和、天保、光天、貞元、青龍、咸康、五鳳、武平,武成、(轉下頁)

兩種情況,一是擬而未用者,即本欲用而終因某種原因未用,如"通乾",引《唐書》載:"儀鳳三年四月,詔改明年爲'通乾',十二月罷之。""通乾"就是佚號,至於不用的原因,引《玉海》云:"以反語不善停。"還有一種佚號的情況是某些雜著中記載而不可詳考者,如引莊綽《雞肋編》:"潁昌府城東北門内多蔬圃,俗呼菜香門,因更修,見其鐵樞鑄字云:'風和二年六月造。'紀元之名,不見載籍。"不知"風和"究爲何時何帝的年號,亦屬佚號。又如"神電":"孫奕《示兒編》'紀元'一條云:'以天紀者有神電。'不知所出。"因"神電"一稱無處可考,所以列爲佚號。

2.《元號略補遺》

《元號略》四卷付梓之後,梁氏又得閱日本所刻《大成年代廣紀》,從中搜羅到不少日本年號名,同時諸以敦、陸準、蔡雲三人針對《元號略》作了糾誤補正,梁氏遂將二者皆存之爲《補遺》一卷。

在四卷的《元號略》中,梁氏對日本年號也多有涉及,但尚有很多闕漏,他在卷一"同要"案語中說:"朱彝尊跋《海東諸國紀》云:'日本《東鑑》即《吾妻鏡》。往時亡友鍾廣漢撰《歷代建元考》,獲《東鑑》,喜劇,著之於錄。然《東鑑》止記其國八十七年事。晚得朝鮮人申叔舟《海東諸國紀》,此邦君長授受改元,由周至于明初,珠連繩貫,因取以補廣漢書。'玉繩購二書數十年不可得,竹垞翁所補又無從訪求,祇據《宋史》、日本僧裔然《年代紀》及廣漢書爲說,知日本元號之闕漏尚多矣。"朱彝尊說《東鑑》和《海東諸國紀》兩書所載日本年號甚多,梁氏以未得見爲憾。他作《元號略》時所錄的日

(接上頁)紹興、承光、永初、永建、永嘉、永熙、永昌、永泰、永隆、景福、鳳皇、至德、至元、太始、太興、大同、大寶、大和、大德、大慶、建和、建義、上元、正德諸號,真指不勝屈也。"清咸豐七年刻本。

本年號只是從《宋史》《年代紀》和《歷代建元考》中搜羅而已，但不能斷其正誤。嘉慶十年，"仝里王覲宸自日本歸，得其國人新刻《大成年代廣紀》一紙，高一尺，博尺四寸半，兩面細書橫列十二層。凡百二十代，起周惠王十七年，至今上嘉慶五年。上紀本國年代黑字，下紀中國年代朱字，瞭若指掌。余借閱旬餘，獲益良多"①。遂以之補前四卷之未及。凡補專號八十三個，重號二十六個。《補遺》更主要的内容是將《大成年代廣紀》與鍾淵映所録《東鑑》一一作比較，《廣紀》所載年號始三十七代孝德，至一百二十代"今國王"。鍾書則至八十九代龜山止。此外，兩者又有頗多不合處，梁氏皆明確列出：

《廣紀》有而鍾書無，如"四十二代文武，神功元年立，至景龍元年，在位十一年。前四年不改元，後改元二，大寶、慶雲。鍾缺慶雲"。"五十二代嵯峨，元和五年立，至長慶三年，在位十四年，改元弘仁。鍾缺弘仁"。"五十四代仁明，大和八年立，至大中四年，在位十七年，改元二，承和、嘉祥。鍾無此代"。

鍾書錯列於後，如"四十四代元正，開元三年立，至十一年，在位九年。改元二，靈龜、養老。鍾錯列在後，謂立於宋天聖時。又缺靈龜"。"四十九代光仁，大歷五年立，至建中二年，在位十二年，改元二，寶龜、天應。鍾缺天應，又錯列在後，謂立於大和四年"。

鍾書無此代而別出他號爲《廣紀》所無，如"四十三代元明。景龍二年立，至開元二年，在位七年，改元和銅。鍾無此代，別出阿閉、皈依二皇。《廣記》無之"。"五十一代平城，元和元年立，至四年改元大同。鍾無此代，別出諾樂天皇"。

---

① 《元號略補遺》梁玉繩自序。

鍾書以此號爲他君之號，如"五十三代淳和，長慶四年立，至大和七年，在位十年，改元天長。鍾以天長爲後皇清和之號"。

《補遺》還收録了諸藹堂、陸準、蔡雲三人的訂補之作。《元號略》成，諸藹堂爲之校勘，或糾正其誤，或補充材料，按照《元號略》的順序，對四卷中的七十八個年號作了校補。陸準，字萊仲，號果泉，好蓄古錢。他將自己發現的年號材料隨時抄録寄給梁氏，《補遺》對此有詳細記載："摘列張敏菴《泉寶録》、龔震西《年號類編》、馬紹基《年號考證》、瞿中溶《續泉志》、錢東垣《建元類聚考》所載佚號，爲余所未及者，繫以案語，手抄見遺。"共八十七個。嘉慶十三年梁氏將之付梓。十四年陸準又將所見通州張學誠《紀年經緯考》所採元和馬紹基《紀元韻覽》，與旁出他書及新得《泉文類聚》中的年號，共六十四條，寄給梁氏。同時，陸準友蔡雲也增校了十三條。梁氏將之並刊。嘉慶十五年陸準又校增二十一條。十七年又續校增三十九條，梁氏皆刊入《補遺》。

三、格式

"歷代正統與南北分統諸帝皆前列大書，次偏霸，次外蕃，皆書國名而注其事於下。草竊者直書姓名，以圈別之。凡都地、鄉貫、氏名、年壽、廟謚、山陵，兼載備覽"：《元號略》在編排上承繼前人此類著作的方式，以韻爲序，有益檢索。在歷代帝王的排列方面，總的格式是：每一韻下按正統、偏霸、外藩的順序，每一類下再以時間爲序。正統者的年號和具體資料皆用大字，偏霸、外藩、草竊者的年號和人名用大字，其他有關資料則用小字。正統者首書朝代加稱呼，如唐高宗、宋太宗，外藩首書國名，如安南黎誼、日本崇俊天皇，草竊者先用"〇"別之，然後直書姓名，如〇宇文化及、〇楊干真。

年號下附此號存在時長，如四年、五年，有時則精確到起止時間，如"元年至二年正月"、"正月至六月"。而對於重號，因爲每個皇帝用該年號的時間長短不一，所以用小字注於每帝材料之末。如"中興：齊和皇帝名寶融，字智昭。高宗子。永元三年既位于荆州。明年禪梁，封巴陵王，尋遇害，年十五。葬安陵三月改元至二年三月。魏廢帝名朗字仲哲，世祖五世孫……十月改元至二年四月。南唐李璟正月改元至二月"。再下列朝代、謚號、名、字、誰人之子或誰人之孫、在位年數、年齡、陵墓名、改元次數等，如"鴻嘉（四年）：漢孝成皇帝名驁字太孫，高宗子，在位二十六年崩，年四十六，葬延陵。王莽尊爲統宗。改元七"。

一位皇帝的年號往往不止一個，該皇帝首次出現時，詳列各項，以後再出現時，就只列朝代和謚號，如"綏和：漢孝成皇帝"、"熹平：後漢孝靈皇帝"等。

開國皇帝列上籍貫和建都地，如"後漢世祖光武皇帝名秀，字文叔。南陽蔡陽人。高祖九世孫。都洛陽。在位三十三年崩，年六十三，葬原陵。改元二"。"唐莊宗光聖神閔孝皇帝，本姓朱邪，唐賜姓李，沙陀部人。名存勗，小字亞子，人或謂之亞次。晉王克用子。都洛陽，常自稱李天下。在位四年，兵亂中流矢崩，年四十二，葬雍陵"。"明太祖開天行道肇紀立極大聖至神仁文義武俊德成功高皇帝，朱氏名元璋，字國瑞。濠州鍾離人，都金陵。崩年七十一。葬孝陵"。

若該帝非正常死亡，則説明具體死亡原因，如"唐昭宗聖穆景文孝皇帝（……在位十六年，爲朱全忠所弒，年三十八）"。"魏肅宗孝明皇帝名詡，世宗子，在位十三年，爲母胡太后所酖，崩年十九，葬定陵"。

對於外藩,注明所立之年爲中國之哪朝哪代,如"日本欽明天皇(梁大同八年立)"、"日本女主推古天皇(隋開皇間立)""南詔勸利晟(唐元和十一年立)""夏諒祚(宋慶曆八年立)"。草竊者改元稱"僞元",王莽、武則天、劉黑闥、朱泚等與農民起義者田斌、李文等並列爲草竊。

四、改號有關休咎者

"昔人論改號有關休咎者,注各號下,見讖應之異":古代帝王改號是一件大事,改爲哪個年號是要經過君臣議定的。而一個年號的好壞,又往往與時事等因素聯繫起來。其實,年號爲何,與時事並無必然聯繫,更不會造成什麼不祥的後果。但古籍中有不少這樣的記載,梁氏遂將相關資料摘列於各號之下,以證明該號確實不祥。舉數例以證之:

> 崇慶:金衛紹王名永濟,初名允濟,小字興勝。世宗子,在位五年。爲胡沙虎所弒。宣宗追復衛王,謚曰紹。改元三。(《金史·五行志》:"衛王即位改元大安,四年改崇慶,既又改至寧。有人曰:三元'大崇至'矣。俄而有胡沙虎之變。"案:俗謂虎爲大蟲。"大崇至"者,讖言大蟲至也。)

按:金衛紹王改元三次,三個元號的首字連起來爲"大崇至",諧音"大蟲至",而老虎又名大蟲,因此,讖應胡沙虎之變。

> 宣政:周高祖武皇帝名邕。(《隋書·五行志》:宣政改

元，蕭鷗離合其字爲宇文亡日。其年六月帝崩。)

按："宣政"二字，蕭鷗離合爲"宇文亡日"，周高祖宇文邕即於是年崩，應了此讖。

　　宣和：宋徽宗(《玉海》宣和之讖爲一家有二日，果徽、欽全帝。又《説鈴·談往》云：宣和，契丹宫門名，徽、欽至彼見額而始悔)。

　　興寧：晉哀皇帝(《晉書·五行志》："哀帝隆和初，童謡曰：'生平不滿斗，隆和哪得久。桓公入石頭，陛下徒跣走。'朝廷聞而惡之，改年曰興寧，人復歌曰：'雖復改興寧，亦復無聊生。'哀帝尋崩。")

　　炎興：季漢孝懷皇帝名禪(《玉海》炎興應司馬氏之名)。

按："炎興"爲蜀主劉禪之號，應了司馬炎之名。

　　天保：後梁世宗孝明皇帝名歸。齊顯祖文宣皇帝。(《北史》："初帝登阼，改年天保。識者曰：'字爲一大人，只十帝，其不過十年乎？'又謡曰：'馬子入石室，三千六百日。'帝以午年生，故曰'馬子'。'三千六百日'，十年也。帝曾問太山道士：'吾得幾年天子？'答曰：'三十年'。帝謂李后曰：'十年十月十日，得非三十也。吾甚畏之。'及期而崩。")

　　天聖：宋仁宗。(《歸田録》云："時章獻明肅太后臨朝，議者謂撰號取二人聖，悦太后爾。"《貴耳集》亦云："於文取二聖人，故當時有二人口耳之讖。")

天正：梁豫章王名棟，字元吉。公祖曾孫。大寶二年八月侯景廢簡文帝，奉棟爲王。十一月，景矯棟詔禪位，封棟淮陰王。明年三月，世祖敕宣猛將軍朱買臣密害之，沈於水。○蕭紀（史言紀改年與棟暗合，識者曰：“天字二人，正字一止，各一年而滅。”永豐侯撝歎曰：“天正在文爲一止，其能久乎？”）

五、依據材料

“金石文字必據年月爲驗，則更元之月不可不詳兹並審對無誤，一檢即知”：梁氏在《人表考》中曾説過：“金石較譜牒似更確”，對金石文字記載的準確性予以肯定。在《元號略》中，他多次用到金石學著作中的資料來作爲立論的依據，如趙明誠《金石録》、錢大昕《金石文跋尾》、翁方綱《粤東金石略》等著作。

古代將年號印在錢幣上，通過錢文也可以對年號進行考證，梁氏即利用這一方法作過推斷。如：

順天：史思明（《舊五代史・莊宗紀》“同光三年三月朱守殷奏：昨修月陂隄，於役所得古文錢四百六十六，内二十六文曰得一元寶，四百四十曰順天元寶，上之。”新注引龐元英《文昌雜録》云：“得一元寶、順天元寶，史不載何代鑄錢。近見錢氏《錢譜》，蓋史思明所鑄也。”案：思明鑄得一錢，明載《唐志》，何云史不載？《錢譜》亦仍《唐志》耳。《唐書・食貨志》曰：“史思明據東都鑄得一元寶錢，繼而惡得一非長祚之兆，改其文曰順天元寶。”《御覽》八百三十六卷引《後唐書》云：朱守殷奏于積善坊役所得古文錢進納,敕曰:"凡窺奇異,盡系休明。所獲錢文,式昭玄貺。得一者,佇歸於一統;順天者,式契於天心。道煥一時,事光千載。殊休繼出,信史必書,宜付史館。"當時亦不知是思明錢。方詫以爲瑞,可哂已。又沈括《夢溪筆談》云:"熙寧中,發地得大錢三十餘千文,皆順天得一。當時在廷皆疑古無得一年號,莫知何代物。余按《唐史》:史思明僭號,鑄得一錢。順天,其僞號,得壹特以名鑄錢耳,非年號也。"據括所説,錢文是一字,史文是壹字。今所見史作一,錢作壹,有此小異。)

又如:

　　應天:劉守光(《遼史·聖宗紀》《食貨志》:統和十四年四月,鑿大安山取劉守光所藏錢。董逌《錢譜》謂:文曰應天。案《唐書》及歐《史》穴山藏錢者仁恭,非守光也。事在唐末天祐時,去守光僭號尚六七年,安所得應天錢耶? 其説皆妄。今有應天元寶錢,蓋西夏錢也。)

　　開元:唐玄宗(唐代惟高宗乾封、肅宗乾元、代宗大歷、德宗建中、懿宗咸通曾鑄錢,旋即停廢。其開元錢本讀作"開通元寶",鑄於武德四年。通唐一代,行用最廣,並非年號。世徒見玄宗年名開元,便謂爲玄宗,亦不考實之過爾。)

六、不取之號

"虛造元號如道家言天地、中皇、無極之類,理所宜删,用袪荒誕”:《元號略》並非對所有書中記載的年號都予以收録,梁氏有自己的取捨原則,對某些無稽之論,尤其是道家言所謂的年號,皆删而不録。在隋文帝楊堅的年號“開皇”之下,梁氏就此情況作出了説明:

> 《玉海》據《隋志》兼載天帝、開皇等號。案釋道宣《廣弘明集》、羅泌《路史》、張君房《云笈七籤》引《道書》有中皇、無極、元景、延和、天景、天漢、康泰、平初、清虛、太平、太始、永壽、龍漢、赤明、延康、開皇、上皇諸號。《魏書·釋老志》以龍漢諸號爲劫數,故《道書·猶龍傳》謂五劫:龍漢爲木劫,赤明爲火劫,延康爲土劫,開皇爲金劫,上皇爲水劫。無識穿鑿。周甄鸞所以作《笑道論》也。薛用弱《集異記》述蔡少霞事,有清寧之號,亦此類。他若《玉海》所采《蜀紀》叢帝之“萬通”,雜記、俳諧文之太亥、大美,妄誕難信。今皆删而不録。

對《道書》所載的各種名號及類似之號不予收録。

除《道書》之外,對其他某些書中所載之號,梁氏也作了審慎的考察,對不合宜者,亦皆不録,如興慶、天統、天定三號,見於張師顏《南遷録》,梁氏説:“僞書也。謂金世宗改元興慶,章宗改元天統,又有德宗改元天定。凡世次號名,無一與世次合者,不足存也。”以其不可信而不録。

又如南詔閣羅鳳,“世爲酋長,唐開元十六年封其父皮羅閣爲雲南王,賜名歸義,始合五詔爲一。天寶八載閣羅鳳嗣立,叛唐,遂臣於吐蕃,吐蕃稱爲贊普鍾,號曰東帝,改國號大蒙,在位三十一年,卒謚神武王。”《文獻通考》《玉海》《滇載記》及《紀元》等書皆以

“贊普鍾”爲年號，梁氏並不認同，他説：“夷語彊雄曰贊，丈夫曰普，弟曰鍾。吐蕃以南詔爲弟，故曰贊普鍾。《宋史·曹瑋傳》‘贊普，可汗號也’，亦一證。”認爲贊普鍾乃是稱呼而已，並非年號，因此亦不予録。

又夏趙元昊，《宋史·夏國傳》前作“廣民”，後作“廣運”，因此有人謂廣民、廣運皆年號。梁氏認爲廣民乃是譌文，因此只列了廣運一號。

又某些書中所載笑料戲語，梁氏亦附記：“唐中宗時，權龍褒爲瀛洲刺史，新過歲，京中人附書云：‘改年多感，敬想全之’。遂唤官人集云：‘有詔改年號爲多感元年。’將書呈判司以下，衆大笑。見張鷟《朝野僉載》，此戲語也。附記不列。”“多感”是感慨良多之義，不是年號，權龍褒誤會耳，自然更不必録。

另外，有些仍號，如日本的發口、勝照、命長、白雉、白鳳、朱鳥之類，“皆異世而仍舊號者，因無關參考，不列”。這也是説明某些不列之號，但乃是因無關參考，而非正誤問題。

七、非年號之號

“諸史述亂賊事有但言改元不著年名而他書亦不載者，又有自立號名而非改元者，概不牽入”：造反者有自稱之號，看似年號而實非年號，如文佳：“唐永徽四年十月睦州女子陳碩貞反，自稱文佳皇帝，即討平之。文佳，其所自稱，或以爲年號，非。”太初：“《後漢書·靈帝紀》永興二年閏九月，蜀郡李伯詐稱宗室，當立爲太初皇帝，伏誅。此非年號，故不列。”文佳和太初只是陳碩貞和李伯的某種稱號而已，並非年號，因此梁氏不列，並在此説明。

又有以干支稱者,亦非年號:西涼李暠以干支紀年者五,稱庚子元年、辛丑二年、壬寅三年、癸卯四年、甲辰五年,皆非年號。楊么於北宋紹興三年起義,稱號庚戌,乃是不用宋元,以甲子紀元,紹興三年,歲在庚戌。竇建德于隋大業十三年自立爲長樂王,建元丁丑。丁丑亦非年號,大業十三年是丁丑。這三例皆是以干支紀元者,實非年號,因此,梁氏也只是説明一下而並不列。

八、不列干支

"是編惟輯年號,不排甲子,如欲稽歷朝之修短,代系之干支,前賢紀年諸書具在,可覆視焉":《元號略》所録年號,按韻排列,而不是按照時間的先後排列。只列年號,而不記該年的干支之數。

第二節 《元號略》的學術貢獻

改元紀號是個歷史問題，無論是閱讀歷史還是研究歷史，都不可避免地會遇到這個問題。《元號略》正是梁氏研治史學的結果，反過來，他又希望該書能夠對研讀歷史有所幫助："聊爲讀史之小助。"①前人對《元號略》多有認同，諸薲堂説："搜考極博，在鍾廣漢、趙月聲二書之上。"②李慈銘稱："《元號略》取古今帝王紀號及僭僞盜賊外國，皆采及錢幣金石，分專號、重號二目，以韻編次。又帝王俱詳書全諡名字年數陵號，皆爲自來所未有。"③《續修四庫全書總目提要》（孫光圻撰）對該書的評價是："頗能探討源流。故其所著，雖間失之瑣碎，而義例謹嚴，不失通儒面目也。"④均對《元號略》給予了較高的評價。

《元號略》中的這些歷代年號及有關資料都是梁氏廣搜典籍得來的，除了各朝正史外，主要是各種金石學著作和元號專著及相關雜著，如張鷟《朝野僉載》、韋絢《劉賓客嘉話録》、趙明誠《金石録》、岳珂《愧郯録》、王應麟《玉海》、張端義《貴耳集》、楊慎《滇載記》、鄭曉《皇明四夷考》、陳懋仁《年號韻編》、丘文學《歷朝紀元録》、毛奇齡《後鑒録》、朱彝尊《日下舊聞》、陳黃中《紀元要略補》、萬光泰《紀元韻叙》、鍾淵映《歷代建元考》、蔣良驥《東華録》、錢大昕《金石文

---

① 《元號略》梁玉繩自序。
② 《元號略補遺》諸薲堂序。
③ 李慈銘《越縵堂讀書記》，第 1130 頁。
④ 《續修四庫全書總目提要（稿本）》，第 10 册第 704 頁。

跋尾》《廿二史考異》《十駕齋養新録》、翁方綱《粤東金石略》、鄭雲芝《歷代年號表》、蘇韋《紀年類編》、朝鮮人所著《海東諸國紀》《東國史略》、日本松井元泰《墨譜》等。在引用前人之説的同時，對這些材料也做了一些補充和修正。

　　一、對舊説的補充

　　前人書中對某一年號的記載，梁氏給以補充分析，如"岳珂《愧郯録》《玉海》並云神宗改元熙寧，徽宗改元崇寧，皆仝劉宋陵名。沈作喆《寓簡》、袁文《甕牖閒評》謂年號最忌與前世謚號、陵名相犯。熙寧、崇寧乃南朝章后、宣后二陵名，亦當時大臣不學之過。"諸書皆説熙寧和崇寧二號同劉宋陵名，但對二陵名的解説還不夠詳細，梁氏於是補充了相關材料："《宋書》武帝胡婕好生文帝，追尊爲章太后，陵曰熙寧；文帝沈美人生明帝，追尊爲宣太后，陵曰崇寧。"這樣，熙寧、崇寧二名的來源也就清楚了。又如"趙明誠《金石録》日本國謚題康保五年，不知是中國何年。"康保，是日本封上天皇的年號，針對《金石録》的疑問，梁氏説："封上之後爲冷泉天皇，以宋太祖開寶元年立，則封上當周宋之間也。"根據推測而得知大體的時間。

　　二、對舊説的辨正

　　對前人書中記載有誤者，予以糾正。如"崇福"爲西遼承天太后年號，而沈德符《正閏考》又有"重德"一號。梁氏考查《遼史·天祚紀》知承天太后在位十四年，未嘗改元。"且太后父德宗字重德，必不以紀元也。"因此知沈德符誤。又如丘文學《歷朝紀元錄》謂李乾德年號"嘉慶",梁氏則認爲當是"彰聖嘉慶",其稱"嘉慶"者,單舉二字而已,與魏年號"太平真君",史止稱"真君",宋年號"太平興國"、"大中祥符",鑄錢止稱"太平"、"祥符"是一樣的,丘文學之説不確。再如白蓮教徐鴻儒有"興勝"號,《明史·趙彦博傳》有"大成興勝"之載。梁氏以毛奇齡《後鑒錄》作"大乘興勝"爲據,認爲"以白蓮教倡亂,故稱大乘,猶元魏沙門法慶之稱大乘"。因知《明史》作"大成"乃誤。

在"佚號"一節,梁氏對《玉海》所載諸號多有疑問,如"天元:唐德宗不用。《玉海》云天元爲周號,而李泌議之。案:周宣帝自稱天元皇帝,非謂年號也"。"廣禧:《玉海》廣熙夏國。案:西夏無此號。惟西遼德宗尊號曰天祐皇帝。豈誤以尊號爲年號,又誤以遼爲金歟?"等等。

第三節　梁章鉅《歷代年號》
襲用《元號略》考

　　梁章鉅，生於乾隆四十年（1775），卒於道光二十九年（1849），字茝中、閎林，號茝鄰，晚年自號退庵，祖籍長樂，後遷居福州。他自幼博覽群書，立志著作。嘉慶七年（1802）進士，後歷任禮部主事、禮部員外郎、湖北荆州知府、江南淮海河務兵備道，以及江蘇、山東、江西按察使，江蘇、甘肅、直隸布政使，廣西、江蘇巡撫，一度兼署兩江總督，不久以疾告歸。一生著述宏富，有《樞垣紀略》《退庵隨筆》《文選旁證》《歸田瑣記》等七十余種書刊行於世。《浪跡三談》六卷是梁章鉅的讀書筆記，作於道光二十八年至二十九年，遠遠晚於梁玉繩乾隆五十八年所作《元號略》。

　　《歷代年號》是《浪跡三談》的第二卷，考證古代年號。而所載五十九條六十二個年號，除"元鼎、元封"一條外，其他五十八條皆襲用了梁玉繩的《元號略》。雖然《歷代年號》將諸號排列改爲以時間先後爲序，但對每個號的考證內容却與《元號略》幾乎無二。有的只是將《元號略》語稍作改動，或換幾個字，或換一下前後順序。梁章鉅是見過梁玉繩《元號略》的，《浪跡三談》中有兩處提到《元號略》，一處是卷二《歷代年號》的"建始、永始"條云："桓玄，桓温孽子也。晉元興二年十一月，廢安帝，自稱楚帝。明年五月，敗走江陵，伏誅。梁諫庵曰：'初出撟詔，改年建始，右丞王悠之曰：建始，趙王倫僞號也。又改永始，復是王莽始執權之歲，其兆號不祥，冥符僭逆如此。'"一處是卷三"古田逆案"條云："昨讀家曜北《元號略》，亦載一事。"由此可知,梁章鉅見過並用了《元號略》中的材料。來新夏説:"是書大多引錄前人著述,均著有出處。"①但《歷代年號》中除此二處外,既未再提到《元號略》,也未説明是對《元號略》的引用,可以説是完全掩没了《元號略》這個來源,成了徹頭徹尾的襲用。如果説因爲考證對象的一致從而所用材料也近似,尚可得通,那麼案語的相似就不可解了。但今將《歷代年號》②與《元號略》並列於下,以資參照。

《歷代年號》與《元號略》對照表

年號	《歷代年號》	《元號略》
永嘉	後漢沖帝在位一年,改元永嘉,崩年僅三歲。《學齋佔筆》云,淳熙二年,邛州蒲江縣上乘院僧得漢碑石作永熹,以"嘉"爲譌。何義門《讀書記》又引《左雄傳》作永熹爲證。按晉懷帝亦改元永嘉。	後漢孝沖皇帝名炳敬,敬宗子,崩年三歲,葬懷陵。(一年。《學齋佔筆》載,淳熙二年,邛州蒲江縣上乘院僧得漢碑石作永熹,以"嘉"爲譌。何義門《讀書記》又引《左雄傳》作永熹爲證也。)晉孝懷皇帝。
建元	晉康帝名岳,改元建元,或謂庾冰曰:"郭璞讖云'立始之際丘山崩',立者,建也;始者,元也;丘山,諱也。"冰瞿然,既而歎曰:"如有吉凶,豈改易所能救乎?"至是果驗。	晉康皇帝名岳。(改元建元,或謂庾冰曰:"郭璞讖云'立始之際丘山傾',立者,建也;始者,元也;丘山,諱也。"冰瞿然,既而歎曰:"如有吉凶,豈改易所能救乎?"至是果驗。)
永昌	晉中宗元帝小字銅環,以太興元年即位,五年改元永昌,即崩。初即位,有日夜出之象,及改元永昌,郭璞復以爲有二日之象。而齊廢帝小字法身,元號亦爲永	晉中宗元皇帝名睿,字景文,小字銅環。隆昌:齊廢帝,名昭業,字元尚,小字法身。世祖孫。廢爲鬱陵王,爲蕭鸞所弑,年二十二。(史

① 來新夏《清人筆記隨録(二)》,載《中國典籍與文化》2004年第2期。
② 今以清咸豐七年刻本爲底本,以1981年9月中華書局排印陳鐵民點校本爲參考。

（續表）

年號	《歷代年號》	《元號略》
永昌	昌①，初廢爲鬱陵王，後爲蕭鸞所弒，在位僅六個月。	臣曰：郭璞稱永昌之名有二日之象，而隆昌之號亦全焉。永昌，晉元帝年號。）
興寧	《晉書・五行志》云："哀帝隆和初童謠曰：'升平不滿斗，隆和那得久。桓公入石頭，陛下徒跣足。'朝廷聞而惡之，改年曰興寧，人復歌曰：'雖改興寧，亦復無聊生。'帝尋崩。"	晉哀皇帝（《晉書・五行志》：哀帝隆和初童謠曰："生平不滿斗，隆和哪得久。桓公入石頭，陛下徒跣走。"朝廷聞而惡之，改年曰興寧，人復歌曰："雖復改興寧，亦復無聊生。"哀帝尋崩）。
大亨	大亨乃晉安帝年號，史家以爲桓玄僞號，誤也。考元興元年三月，桓玄自爲丞相，改元大亨，明年十月始篡位②，則大亨乃安帝年號，而史家以此號爲桓玄所改，《晉書・安帝紀》並黜之，概用元興紀年矣。按此號實爲桓玄敗兆，《晉書》《隋書・五行志》，《梁書・武陵王紀傳》及《容齋續筆》《玉海》並云，年號大亨，識者謂"一人二月了"之兆，而桓之敗，果在元興三年仲春。五月，帝復位。	晉安皇帝。元興元年三月，桓玄自爲丞相，改元大亨，明年十一月篡位，則大亨之號乃安帝，非桓玄也，史家以此號爲玄所改，遂屬之於玄。《晉書・安帝紀》並黜之，概用元興紀年。而此號實爲玄敗之兆，故《晉》《隋・五行志》《梁書・武陵王紀傳》及《容齋續筆》《玉海》並云，年號大亨，識者謂"一人二月了"，而玄之敗，果在元興三年仲春。五月，帝復位。

---

① 齊廢帝蕭昭業年號乃隆昌，非永昌，梁章鉅誤。

② 按："十月"誤，當依梁玉繩作"十一月"。《晉書・桓玄傳》："十一月，玄矯制加其冕十有二旒，建天子旌旗，出警入蹕，乘金根車，駕六馬，備五時副車，置旄頭雲罕，樂儛八佾，設鍾虡宮縣，妃爲王后，世子爲太子，其女及孫爵命之號皆如舊制。玄乃多斥朝臣爲太宰僚佐，又矯詔使王謐兼太保，領司徒，奉皇帝璽禪位於己。又諷帝以禪位告廟，出居永安宮，移晉神主於琅邪廟。"

年號	《歷代年號》	《元號略》
天正	梁豫章王名棟，高祖曾孫，大寶二年八月爲侯景所立，十月即爲景所廢。又高祖子蕭紀，大寶三年四月僭號於蜀，明年七月兵敗見殺。史言棟改元天正，紀改年亦與棟暗合，識者曰：天字二人，正是一止，各一年而滅。永豐侯撝歎曰："天正在文爲一止，其能久乎？"	梁豫章王名棟，字元吉。高祖曾孫。大寶二年八月侯景廢簡文帝，奉棟爲王。十一月，景矯棟詔禪位，封棟淮陰王。明年三月，世祖敕宣猛將軍朱買臣密害之，沈於水。〇蕭紀（史言紀改年與棟暗合，識者曰：天字二人，正字一止，各一年而滅。永豐侯撝歎曰："天正在文爲一止，其能久乎？"）
建始 永始	桓玄，桓温孽子也。晉元興二年十一月，廢安帝，自稱楚帝。明年五月，敗走江陵，伏誅。梁諫庵曰："初出撝①詔，改年建始，右丞王悠之曰：'建始，趙王倫僭號也。'又改永始，復是王莽始執權之歲，其兆號不祥，冥符僭逆如此。"	永始：桓玄（字敬道，一名靈寶。譙國龍亢人。桓温孽子也。晉元興二年十一月，廢安帝爲平固王，自稱楚帝。明年五月，敗走江陵，伏誅。年三十六。其黨謚爲武悼皇帝。初出僞詔，改年建始，右丞王悠之曰：'建始，趙王倫僞號也。'又改永始，復是王莽始執權之歲，其兆號不祥，冥符僭逆如此。"）
廣運	後梁帝名琮，在位二年，隋徵入朝，廢爲莒國公。《北史》本傳及《隋書・五行志》並云，琮改元廣運，識者曰："運之爲字，軍走也，吾君當爲軍所走乎？"及入朝京師，江陵父老隕涕曰："吾君其不反矣！"按晉少帝開運亦同，故遷於契丹。	後梁帝名琮，字温文，世宗子。在位二年，隋徵入朝，廢爲莒國公。改封梁公。煬帝時卒。（元年至二年九月。《北史》本傳及《隋・五行志》云，琮改元廣運，識者曰："運之爲字，軍走也，吾君當爲軍所走乎？"及入朝京師，江陵父老殞涕曰："吾君其不反矣！"案晉少帝開運亦同，故遷於契丹。）

---

① 陳鐵民云：疑當作"僞"。而《元號略》本就作"僞"，此梁章鉅誤。

(續表)

年號	《歷代年號》	《元號略》
天保	齊顯祖文宣皇帝高氏,名洋,受魏禪,都鄴。《北史》云:"初帝踐阼,改年天保,識者以字爲'一大人只十',帝其不過十年乎? 又謠曰:'馬子入石室,三千六百日。'帝以午年生,故曰馬子,三千六百日,十年也。帝曾問太山道士:'吾得幾年天子?'答曰:'三十年。'帝渭李后曰:'十年十月十日,得非三十乎? 吾甚畏之。'及期而崩。"《容齋續筆》云:"齊文宣天保爲'一大人只十',果十年而終;梁明帝亦用此,盡二十四年,或蕞爾一邦,非機祥所係也。"	後梁世宗孝明皇帝名歸。齊顯祖文宣皇帝。(《北史》:"初帝登阼,改年天保。識者曰:字爲'一大人,只十',帝其不過十年乎? 又謠曰:'馬子入石室,三千六百日。'帝以午年生,故曰馬子。三千六百日,十年也。帝曾問太山道士:'吾得幾年天子?'答曰:'三十年。'帝謂李后曰:'十年十月十日,得非三十也。吾甚畏之。'及期而崩。"《容齋隨筆》云:"齊文宣天保爲'一大人只十',果十年而終。梁明帝亦用此。蓋二十四年。或歸蕞爾一邦,非機祥所係。")
貞明	梁末帝初名友貞,改名瑱,太祖子,在位十一年,元號貞明。唐兵入,命其將皇甫麟進刃,崩。或析"瑱"字爲"一十一十月一八",果以一十一年至十月九日亡。	梁末帝名瑱,初名友貞,又名鍠,太祖子,在位十一年。唐兵入,命其將皇甫麟進刃,崩。帝改名瑱。或析其字爲"一十一十月一八",果以一十一年至十月九日亡。
德昌	齊主名延宗,高祖孫,《北齊書》云:"延宗以十二月十三日晡時受敕,守并州,明日建尊號,不間日而被圍,經宿至食時敗。年號德昌,好事者言,其得二日云。"	齊主名延宗,高祖孫。(《北齊書》云:"延宗以十二月十三日晡時受敕,守并州,明日建尊號,不間日而被圍,經宿至食時敗。年號德昌,好事者言,其得二日云。")
隆化	齊後主名緯,世祖子,在位十二年,爲周師所逼,禪於太子恒,稱太上皇帝,及恒禪於任城王	齊後主名緯,字仁綱,世祖子,在位十二年,爲周師所逼,禪於太子恒,稱太上皇帝,及恒禪於任

（續表）

年號	《歷代年號》	《元號略》
隆化	階①，稱無上皇，尋被執，封温國公，後遇害，年二十三。有隆化年號，時人離合其字曰"降死"，竟降周而死，見《隋書・五行志》。	城王湝，稱無上皇，尋被執，封温國公，後遇害，年二十三。葬長安北原洪瀆川，改元三。（《隋書・五行志》後主隆化，時人離合其字曰"降死"，竟降周而死。）
宣政	周高祖武皇帝名邕，字彌羅突，世宗弟，在位十八年，有宣政年號。《隋書・五行志》云："宣政改元，蕭巋離合其字爲'宇文亡日'，其年帝崩。"	周高祖武皇帝名邕，字彌羅突，世宗弟，在位十八年崩，年三十六。（《隋書・五行志》："宣政改元，蕭巋離合其字爲'宇文亡日'。其年六月帝崩。"）
大象	周靜皇帝名衍，改名闡，宣帝子，在位三年，禪隋，封介國公，尋遇害，年九歲。《隋書・五行志》云："宣帝禪位，改元大象，蕭巋離合其字曰'天子冢'，明年帝崩。"	周靜皇帝名衍，改名闡，宣帝子，在位三年，禪隋，封介國公，尋遇害，年九歲，葬恭陵，改元二。（《隋・五行志》："宣帝禪位，改元大象，蕭巋離合其字曰'天子冢'，明年帝崩。"）
大業	《隋書》：隋煬帝即位，改年大業。《隋書・五行志》云："大業改元，識者惡之，曰於字離合爲'大苦來'也。尋而天下喪亂，率土遭塗炭之毒焉。"	隋煬帝。（《隋・五行志》："大業改元，識者惡之，曰於字離合爲'大苦來'也。尋而天下喪亂，率土遭荼炭之酷焉。"）
顯慶	唐高宗年號，《玉海》云，或作明慶。《日知録》云："唐中宗諱顯，玄宗諱隆基，故唐人凡追稱高宗年號，多云明慶，永隆年號，多云永崇。"	唐高宗。（《玉海》或曰明慶。《日知録》云："唐中宗諱顯，玄宗諱隆基，唐人凡追稱高宗顯慶年號，多云明慶，永隆年號，多云永崇。"）

---

① "階"字誤，當作"湝"。

（續表）

年號	《歷代年號》	《元號略》
永隆	閩王曦初名延羲，晉天福四年立，改號永隆，後爲其臣所殺。陶穀《清異録》云：“王曦淫刑不道，黃峻曰合非永隆，恐是大昏元年。”	閩王曦。（初名延羲，鏻弟。晉天福四年立，後爲其臣所殺……陶穀《清異録》云：“曦淫刑不道，黃峻曰合非永隆，恐是大昏元年。”）
唐隆	唐殤帝，中宗子，遜位睿宗，開元二年終，年僅十七。《玉海》云，或作唐元、唐安、唐興，蓋開元以後，避諱改稱。鍾淵映《建元考》云，《唐會要》《唐大詔令》皆書唐隆，實明皇踐阼之讖，猶漢安樂之炎興也。（此劉後主之元號，亦應司馬氏之名）	唐殤皇帝，名重茂，中宗子，遜位睿宗，開元二年終，年十七，葬武功西原。（《玉海》或云唐元、唐安、唐興，蓋玄宗以後，避諱改稱。鍾映淵①云，《唐會要》《唐大詔令》皆書唐隆，實明皇踐阼之讖，猶漢安樂之炎興也。）
咸通	唐懿宗名漼，初名溫，宣宗子。蘇鶚《杜陽雜編》云：“初宣宗製《秦邊陲曲》云：‘海岳宴咸通。’及上垂拱，而年號咸通焉。”按《元和郡縣志》，河南縣中橋，咸通三年通。志成於元和八年，不及懿宗，實咸亨三年也。因避肅宗諱，改亨爲通，遂與懿宗咸通混。	咸亨：唐高宗。（《元和郡縣志》，河南縣中橋，咸通三年通。志成於元和八年，不及懿宗，實咸亨三年也。因避肅宗諱，改亨爲通，遂與懿宗咸通混。） 唐懿宗。昭聖恭惠孝皇帝，名漼，初名溫，宣宗子。崩年四十一。葬簡陵。（蘇鶚《杜陽雜編》：“宣宗製《秦邊陲曲》云：‘海岳宴咸通。’及上垂拱，而年號咸通焉。”）
大和	唐文宗九年，改元大和，或作太和，誤也。李德初析大和字爲“一人八千口”，見張讀《宣室志》。	唐文宗。（九年。或作太和，誤。李德初析大和字爲“一人八千口”可證，見張讀《宣室志》。）

---

① 當作鍾淵映。

(續表)

年號	《歷代年號》	《元號略》
金統	黄巢自陳符命曰:"唐帝知朕起義,改元廣明,以文字言之,唐已無天分矣。'唐'去'丑口'而安'黄',天意令黄在唐下,乃黄家日月也。土德生金,予以金生,宜改年爲金統。"	黄巢。(自陳符命曰:"唐帝知朕起義,改元廣明,以文字言之,唐已無天分矣。'唐'去'丑口'而安'黄',天意令黄在唐下,乃黄家日月也。土德生金,予以金王,宜改年爲金統。")
乾德	宋太祖改元乾德,而前此蜀王衍立,於梁貞明五年,亦改元乾德,又輔公祏於唐武德六年稱帝於丹陽,即陳故宫居之,國號宋,亦改元乾德。《宋史·太祖本紀》云:"乾德改元,先諭宰相曰:'年號須擇前代所未有者。'蜀平,宫人入内,見其鏡背志'乾德四年鑄',召竇儀詰之,對曰:'此必蜀物,蜀主嘗有此號。'乃大喜曰:'宰相須用讀書人。'"按宋小説,竇儀或作陶穀,或作盧多遜,當時尚未記有輔公祏也。楊文公《談苑》、陳鵠《耆舊續聞》,並記江南保大中得石,有"大宋乾德四年",令諸儒參驗,乃輔公祏反江東時年號。宋小説又載,乾德初元丹陽人掘地,獲古錢,文曰"乾德通寳",則並國號年號而同之矣。	宋太祖。(十一月改元,至六年十月。《宋史·本紀》:"乾德改元,先諭宰相曰:'年號須擇前代所未有者。'蜀平,宫人入内,見其鏡背志'乾德四年鑄',召竇儀詰之,對曰:'此必蜀物,蜀主嘗有此號。'乃大喜曰:'作相須讀書人。'"宋小説,竇儀或作陶穀,或作盧多遜,並非。當時尚未記有輔公祏也。) ○輔公祏。(楊文公《談苑》、陳鵠《耆舊續聞》記江南保大中浚秦淮得石志,案其刻有"大宋乾德四年"字,令諸儒參驗,乃輔公祏反江東時年號。宋小説又載,乾德初元丹陽人掘地,獲古錢,其文曰"乾德通寳",則並國號年號而同之,不獨蜀衍也。)
太平興國	宋太宗改元太平興國,《貴耳集》云,當時有"一人六十卒"之讖,太宗五十九而止。	宋太宗。(《貴耳集》:當時有"一人六十卒"之讖,太宗五十九而止。)

（續表）

年號	《歷代年號》	《元號略》
天聖	宋仁宗年號天聖,《歸田録》云:"時章獻明肅太后臨朝,議者謂撰號取'二人聖',悦太后耳。"張端義《貴耳集》亦云,於文取"二聖人",故當時有"二人口耳"之讖。	天聖:宋仁宗。(《歸田録》云:"時章獻明肅太后臨朝,議者謂撰號取'二人聖',悦太后爾。"《貴耳集》亦云:於文取二聖人,故當時有二人口耳之讖。)
明道	宋仁宗改元明道,議者以爲"明"字於文爲"日月",並時母后臨朝也,見歐陽公《歸田録》。《貴耳集》亦云,仁宗、劉后並政,"明道"曰日月同道。《宋史·夏國傳》:元昊避父德明諱,稱宋明道爲"顯道"。顧亭林《日知録》:范文正《與元昊書》,亦改後唐明宗爲"顯宗"。	宋仁宗。(歐陽公《歸田録》及《玉海》謂議者以"明"字於文爲"日月",並時母后臨朝也。《貴耳集》:仁宗、劉后並政,"明道"曰日月同道。《宋史·夏國傳》:元昊避父德明諱,稱宋明道爲"顯道"。顧炎武《日知録》:范文正公《與元昊書》,亦改後唐明宗爲"顯宗"。)
康定	宋仁宗有康定年號,歐陽公《歸田録》及《玉海》謂好事者以爲康定如諡法。	宋仁宗。(歐陽公《歸田録》及《玉海》謂好事者以爲康定如諡法。)
崇寧	岳珂《愧郯録》及《玉海》並云神宗改元熙寧,徽宗改元崇寧,皆同劉宋陵名。沈作喆《寓簡》、袁文《甕牖閒評》並謂:年號最忌與前代諡號、陵名相犯,熙寧、崇寧乃南朝章后、宣后二陵名,亦當時大臣不學之過。按《宋書》,武帝胡婕好生文帝,追尊爲章太后,陵曰熙寧;文帝沈美人生明帝,追尊爲宣太后,陵曰崇寧。又《貴耳集》:"'崇寧'錢上字,蔡京所書,'崇'字自山字一筆書,'寧'字去心,當時諺云:'有意破崇,無心寧國。'"	岳珂《愧郯録》《玉海》並云神宗改元熙寧,徽宗改元崇寧,皆全劉宋陵名。沈作喆《寓簡》、袁文《甕牖閒評》謂:年號最忌與前世諡號、陵名相犯,熙寧、崇寧乃南朝章后、宣后二陵名,亦當時大臣不學之過。案《宋書》,武帝胡婕好生文帝,追尊爲章太后,陵曰熙寧;文帝沈美人生明帝,追尊爲宣太后,陵曰崇寧。又張端義《貴耳集》:"'崇寧'錢上字,蔡京書,'崇'字自山字一筆下,'寧'字去心,當時云:'有意破崇,無心寧國。'"

（續表）

年號	《歷代年號》	《元號略》
重和	宋徽宗初改元重和,二年正月即改宣和。陸遊《老學庵筆記》云:"政和末,議改元,王黼擬用'重和',既下詔矣,范致虛間白上曰:'此契丹號也。'故未幾改宣和。然'重和'乃契丹宫殿名,猶我之宣德門也。年名實重熙,後避天祚嫌名,乃追謂重和耳。"	宋徽宗。(陸遊《老學庵筆記》:"政和末,議改元,王黼擬用'重和',既下詔矣,范致虛間白上曰:'此契丹號也。'故未幾改宣和。然'重和'乃契丹宫殿①名,猶我之宣德門也。年名實重熙,後避天祚嫌名,追謂重和耳。")
宣和	《玉海》:"宋徽宗宣和之讖爲'一家有二日',果徽、欽同帝。"又《説鈴·談往》云:"宣和,契丹宫門名,徽、欽至彼,見額而始悔。"	宋徽宗。(《玉海》宣和之讖爲一家有二日,果徽、欽全帝。又《説鈴·談往》云:宣和,契丹宫門名,徽欽至彼,見額而始悔。)
靖康	宋欽宗年號。按《宋史》,高宗初封康王,二帝北遷,康王在濟州,耿南仲、汪伯彦等皆勸進,且謂靖康紀元,謂"十二月立康"之兆。《容齋續筆》:"靖康爲'立十二月康',果在位滿歲而高宗中興。"《玉海》云:"靖康或謂如謚法。"	宋欽宗恭文順德仁孝皇帝……(《宋史》,高宗初封康王,二帝北遷,康王在濟州,耿南仲勸進、汪伯彦等引天命人心爲請,且謂靖康紀元,謂"十二月立康"之兆。《容齋續筆》:"靖康爲'立十二月康',果在位滿歲而高宗中興。"《玉海》云:"靖康或謂如謚法。")
建炎	李心傳《朝野雜記》云:"高宗改元建炎,以火德中微故也。苗、劉之亂,以爲炎字乃兩火。還自海上,改五年爲紹興。"	李心傳《朝野雜記》云:"高宗改元建炎,以火德中微故也。苗、劉之亂,以爲炎字乃兩火,故多盜,還自海上,改五年爲紹興。"

---

① 《老學庵筆記》作:"'宣和'乃契丹宫門名。"《元號略》誤"宣和"爲"重和"、"宫門"爲"宫殿",梁章鉅誤襲之。

（續表）

年號	《歷代年號》	《元號略》
隆興改乾道	宋孝宗之二年也。《玉海》云："隆興近正隆，而孝宗更之。"又云："隆興，僞號也，因曾布《日録》而後見。"《容齋續筆》云："隆興，嫌與完顏亮正隆相近，故二年即改乾道。"樓鑰《攻媿集》云①《錢端禮行狀》："上問改元事。隆興，故叛臣趙諗嘗用，虞公以爲載籍所不載，自不必改。公曰：'改元，大事也。'簽書王剛中奏此事具見曾布《日録》，不當復用。"李心傳《朝野雜記》云："王瞻叔爲參知政事，言趙諗謀逆，以隆興紀元，會太常檢故實以進，上愕然，遂改乾道。"	隆興：宋孝宗。（二年。《玉海》云："隆興近正隆，而孝宗更之。"又云："隆興，僞號也，因曾布《日録》而後見。"《容齋續筆》云："隆興，嫌與完顏亮正隆相近，故二年即改乾道。"樓鑰《攻媿集‧錢端禮行狀》："上問改元事。隆興，故叛臣趙諗嘗用，虞公以爲載籍所不載，自不必改。公曰：'改元，大事也。'簽書王剛中奏此事具見曾布《日録》，不當復用。"李心傳《朝野雜記》："王瞻叔爲參知政事，言趙諗謀逆，以隆興紀元，會太常檢事實以進，上愕然，遂改乾道。"）
壽昌	遼道宗年號。按《遼史》作"壽隆"，《玉海》無"壽隆"，有壽昌。錢大昕《遼史考異》云："洪遵《泉志》載壽昌元寶錢，引李季興《東北諸蕃樞要》云，契丹主天祐，年號壽昌。又引《北遼通書》云，天祚即位，壽昌七年，改元乾統。予家藏易州興國寺碑、安德州靈巖寺碑、興中府玉石觀音像、《唱和詩》碑，皆署壽昌年號，《東都事略》《文獻通考》皆宋人書，亦稱壽昌，無有稱'壽隆'者，可證'壽隆'乃壽昌之譌。"案《愧郯	遼道宗《遼史》作"壽隆"，《玉海》無"壽隆"，有壽昌。錢大昕《遼史考異》云："洪遵《泉志》載壽昌元寶錢，引李季興《東北諸蕃樞要》云，契丹主天祐，年號壽昌。又引《北遼通書》云，天祚即位，壽昌七年，改元乾統。予家藏易州興國寺碑、安德州靈巖寺碑、興中府玉石觀音像、《唱和詩》碑，皆壽昌中刻，《東都事略》《文獻通考》皆宋人書也，亦稱壽昌，無有稱'壽隆'者，可證'壽隆'乃壽昌之譌爾……"案《愧郯

----

① "云"字衍，陳鐵民本删。

年號	《歷代年號》	《元號略》
壽昌	録》引范成大《攬轡録》，稱"壽昌六年"，又朱彝尊《日下舊聞》云，阜成門内白塔寺，建自遼壽昌三年①，並可爲證。	録》引范成大《攬轡録》，稱"壽昌六年"，又朱彝尊《日下舊聞》云阜城門内白塔寺，建自遼壽昌二年，並可爲證。
大定	金世宗年號也。《金史》載，海陵在揚州，聞帝改元大定，拊髀歎曰："我本欲滅宋後改元大定，豈非天命乎？"出其書示羣臣，即預志改元事也。	金世宗。（《金史》："海陵在揚州，聞帝改元大定，拊髀歎曰：'我本欲滅宋後改元大定，豈非天命乎？'出其書示群臣，即預志改元事也。"）
崇慶	《金史·五行志》："衛王即位，改元大安，四年，改崇慶，既又改至寧，有人曰：'三元大崇至矣！'俄而有胡沙虎之變。"案俗謂虎爲大蟲，"大崇至"者，讖言大蟲至也。	金衛紹王名永濟，初名允濟，小字興勝。世宗子，在位五年。爲胡沙虎所弑。宣宗追復衛王，諡曰紹。改元三。（《金史·五行志》："衛王即位改元大安，四年，改崇慶，既又改至寧。有人曰：'三元大崇至矣'。俄而有胡沙虎之變。案俗謂虎爲大蟲，"大崇至"者，讖言大蟲至也。"）
至元	《草木子》云："元世祖取《易》'大哉乾元'之義，國號大元，取'至哉坤元'之義，年號至元。"《湧幢小品》稱，大明者，以别於小明王也。是元、明兩代，皆用二字爲號，與大漢、大唐、大宋爲臣下尊奉之辭者不同。又李翊《戒庵漫筆》云："明初惡勝國之號，稱吴原年、洪武原年。"此亦史所未	《草木子》云："元世祖取《易》'大哉乾元'之義，國號大元。取'至哉坤元'之義，年號至元。"《湧幢小品》謂：大明以别於小明王。是元、明兩代皆二字號，與大漢、大唐、大宋爲臣下尊奉之辭不仝。又李翊《戒菴漫筆》言："明初惡勝國之號，稱吴原年、洪武原年"。俱不用元字，亦《史》所

①　當作二年，梁章鉅誤。

（續表）

年 號	《歷代年號》	《元號略》
至元	詳。案元世祖於中統之後，改爲至元，元順帝於元統之後，亦改至元，詔曰："惟世祖皇帝，在位長久，天人協和，諸福咸至，祖述之志，良切朕懷，今特改元統仍爲至元。"御史李好文言年號襲舊，於古未聞，襲其舊而不蹈其實，未見其益，帝不聽。按晉中興與惠帝同號建武，魏太武與太宗同號永興，唐肅宗與高宗同號上元，皆在順帝之前，何云於古未聞耶？	不詳。① 元世祖（八月改元至三十一年） 元順皇帝（十一月改元至六年。帝詔曰："惟世祖皇帝，在位長久，天人協和，諸福咸至，祖述之志，良切朕懷，今特改元統仍爲至元。"御史李好文言年號襲舊，於古未聞，襲其舊而不蹈其實，未見其益。案：晉中宗建武、魏孝武永興、唐肅宗上元，皆襲舊號者，西夏大慶、日本正和亦兩見。豈獨順帝哉？）
彰聖嘉慶	交阯李乾德於宋熙寧五年立，在位六十一年，紀元二，有彰聖嘉慶四字年號。按杭州人有藏《泥金羅漢畫卷》者，署款爲"嘉慶丁卯有髮僧海嵩"。考乾德立於壬子，卒於壬子，丁卯乃乾德十六年，爲宋哲宗元祐二年，海嵩蓋即其國人。其稱嘉慶者，單舉二字也。魏元號太平真君，史止稱真君，宋元號太平興國、大中祥符，錢文只稱太平、祥符，近有著《歷朝紀元錄》者，謂乾德年號嘉慶，殊誤。	交阯李乾德。（日尊子，宋熙寧五年立，在位六十一年，卒謚仁王，改元二。友人藏《泥金羅漢畫卷》，署款爲"嘉慶丁卯有髮僧海嵩"。考乾德立於壬子，卒於壬子，丁卯乃乾德十六年，爲宋哲宗元祐二年，海嵩蓋安南人。其稱嘉慶者，單舉二字也。魏年號太平真君，史止稱真君，宋年號太平興國、大中祥符，鑄錢止稱太平、祥符。西夏、大理四字、六字年號亦有單稱兩字者。丘文學《歷朝紀元錄》謂乾德年號嘉慶，殊未核。）
建文	謝肇淛《五雜俎》云："梁蕭正德改元正平，識者笑之，建文之號	（謝肇淛《五雜俎》云："梁蕭正德改元正平，識者笑之，建文之號

---

① 此段見於《瞥記》，《元號略》刊後，梁氏又有新的發現，遂置於《瞥記》中。

年號	《歷代年號》	《元號略》
建文	亦同御名（惠帝名允炆）。不知方、黃諸君，何鹵莽乃爾！"案梁末帝名友貞，改名瑱，而年號仍用貞明；漢隱帝名承祐，而年號仍用乾祐；西夏趙仁孝父名乾順，而年號亦用乾祐，皆不可解。	亦同御名（惠帝名允炆）。不知方、黃諸君，何鹵莽乃爾！"案梁末帝名友貞，改名瑱，而年號貞明；漢隱帝名承祐，而年號仍乾祐；西夏趙仁孝父名乾順，而年號乾祐，皆不可解。）
永樂	明成祖改元永樂，《五雜俎》云："永樂之號，張遇賢、方臘已再命之，又皆盜賊之靡，何當時諸公失於詳考耶？"	明成祖。（《五雜俎》："永樂之號，張遇賢、方臘再命之，又皆盜賊之靡，何當時諸公失于詳考耶？"）
正德	明武宗改元正德，《五雜俎》云："正德同夏乾順之號，自古以正爲號者，多不利，如梁正平、天正、元至正之類，爲其文'一而止'也。武皇雖終享天位，而海內多故，青宮無出，統卒移之興邸，命名之始，可不慎哉！"	明武宗。（《五雜俎》云："正德同夏乾順之號。"）
泰昌	明光宗於萬曆四十八年八月即位，改元泰昌，九月朔崩。《説鈴・談往》云，昌乃"二日"，是天啟繼之。	明光宗……萬曆四十八年七月神宗崩，八月朔，帝即位，九月朔崩。……從左光斗議以八月至十二月爲泰昌元年。（《説鈴・談往》云，昌乃"二日"，是年天啟繼之。）
崇禎	吳偉業《綏寇紀略》云："崇禎時，有人詣通政司投疏，謂年號宜用古字作'崇'，蓋以山壓宗，故不安，從古文作'崇'，則宗社安於泰山也，人以爲妖言。"	吳偉業《綏寇紀略》："有人詣通政司投疏，謂年號宜用古字作'崇'，蓋以山壓宗，故不安，從古文，則宗廟安於泰山也，人以爲妖言。"

（續表）

年號	《歷代年號》	《元號略》
隆武	明唐王名聿鍵,太祖子唐定王樫之後,順治二年五月,南都亡,六月,王立於福州,紀元隆武,明年八月卒。吳震方《説鈴》云①有無名氏《談往》一册,云隆武乃"降止"也,一年即敗。	明唐王名聿鍵,太祖子唐定王樫之後,順治二年五月,南都亡,六月,王立於福州,明年八月卒。(吳震方《説鈴》有無名氏《談往》一册,云隆武乃降止也,一年即敗。)
通乾	前代有曾擬定元號而後不用者,如唐高宗之"通乾",《唐書》本紀:"儀鳳之三年四月,詔改明年爲'通乾',十二月罷之。"《玉海》云:"以反語不善停。"所謂反語不善者,今不得其解。	唐高宗不用。《唐書·本紀》:"儀鳳三年四月,詔改明年爲'通乾',十二月罷之。"《玉海》云:"以反語不善停。"
豐亨	宋神宗熙寧之末,詔議改元,執政撰三名以進,曰"平成",曰"美成",曰"豐亨"。神宗曰,成字於文"一人負戈",美成者"犬羊負戈",亨字"爲子不成",不若去"亨"而加"元"。遂改元豐。見《容齋續筆》及葉夢得《石林燕語》。	宋神宗不用。熙寧之末,詔議改元,執政撰三名以進,曰"平成",曰"美成",曰"豐亨"。神宗曰,成字於文"一人負戈",美成者"犬羊負戈",亨字"爲子不成",不若去"亨"而加"元"。遂改元豐。見《容齋續筆》、葉夢得《石林燕語》。
風和	莊季裕《雞肋編》云:"潁昌府城東北門内多蔬圃,俗呼菜香門,因更修,見其鐵樞字云:'風和二年六月造。'此不知何代紀元,不見載籍。"孫奕《示兒編》"紀元"一條云:"以天紀者有神雷,以寧紀者有义寧,不知所出。"	莊季裕《雞肋編》:"潁昌府城東北門内多蔬圃,俗呼菜香門,因更修,見其鐵樞鑄字云:'風和二年六月造。'紀元之名,不見載籍。"神電:孫奕《示兒編》"紀元"一條云:"以天紀者有神電。不知所出。"

① "云"字衍,陳鐵民本删。

(續表)

年號	《歷代年號》	《元號略》
重熙	《宋史·汪應辰傳》："孝宗内禪，議改元重熙，應辰謂遼興宗嘗以紀年，遂改隆興。"	《宋史·汪應辰傳》："孝宗内禪，議改元重熙，應辰謂契丹嘗以紀年(遼興宗)，遂改隆興。"
龍興	前涼張駿時，有黄龍見於揖次之嘉泉，左長史氾韓言，宜因龍興改號，以彰休徵，駿不從。《晉書》及《十六國春秋》並載之。	前涼張駿不用，《晉書》及《十六國春秋》有黄龍見於揖次①之嘉泉，左長史氾禕言，宜因龍興改號，以彰休徵，駿不從。
龍虎	師顔《僞南遷録》謂韃有詔與金國，稱"龍虎九年"。按孟珙《蒙韃備録》云，韃人稱年曰兔兒年，曰龍兒年，其時尚未改年立號也。師顔之語不實，姑記之。	《僞南遷録》謂韃有詔與金國，稱"龍虎九年"。案孟珙《蒙韃備録》云，韃人稱年曰兔兒年，曰龍兒年，其時尚未改年立號也。師顔之語不實，姑記之。
神爵	《宋書》載宋世祖大明七年十一月，車駕習水軍於梁山，有白爵二集華蓋，有司奏改"神爵元年"，詔不許。	宋世祖不用。《宋書》大明七年十一月，車駕習水軍於梁山，有白爵二集華蓋，有司奏改"神爵元年"，詔不許。
純熙	宋孝宗乾道九年冬至郊赦，改明年爲"純熙"，已布告天下，後六日改淳熙。或謂出處有"告成大武"之語，故不欲用，或謂純旁作屯，不宜用也。《容齋續筆》、趙彦衛《雲麓漫鈔》及《玉海》並載其事。	宋孝宗：乾道九年冬至郊赦，改明年元爲"純熙"，已布告天下，後六日改淳熙。或謂出處有"告成大武"之語，故不欲用，或謂純旁作屯，不宜用。見《容齋續筆》、趙彦衛《雲麓漫抄》及《玉海》。

① 《晉書》作"揖次"，《元號略》作"揖次"，梁章鉅誤襲之。

（續表）

年號	《歷代年號》	《元號略》
文明	《梁書・太宗本紀》云，帝初即位，制年號，將曰"文明"，以外制强臣（謂侯景）。蓋取《周易》"内文明而外柔順"之義，恐賊覺，乃改爲大寶。	梁太宗不用。《梁書・本紀》：帝初即位，制年號，將曰"文明"，以外制强臣（謂侯景）。取《周易》"内文明而外柔順"之義，恐賊覺，乃改爲大寶。
元慶	唐德宗初擬改年"元慶"，後用季泌①之言，改貞元，合貞觀、開元之名，以取法二祖，見《玉海》。	唐德宗不用。德宗擬改"元慶"，用李泌之言，改貞元，合貞觀、開元之名，以取法二祖，見《玉海》。
天元	唐德宗初擬改年"天元"，後不用。案《玉海》云，"天元"爲周號，而李泌議之。其實周宣帝自稱天元皇帝，非年號也。	唐德宗不用。《玉海》云，"天元"爲周號，而李泌議之。案：周宣帝自稱天元皇帝，非謂年號也。
乾統	宋孝宗曾擬用之，後因契丹已用而更議。案樓鑰《攻媿集・錢端禮行狀》：上問改元事，御筆欲"乾統"，而北朝曾用之（遼天祚），別擬四號以進，遂改乾道。	宋孝宗不用。《玉海》謂：契丹已用而更議。案樓鑰《攻媿集・錢端禮行狀》：上問改元事，御筆欲用"乾統"，而北朝曾用（遼天祚），別擬四號以進，遂改乾道。
炎興	《玉海》云，宋高宗欲用"炎興"，以劉蜀已用而更議。	炎興：季漢孝懷皇帝名禪。（《玉海》炎興應司馬氏之名。）
大慶	《唐書・南蠻傳》載，唐德宗貞元十一年，兵部侍郎韓愈諫討西原蠻，請改元"大慶"，普赦，不納。又見《昌黎集・論黃家賊狀》。又《玉海》載"大慶"，金國。而金實無此號。	唐德宗不用。貞元十一年，兵部侍郎韓愈諫討西原蠻，請改元"大慶"，普赦，不納。見《唐書・南蠻傳》《昌黎集・論黃家賊狀》。又《玉海》大慶，金國。案：金無此號。

---

① 當作"李泌"，陳鐵民本改爲李泌。

年號	《歷代年號》	《元號略》
執中靖國	宋徽宗改年建中靖國,曾肇以唐建中爲疑,欲改建爲執,宋帝不從。案《宋史·王覿傳》:"改元詔下,覿言:'建中之名,雖取"皇極",然重襲前代紀號,非是,宜以德宗爲戒。'帝曰:'梁末禪位,年號太平,太宗不忌也。'"	宋徽宗不用。《玉海》云:建中靖國之紀元,曾肇以唐建中爲疑,欲改建爲執字。案《宋史·王覿傳》:"改元詔下,覿言:'建中之名,雖取"皇極",然重襲前代紀號,非是,宜以德宗爲戒。'帝曰:'梁末禪位,年號太平,太宗不忌。'"

第四節　《誌銘廣例》的内容及貢獻

北宋時期，金石學正式形成並發展興盛。歷元、明兩朝，至清而蔚爲大觀。作爲金石學重要分支的金石義例之學，也隨之逐漸形成體系。元代潘昂霄的《金石例》，被稱爲金石義例學的創始之作。清代著名學者盧見曾將該書與明代王行的《墓銘舉例》、清代黄宗羲的《金石要例》彙編爲《金石三例》，在學界頗有影響。梁玉繩的《誌銘廣例》就是在研讀《金石三例》的基礎上，翻檢前人相關著作，並結合自己所得而寫成的。他認爲三書"標采雜錯，兼多漏略，覽者病之"，因此"别其類而補其疑，摘舊增新，次爲《廣例》二卷"①。可知，梁氏的《誌銘廣例》乃爲補遺之作，是專爲糾謬《金石三例》而作的，體現了他在金石學方面的成就。

《誌銘廣例》二卷，成於嘉慶元年，初刻於嘉慶五年，即《清白士集》的一種。後有光緒三年吳縣朱記榮行素草堂刻本。光緒十一年，朱記榮繼盧見曾《金石三例》之後，輯有《金石三例續編》，收録了光緒三年所刻《誌銘廣例》。光緒十四年彙印《行素草堂金石叢書》、光緒十八年彙印《金石全例》、光緒中朱氏槐盧家塾刻《槐盧叢書初編》，皆收録光緒十一年所刻《金石三例續編》。另外，光緒年間章壽康刻《式訓堂叢書初集》亦收録《誌銘廣例》。光緒三十年孫谿朱氏槐盧家塾又據《式訓堂叢書》版重編《校經山房叢書》，《誌銘廣例》仍在其中。民國二十四年至二

---

① 《誌銘廣例》梁玉繩序。

十六年上海商務印書館排印《叢書集成初編》,收有《誌銘廣例》,
所據也爲《式訓堂叢書》本。

《誌銘廣例》一書,在内容上分爲兩大部分:"體式"和"書法"。
前者六十五條,後者二十三條,共八十八條,從不同的角度對誌銘
進行解説,如"誌銘緣起"、"誌銘解"、"誌銘異稱"三條從總體上説。
"題無定稱"、"題書郡望"、"題用墓字異"、"題與文分兩人"、"題分
兩稱"、"題書文略"、"題書僧姓"、"題書妻合葬",都是對於誌銘的
組成部分"題"的闡釋。"表不用文"、"誌表不叙事實",是對"表"的
具體要求。雖然有近百條並不整齊劃一的義例,但《誌銘廣例》在
内部編排上,並不雜亂無章,而是遵循着一定的順序,由整體到局
部,由抽象到具體:首"誌銘緣起",追溯誌銘發展源流。次"誌銘
解"、"誌銘異稱",解釋誌銘的意義、名稱。"誄全誌銘"、"以別序當
誌銘"、"畫像作誌銘"這三條放在一起,都是講誌銘的替代形式。
可見,梁氏在内容上作了精心編排。

一、對新例的歸納

《誌銘廣例》中,每條義例之前皆有一個小標題,用來揭示該條
内容。這些小標題有的來自前人成説,而大多數是梁氏自己的壓
縮、歸納。如"預乞人作誌銘"是據《金石萃編》的資料總結的小標
題:"《金石萃編》宋乾道五年,袁勃撰和州防禦使楊從義誌銘,公嘗
託門下士朱澔昆季迹其行事,編爲《陞除録》。一日公出示所録,委
勃爲誌。"又如"父爲子撰文:子孫爲祖父撰文并書,金石刻中及唐
宋名家集多有之,不皆請乞他人也。而父爲子撰文并書者,惟唐高
宗爲太子弘作《孝敬皇帝叡德記》一事,見《舊唐書·列傳》。《元文

類》歐陽玄《曾秀才一漢誌銘》，一漢行述，其父似翁所作"。這是從
《舊唐書》《元文類》中搜集資料加以總結。用這樣的一些小標題來
概括該條的内容，提綱挈領。

　　《誌銘廣例》中八十八條義例，皆以小標題的形式總領具體内
容，標題與内容基本上是一致的。但有些標題並不能完全涵蓋内
容，如"一人兩誌銘"，小標題僅指出一人有兩個誌銘，實際上在具
體内容中，所涉及的不止兩誌銘，還有一人三誌銘、四誌銘者："《南
史》梁安成康王秀卒，詔立碑誌，當世高才游王門者，東海王僧孺、
吳郡陸倕、彭城劉孝綽、河東裴子野，各製其文。將擇用之，而咸稱
實録，遂四碑並建。《蔡中郎集》胡廣、陳寔各三碑，橋玄、楊賜、胡
碩各二碑。《水經注》《集古》《金石》二録，《隸釋》張平子、陳球各三
碑，祝睦、郭禧、劉寬、秦頡、趙越、樊重各二碑，魏黃權四碑。則是
東漢以來，固有一人而至三碑四碑者。"可見，標題中的"兩誌銘"只
是部分地揭示内容而已。某些内容又無法歸類，只能附在比較相
似的義例之後，附加說明，如"誌文用君公字"一條，主要討論誌文
中對人的稱呼，不分長幼，皆可以君、公字呼之，其末云："東魏《司
馬昇誌銘》'除懷縣令，春秋冊有一，薨于懷縣。'唐《真化寺尼如愿
律師誌銘》'律師薨于長安真化寺之本院'。令卒、尼卒，稱薨僅
見。"這兩例，與標題"用君公字"並不符合，但因也是關於稱呼的，
所以附在此條末。又如"書碑銜名年月別題：《金石萃編》'開元十
五年，北嶽恒山祠碑，張嘉貞文暨書，文前嘉貞官銜姓名及碑末建
立年號月日爲李克嗣題。此例所剙見，祠廟非墓石，附識之'"。用
《金石萃編》的材料，是關于祠廟立碑之事。祠廟不是誌銘，原不該
收入《廣例》中。但因是一特例，所以梁氏就將其附在此處，並加說
明："此例所創見，祠廟非墓石，附識之"。

二、對舊說的補充

1. 補充王行之說

如"兩人共一誌銘：兩人共一銘，止仲舉曾南豐《二女墓誌》、黃山谷《黃氏二室墓誌》。玉繩案：趙德夫《金石録》有《益州刺史薛君巴郡太守劉君碑》，《隸釋》有《蜀郡屬國辛李二君碑》，葉水心集有《著作正字二劉公誌銘》，有《陳同甫王道甫誌銘》。唐順之爲《賀氏孫楊氏妻誌銘》，見文集。黃梨洲作《余若水周唯一兩先生誌銘》，見《南雷文約》，皆合兩人爲一。此史家全傳體也"。兩人共一誌銘的例子很多，王行只列了曾鞏和黃庭堅二人所撰文，梁氏又補充了不少例子，並指明此例乃同于史家多人同傳之體。

2. 補充黃宗羲之說

如"銘後有系：梨洲云：楊炯《成知禮神道碑》銘後有'系曰'，若楚辭，別自一體。玉繩案：《隸釋·綏民校尉熊君碑》，銘詞之後提行，又有'追叙君兮'一段，《北海相景君》《太守樊敏》《孝廉柳敏》諸碑，銘後皆有'亂曰'一段。楊碑倣漢製也"。黃氏以楊炯所撰碑銘有"系曰"一段，認爲是一創例。梁氏乃追本溯源，知楊炯乃是倣漢製而非自創。此條實爲補充黃宗羲之見。

又如"書女改適：梨洲云：韓文公三女，其長女適李漢，改適樊宗懿。《誌》書'壻左拾遺李漢，聟集賢校理樊宗懿'。聟即壻之別名。此皇甫持正變例也。玉繩案：《文苑英華》張説撰睿宗七女《鄎國公主神道碑》銘云：'求之令族，嬪于薛氏，有男子四、女子五，其後君子晨歌，夫人晝哭，朝制斷恩，改降鄭氏。均養七子，休蔭二宗。'沈亞之《郭駙馬誌銘》'乃汾陽王第四子曖之少子，尚西河公主。西河主前降吳興沈氏,生子男一人'。皆直書不諱,勒諸碑石。
(《唐史·公主傳》有再嫁三嫁者。)又樓攻媿《朝散郎李公誌銘》'女
二人,長適姜處俊,再適夏祖禹,次適登仕郎王祐之'。周益公《靖
州太守李君發誌銘》'一女適右朝奉郎知邕州葛永慶,再適奉議郎
前知南安軍南康縣彭邦光'。葉水心《錢表臣誌銘》'一女先嫁戎知
剛,再嫁某官'。《翁誠之誌銘》'三女。次嫁分水縣令馮遇,遇死,
再嫁進士何某'。陸放翁《王尚書佐誌銘》'女四人。長適溫州平陽
縣主簿梁叔括,叔括卒,再適提舉湖北路常平茶鹽張孝曾'。止仲
云:陳了齋《仁壽縣君高氏誌銘》書'女適某官姓某,再適某官姓
某'。"黃宗羲稱皇甫湜在爲韓愈所撰墓誌銘中對其長女改嫁之事
的敘述方法是一"變例",似乎並不清楚前人在書女改適這一問題
上早已有所界定。梁氏於是補充了大量同類的資料,以廣黃宗羲
之説。

3. 補充其他人之説

如陸遊,"父子共一碑:陸放翁《渭南集·詹朝奉靖之墓表》,
兼述其子長民事,末云:'朝奉公之子阜民,以父兄遺事屬余爲墓
表,且曰愿共爲一碑,而疑古未有比。予謂石元懿公熙載及其子文
定公中立實同一碑,故相蘇魏公所爲也,是爲比。'"陸游以本朝之
例證父子可以共一碑。梁氏則考知漢代已有此例:"《隸釋·鄭固
碑》'大男孟子有揚烏之才,年七歲而夭,建防共墳,配食斯壇。銘
云:嗟嗟孟子,苗而弗毓'。是子祔父葬共一碑,漢已有其例矣。"

又如孫志祖,"兩人分撰誌銘:孫侍御志祖《讀書脞録》云:《北
史·樊遜傳》魏收爲《庫狄干碑叙》,令樊孝謙作銘,陸卬不知,以爲
皆收作。蓋古人碑文,前叙後銘不盡出一人之筆也。《唐工部尚書
來曜碑》,張鎬撰叙,蕭昕撰銘。南唐徐鉉、徐鍇爲人誌墓,亦一撰

叙,一撰銘。並全此例。近見王光禄鳴盛跋葉水心集云:獨孤及
至之《毗陵集》有《正議大夫右散騎常侍贈禮部尚書李季卿墓誌
銘》,至之作誌,尚書右丞賈至幼鄰作銘。《蘇許公瓌墓碑》,盧藏用
作叙,張説作銘。皆一文而兩人共爲之"。孫志祖舉例以證有兩人
分撰誌和銘的先例。梁氏又補充了多例:"王厚之復齋《碑録・梁
太常卿陸倕墓誌》,從子襄序,湘東王蕭繹銘。《隋上儀同楊縉墓
誌》,許善心叙,虞世基銘。《唐李乂碑》,蘇頲序,盧藏用銘。《元希
聲碑》,崔湜序,張説銘。《殷府君碑》,外孫某序,張説銘。《顧少連
碑》,杜黄裳序,韋夏卿銘。"又録《金石文跋尾》《金石遺文》《歐陽公
外集》《華陽集》中所載兩人分撰誌銘者,對孫志祖之説給以廣泛的
補充。

三、對舊説的辨正

1. 駁斥王行之説

如"題與文分兩人:止仲云:'撰文製題皆出一手,無別製題
者'。朱文公《篤行趙君彦遠墓碣銘》云:'福國陳公大書其碣之首
曰:皇宋篤行趙君彦遠之墓。而子某使人奉狀請銘,而刻諸下
方'。則撰文製題出兩人矣"。王行説撰文之人與製題之人一定是
一人而不會有兩人分撰的情況。梁氏舉《篤行趙君彦遠墓碣銘》爲
例,加以反駁。

又如"祖父書號:止仲云:黄山谷《瀘南詩老使君誌銘》'嘉州
生浦,不出仕,號江陽隱君。江陽生回,能詩,自號知非子。知非生
宗簡名能,知人善料事,自號天和子。天和子實生詩老。'例無書
祖、父之自號者,此書之,亦一例。玉繩案:周益公《知潼川府何耕

誌銘》'大父延世,號休菴'。《居士段元愷誌銘》'父沖,字謙叔,自號潛叟'"。王行説"例無書祖、父之自號者",於是梁氏舉出前例來予以反駁。

2. 駁黃宗羲之説

如"不書妻而書妾:梨洲云:婢妾所生之子,書其子,不書其母。古例皆然。至元而壞之。玉繩案:柳河東《秘書郎姜君墓誌》'子某,年若干,母曰雷姬'。則有不書妻而書妾者矣。周益公《宋待制誌銘》'生母令人崔氏',《胡泳誌銘》'事所生母袁氏盡敬'。固有書妾者矣。止仲舉陳後山《魏嘉州墓銘》既書兩母之氏封,又特書所生何氏,別封旌德縣太君,以其有封也。他若柳河東《太府李卿外婦馬淑誌》'氏曰馬,字曰淑,生廣陵。母曰劉,父曰總。李君納爲外婦。卒年二十四'。元微之《葬妾安氏誌》'予稚男荆母曰安氏,字仙嬪'。韓魏公《安陽集》有《太夫人胡氏墓誌》,乃專爲其人而作,故備書之耳"。黃宗羲説古皆無書妾之例,直到元朝這個慣例才被破壞掉。梁氏並不認同此點,他舉出元朝之前的唐、宋時期已經有書妾之例,從而有力地反駁了黃氏之論。

又如"生卒書時:梨洲云:凡書生卒,止書某年某月某日,不書某時。案朱文公《劉樞密墓記》《范直閣墓記》皆詳書其生之年月日時。止仲舉之矣。玉繩案:梁簡文帝《陶先生墓誌銘》'大同二年三月十二日癸丑巳時,華陽洞陶先生蟬蜕于茅山朱陽館……'則六朝以來已有書時者矣。"黃宗羲説例無書時者,梁氏舉梁朝之例以駁之。

3. 駁斥其他人之説

如歐陽修,"撰人書人篆蓋人列名前後:歐陽公爲尹師魯作誌銘,與尹林書曰:'刻石時首尾更不要留官銜、題目及撰人、書人、刻字人等姓名。晉以前碑皆不著撰人姓名,此古人有深意,久遠自知。篆蓋，衹著"尹師魯墓"四字'。其告之詳如此。然所謂古人深意，却不解何意。玉繩案：東漢石刻，未嘗不列撰書及鐫字姓名，如《隸釋》《隸續・敦煌長史武斑碑》，末一行云'紀伯允書此碑'。《堂邑令費鳳碑》，其妻弟卜君作……至刻字人如石經陳興。《樊敏碑》'劉盛息悰書'……以後刊匠不可枚舉。是知此例實始于漢，何論魏晉，特款式與今多異耳"。歐陽修認爲碑上不應有撰人、書人、刻人姓名，並稱晉以前就没有。梁氏則列舉了多例以駁之，不僅古時有撰、書、刻人姓名的先例，而且早在晉以前就有了。

又如王昶，"書人脱誤不改：王蘭泉云：《唐張昕墓誌》'祖宗，隋襄城郡守，和、易二州刺史。祖勣，朝散大夫上柱國行閬州西水縣令。父元祎，中大夫行寧州長史'。昕之曾祖名宗，失寫'曾'字。後云'窆葬於京城南杜城東二百步舊塋之禮也'，'禮'上亦有脱字。又《李光進碑》'旬有八日'下多書'者'字，旁用點抹去。古人依文入石如此。玉繩案：《義興周夫人誌銘》'以兹吉辰赴杜城東郊之禮也'。《孫志廉誌銘》'合葬府君夫人于長樂原之禮也'。《張安生誌銘》'別兆葬于龍首原之禮也'。《王訓誌銘》'遷厝萬年縣滻川原之禮也'。《真化寺尼如愿誌銘》'法葬于長安城南畢原塔之禮也'。蓋唐時自有此文法，非字之脱。至石刻中誤字脱字，不可枚舉，大抵皆仍而不改爾"。王昶以爲張昕墓誌中有脱字，梁氏專門針對王昶所指出的"禮"上有脱文一説，舉多例證非脱文，不過是一種文法而已。

四、對舊説的探源

某一種觀點、説法，或者出於某人的創見、總結，或者是後人引用了前人的成説。乾嘉學術强調立論必須有據，梁氏在《廣例》中秉承了這一風格，凡是有淵源遞承關係的結論，都予以揭示申明。對某一材料，必追本溯源，發明其繼承關係。如"誄全誌銘：梨洲云：'誄亦乃納於壙中，故柳州虞鶴鳴誄云：追列遺懿，求諸后土。誌銘亦可謂之誄。元鄭師山爲洪頤誌銘云：其門人俞溥狀其言行，俾爲之誄，以識其葬。'玉繩案：《金石録・費鳳碑》'追而誄之'，《隸釋・景君銘》'乃作誄曰'，《隸續・嚴訢碑》'故著名誄'，是以誄爲銘也。《校官碑》前稱'誄曰'，是又以誄爲散文，以叙爲銘也。柳、鄭蓋用漢例"。黄宗羲書中所載柳、鄭的材料，乃誄全誌銘的具體事例，但誄全誌銘却並非首創自柳、鄭二例，遠在漢代已有，柳、鄭也是沿襲漢例而已。

又如"以別序當誌銘：司馬温公序劉道原《十國紀年》，不復志其墓，令其子義仲即以《序》勒石納諸壙，此創例也。全謝山太史祖望作錢退山侍御《東村集序》，即援此例，以《序》納之墓中"。揭示全祖望"以序納之墓中"之事的前人成例，與司馬光一例相承。

又有揭示某書中所用材料的出處者，如"書先世異稱：梨洲云：'范育《吕和叔墓表》稱曾祖爲皇考，祖爲王考。庾承宣爲《田布碑》稱曾祖爲大王父。柳州《柳府君墳前石表辭》稱高祖王父，曾祖王父，祖王父。'玉繩案：高祖曰高門，見《唐段行琛碑》。曾祖曰曾門，亦見《行琛碑》及《唐濟度寺尼惠源誌》。叔祖母曰季祖母，見《漢曹全碑》"。對黄宗羲所舉之材料，一一指明出處。

五、對舊説的承用

梁氏於書中所舉之例並非皆爲己之創見，有時也用王行、潘昂霄書中原文以充之。用王行原文者如"表不用文：韓文公《施州房使君鄭殯表》用七言詩十句而無文，止仲以爲變例"。用潘昂霄原文者如"兼書碑陰：唐開元時，立後周尉遲迥廟碑，閻伯璵叙，顔眞卿銘，蔡有鄰書並陰，謂兼書碑陰也。此例未見。蒼崖舉之"。有時又用黄、王等人的材料作爲立論依據。如"書子不書妻：……梨洲云：書子不書妻，周隋間多有之，至唐，如孫逖誌李暠、獨孤及誌姚子彦，皆然"，用黄宗羲原文作依據。"書女改適：……止仲云：陳了齋《仁壽縣君高氏誌銘》書女適某官姓某，再適某官姓某，"用王行文爲依據。

　　同時，爲給義例提供充分的證據，梁氏常常大量引用古書原文，從而使得該書具有一定的文獻價值。如"撰銘如誌"一條，爲補充王行、黄宗羲之説而大量列舉誌銘原文："撰銘如誌：叙事在韻語中，此體蓋始于韓文公《劉統軍碑》。止仲、梨洲所舉韓、柳、歐、王諸篇，世系、名字、鄉邑、歷官、壽年、葬地，雖見於銘，然皆短章數韻，兹不重述，只取序略銘詳者數家摘而載之。"先指明王行、黄宗羲所舉之例過於簡短，所以才要補充幾篇內容豐富詳細的誌銘。後列數章撰銘如誌之文，皆長篇大論，有《劉統軍碑》《梅公神道碑》《虞部郎中晁君誌銘》《京東提點刑獄陸君誌銘》《王仲儒墓誌》《吳郡君誌銘》《倉部郎中王公誌銘》《林府君誌銘》《宜人汪氏墓銘》，都是以四字韻語述墓主生平事跡。《元文類》所載姚燧《故民鍾五六君誌銘》又用七言韻語。這些墓誌銘，梁氏皆不辭繁複，一一列出原文。又如"誌用也字體"一條，備列王安石《度支郎中葛公誌銘》原文，長達八百餘字。"撰人書人篆蓋人列名前後"一條中，明確説引用《金石萃編》中的內容："因就《金石萃編》所載摘舉數條。"可以説，《誌銘廣例》既是體現梁氏金石學觀點的著作，同時也是各種墓誌銘材料的彙編，具有較强的文獻價值。

六、《誌銘廣例》的學術貢獻

《誌銘廣例》是對金石義例的考證之作，既體現了梁氏的金石學成就和觀點，也是對前人的研究的推進和完善。

元代潘昂霄《金石例》主要是對文章文體的歸納，而非專門針對金石義例進行探討。但後人以其書爲基礎，不斷充實擴展，於是逐漸出現了金石義例之學。至明代王行的《墓銘舉例》，乃專爲糾正《金石例》的不足而作。清代金石學進一步發展，黄宗羲《金石要例》就是這種發展的代表作。盧見曾將三書彙編爲《金石三例》，更掀起了學者對金石義例之學研究的熱情。梁玉繩的《誌銘廣例》正是在這樣的背景下出現的。梁氏針對《金石三例》而作《誌銘廣例》，因此，書中有大量内容是對《金石例》《墓銘舉例》和《金石要例》的糾誤和補充，考證精細，分析透徹。他在繼承前人成果的基礎上，歸納出多條金石義例，並以精煉的小標題予以明確，從而豐富了金石義例的内容，也爲後人的研究提供了便利。此外，他又旁搜廣覽，涉及關於金石義例的多部著作，對這些著作和其中觀點的辨析，也有助於學術的進一步發展。總之，作爲清代金石義例之學的代表作，《誌銘廣例》在擴大研究範圍，促進清代金石義例之學的日趨完善方面，具有重要的學術價值。

第六章 《呂子校補》《瞥記》
與《蛻稿》

第一節 《呂子校補》的内容及價值

乾嘉時期的學者在對經、史古代典籍進行整理的同時，對先秦諸子著作也作了大量的校注、輯佚和辨偽工作。汪中、畢沅、孫星衍等人，是其中的傑出代表。梁玉繩的《呂子校補》，正是參與畢沅對子書《呂氏春秋》的整理工作而產生的。乾隆五十三年，畢沅組織校刻《呂氏春秋》，對該書進行了一番系統的整理。書前列"書内審正參訂姓氏：余姚盧文弨紹弓、嘉善謝墉昆城、嘉定錢大昕曉徵、仁和孫志祖詒穀、金壇段玉裁若膺、江陰趙曦明敬夫、嘉定錢塘學源、陽湖孫星衍淵如、陽湖洪亮吉稚存、仁和梁玉繩燿北、錢塘梁履繩處素、武進臧鏞堂在東"。可知該書匯集了當時諸多著名考據、訓詁學家的研究成果，具有重要的學術價值。

畢沅校刻《呂氏春秋》，梁玉繩參加了校讎工作。然後，他重讀該書，並把自己校過的部分仔細分析研究，又有不少發現和心得，於是匯爲二卷，名《呂子校補》。他原打算呈於畢沅，以補遺的形式附於《吕氏春秋》後，未果。

《吕子校補》成書後，收入梁氏嘉慶五年所刻《清白士集》中。光緒年間章壽康刻《式訓堂叢書初集》予以收録。光緒三十年吴縣朱記榮槐盧家塾據《式訓堂叢書》版重編爲《校經山房叢書》，仍收《吕子校補》。光緒十二年，嘉興陳其榮將《瞥記》和《庭立記聞》二書中對《吕氏春秋》的考證内容二十八條採録出來，成《吕子校續補》一卷，囑朱記榮附刊於《吕子校補》之後，朱氏從陳氏之意，於光緒中刻《槐盧叢書二編》時，即收《吕子校補》二卷《續補》一卷。後《周秦諸子斠注十種》也收録了《吕子校補》二卷《續補》一卷（《吕子校補》據《槐盧叢書》本印，《續補》據《清白士集》本印）。

一、《吕子校補》的主要内容

《吕子校補》是對畢沅校《吕氏春秋》的研究，主要針對者有三：《吕氏春秋》原文，高誘注文，畢沅等人的校文。現就這三者一一展開討論。《吕氏春秋》之注，自東漢高誘之後，其他注釋之作，或者單篇散段，或者簡單膚淺，皆無出其右者。因此高誘注與《吕氏春秋》的關係非常密切，畢沅校《吕氏春秋》，對高注亦用力不少。梁氏的《吕子校補》對高誘注文的考證是一個重要部分。

1. 闡釋《吕氏春秋》文意

對《吕氏春秋》中的某段文辭或某個詞語，梁氏會進行深入的闡發，揭示該詞句背後的深層含義並解釋用該詞的原因。如"魯公以削，至於覯存。三十四世而亡"，梁氏説："此及《史·魯世家》《韓詩外傳》十皆作三十四世，蓋不數伯御一代也。《淮南·齊俗》作三十二，《氾論》作三十六，並誤。"魯國國君的承襲，《吕氏春秋》説三十四世，對這一論斷，梁氏是持肯定態度的。按《史記·魯周公世家》所載，周武王"封周公旦於少昊之虛曲阜，是爲魯公"，故魯國自周公開始，後之君主依次是伯禽、考公、煬公、幽公、魏公、厲公、獻公、真公、武公、懿公、伯御、孝公、惠公、隱公、桓公、莊公、閔公、釐公、文公、宣公、成公、襄公、昭公、定公、哀公、悼公、元公、穆公、共公、康公、景公、平公、文公、頃公，共三十五位國君。而《吕氏春秋》却作三十四世，對此，梁氏作出解釋爲不數伯御一代。伯御爲弑篡者，故不數之。《史記》也説"魯起周公至頃公，凡三十四世"，也是未將伯御算在内。

又如《吕氏春秋》稱："《商書》曰：'五世之廟可以觀怪，萬夫之長可以生謀。'"梁氏説："《困學紀聞》二以爲吕氏引《書》舛異。案《喪服小記》'王者立四廟'，鄭注'高祖以下，與始祖而五'。《王制》'天子七廟'，鄭注'此周制，殷則六廟'。《疏》曰'殷五廟，至子孫六'。此所引《逸書》，蓋在成湯之世也。惟王肅不以七廟爲周制。謂天子立七廟，高祖之父及祖，並始祖及親廟四。先儒皆不從之。《書·咸有一德》改五世作七世，乃晚出之僞古文，獨與王肅合，豈足據哉。"按《困學紀聞》卷二稱："《吕氏春秋》引……《商書》曰：'五世之廟可以觀怪，萬夫之長可以生謀。'……其舛異如此。"梁氏以《王制》孔疏爲據，認爲殷商初期天子僅五廟，《吕氏春秋》所引之《商書》正是殷商初期成湯在位時的古籍，因此有"天子五廟"之説。以此來釋《困學紀聞》之疑，闡明《吕氏春秋》的原意。

另外還有這樣一種情況，即《吕氏春秋》没有明白説出的地方，梁氏據他書加以申明。如"孔子之弟子從遠方來者，孔子荷杖而問之"，梁案："《賈子·容經》篇載此事，作'子贛謁孔子'。"《吕氏春秋》中並没有指明從遠方來的弟子是哪一個，梁氏引《賈子》所載以明之。

2. 探究《呂氏春秋》立説之源

對《呂氏春秋》的某些説法，揭示其來源出處。如"宋桓司馬有寶珠，抵罪出亡。王使人問珠之所在，曰：'投之池中'。於是竭池而求之，無得，魚死焉"，梁案："《左傳》哀十一年，太叔疾臣向魋納美珠焉，與之城鉏。宋公求珠，魋不與，由是得罪。此文遂附會之耳。"《左傳》中有關於宋公向臣下索寶珠的記載，《呂氏春秋》並未引用《左傳》原文，但採用了這個典故加以敷演。梁氏揭示出《呂》文與《左傳》文的淵源關係。

又如"江河之大也，不過三日。飄風暴雨，日中不須臾"，梁案："處素云：老子曰'飄風不終朝，驟雨不終日'，此襄子語義所本。《説苑·叢談》云：'江河之溢，不過三日。飄風暴雨，須臾而畢。'又本此文。"此處用梁履繩的話既揭示襄子之語的本源，同時又指出他書對《呂覽》所載該語的引用。但由於履繩僅是指出襄子本於老子，却並未指明《呂覽》中所載襄子之語的確切來源。後來，玉繩又考證出該語首見於《列子·説符》，其子將這一發現録入《庭立記聞》，陳其榮又彙編進《呂子校續補》："'江河之大'四語，《列子·説符》載襄子此語。此《呂覽》襲《列子》也。"經過長期的考證，終於使這一問題明了。

3. 對《呂氏春秋》再作發揮

作爲先秦時期一部彙集了衆家之説的著作，《呂氏春秋》具有很高的學術價值，其中不少資料被後世學者利用，梁氏即發掘出一些具有開創意義的材料，從而考訂某些制度、規則的起源。如《懷寵》"皆益其禄，加其級"，梁案："後世百官加級始見此。"揭示對加級制度的記載始於《呂氏春秋》。又如"爲石銘置之壟上",梁案：
"據此,則秦時已有碑表矣。"

又有些記載僅見於《呂氏春秋》,而他書未載,梁氏因此揭示出
《呂氏春秋》對文獻的保存之功,如《察今》"良馬期乎千里,不期乎
驥驁",梁案："驥、驁二字,僅見《別類》云'驥驁綠耳'。"《別類》爲
《呂氏春秋》的一篇,此揭示僅見於《呂氏春秋》之文詞。再如"瞽叟
乃拌五弦之瑟,作以爲十五弦之瑟。命之曰《大章》",梁案："瞽叟
有功於堯樂,不得概以頑目之矣。下文言'周公逐象至江南,乃爲
《三象》之樂'。他書亦未見。"揭示了《呂氏春秋》所存未見於他書
之材料。

梁氏又據《呂氏春秋》所載以作探討,如《本味》"說湯以至
味",梁案："《漢·藝文志》'小説家'有《伊尹説》二十七篇,《史·
司馬相如傳》索隱稱應劭引伊尹書,《説文》'櫨'字、'耗'字注亦
引伊尹之言。豈《本味》一篇出於《伊尹説》歟？然孟堅謂其語淺
薄,似依託也。"由《呂氏春秋》所載伊尹説湯之事引出對《伊尹
説》的探討。

4. 考證《呂氏春秋》姓氏、地理

對《呂氏春秋》中的姓氏、地理等也都有所考證,如"索盧參,東
方之鉅狡也",梁案："《通志·氏族略》五：'索盧,復姓。'"《呂子校
續補》："范書《獨行傳》有索盧放,章懷注'索盧,復姓也'。"考證"索
盧"這一姓氏。又如"子張,魯之鄙家也",梁案："子張,陳人,而以
爲魯者,張氏顓孫,《通志·氏族略》三謂出陳公子顓孫,《左傳》莊
二十二年顓孫奔魯,張蓋其後。"考證子張的祖先。再如"武王至鮪
水",梁案："《水經·河水五注》：'鞏縣北有山臨河,謂之崟原丘,其
下有穴,謂之鞏穴,直穴有渚,謂之鮪渚。河自鮪穴已上,又兼鮪

稱。武王伐紂至鮪水，即是處也。’”考證地理①。

5. 校正《呂氏春秋》譌文

對《呂氏春秋》的某些説法，梁氏有不認同者，則予以反駁糾正。如《去私》“晉平公問於祁黄羊曰：‘南陽無令，其誰可而爲之？’祁黄羊對曰：‘解狐可。’”梁案：“即《左氏》祁奚請老一事。奚字黄羊，惟見此。既誤以悼公爲平公，復誤以軍尉爲南陽令，與《韓子·外儲説左下》言解狐薦其讎邢伯柳于簡主爲上黨守，《韓詩外傳》九言解狐薦荆伯柳于魏文侯爲西河守，同一繆傳。高不糾其失，何也。”按《左傳》成公十八年：“二月乙酉朔，晉侯悼公即位於朝。始命百官……祁奚爲中軍尉，羊舌職佐之。”襄公三年：“祁奚請老，晉侯問嗣焉。稱解狐，其讎也，將立之而卒。又問焉，對曰：‘午也可。’於是羊舌職死矣，晉侯曰：‘孰可以代之？’對曰：‘赤也可。’於是使祁午爲中軍尉，羊舌赤佐之。”可知，所謂的晉侯乃晉悼公，所問之事乃關於祁奚退職後，中軍尉一職的人選。因此，梁氏指出《呂氏春秋》之“晉平公”當爲“晉悼公”之誤，“南陽令”乃“中軍尉”之誤。

又如“孔子徑庭而趨，歷級而上。曰：‘以寶玉收，譬之猶暴骸中原也。’”梁氏據《左傳》所載以駁之：“《左》定五年，季平子卒，陽貨將以璵璠斂，仲梁懷弗與，曰‘改步改玉’。”從而知《呂氏春秋》乃誤陽貨爲孔子。再如“魯惠公使宰讓請郊廟之禮于天子，桓王使史

---

① 沈祖緜曰：“洧水見《詩·鄭風·溱洧》。《史記·蘇秦傳·正義》‘洧水在新鄭東南，流入穎。’本書《離謂篇》‘洧水甚大，鄭之富人有溺者’。則洧水在鄭，可知鮪、洧古通。”陳奇猷曰：“以地理考之，梁説近理。此鮪水當非流經新鄭之洧水。《史記·殷本紀》殷商屢遷都，但自帝武乙自亳徙河北以後直至帝紂未見遷徙，帝紂當仍居河北，則武王伐紂當不必經洧水可知。書傳言武王觀兵孟津、會諸侯，孟津正在《水經注》所指洧水之上。”《呂氏春秋校釋》第931頁。

角往。"梁案:"桓當作平。惠公卒於平王四十八年,與桓王不相接。《竹書》請禮,在平王四十二年。"指出其中文字之誤。

6. 申明高注之義

高誘的某些注釋,單從文字表面看也許不足以掌握其全部的意義。梁氏於是進行了細緻的解説,揭示其中的深層含義。如高注:"五蛇以喻趙衰、狐偃、賈他、魏犨、介子推也。"梁案:"五蛇以比五士,當取狐偃、趙衰、賈他、魏犨、胥臣爲五,此與《左傳》及杜注、《史·晉世家》及索隱所説各異。蓋因下云'一蛇羞之,槁死中野',故去胥臣而數介推耳。"高注"五蛇"與他書所解不同,因爲將胥臣換爲介子推,梁氏對這種變換給以解釋:《吕氏春秋》録介子推所作《龍蛇之歌》,其中有"四蛇從之,得其露雨。一蛇羞之,槁①死于中野"之句,高誘是因"一蛇"而將介子推作爲五蛇之一的。

7. 指出高注所本

《吕子校補》中,梁氏多次指出高誘注出自某書某篇,雖然不一定完全準確,高誘也許綜合了前人的多部著作,也許總結了以前的多種説法而得出結論。但梁氏却爲我們追本溯源、尋求本根,體現了其言必有據、實事求是的學術風格,同時也具有一定的索引功能。如高注"烏獲,秦武王力士也",梁案:"注本《史記·秦本紀》。"按《史記·秦本紀》有"武王有力好戲,力士任鄙、烏獲、孟説皆至大官"之語,高注當是本此説。

---

① 梁玉繩認爲橋乃槁之譌,故案語中作"槁死中野"。而高亨曰:"橋借爲槁。槁,枯也。橋、槁古通用。《詩·山有扶蘇》'山有橋松',《釋文》'橋,鄭作槁',即其證。《詩·般》'墮山喬嶽',唐本《玉篇》山部引'喬'作'高',《儀禮·士昏禮記》'笄纚被纁裳加於橋',鄭注:'今文橋爲鎬。'《莊子·列御寇》篇'槁項黄馘',《釋文》'槁'作'矯',亦並其佐證。"陳奇猷曰:"高説是。《韓非子·説疑》'此十二人者,或伏死於窟穴,或槁死於草木',是'槁死'系古人恒言。"《吕氏春秋校釋》第630頁。

又如高注"《傳》曰善進善"，梁案："《傳》見《晉語六》韓獻子之言也。"《國語·晉語六》載韓獻子告誡趙武之語："成人在始與善。始與善，善進善，不善蔑由至矣。始與不善，不善進不善，善亦蔑由至矣。"再如高注"蓋所謂'旱則資舟，夏則資皮'，備之也"：梁案："二語出《越語》。"按《國語·越語上》載文種語："臣聞之賈人，夏則資皮，冬則資絺，旱則資舟，水則資車，以待乏也。"

8. 補充高注之缺

有的詞句不只有一個意義，有的文段不僅有一種解釋。高誘從某一個角度出發來做解說，但沒有從其他的角度進行闡述。梁氏就將他書所載的不同說法列出，給以補充。如《呂氏春秋·孟春季》有"其味酸"句，高誘注"酸者，鑽也"，梁案："《淮南·時則》注仝。《周禮·天官》瘍醫以酸養骨。鄭注：酸，木味。木根立地中，似骨。釋曰：木立地中，似人之骨立肉中。義亦精。"對於"酸"字，高誘已釋之，梁氏又補充了他書對該字的注釋。

又如"犧牲無用牝"句，高注釋爲"尚蠋潔也"，梁氏云《月令》注爲傷妊生之類"，列上了《月令》對"犧牲無用牝"的另一種解釋。再如高誘注"耦沙"爲"淤沙爲耦，蓋地名也"，梁案："《漢·地理志》及《說文》，澗水出趙國襄國縣之西山。師古音耦。《寰宇記》五十九，澗水在邢州沙河縣西北七十一里，俗名沙河水，即耦沙也。"補充有關該地名的材料。

9. 糾正高注之誤

《呂子校補》中，對高誘注的考證占了三分之一的篇幅。其中對高注之誤的糾正是最主要的內容。

（1）人物之誤：高注對人物身份或人物之間關係有錯誤認定，如"朱襄氏，古天子炎帝之別號"，梁案："朱襄在炎帝前，《易·繫辭》疏、《初學記》九並引《帝王世紀》言朱襄等十五氏襲包犧之號，《御覽》七十八載《遁甲開山圖》全，蓋《世紀》所本，亦不定是天子，疑皆太昊氏之臣也，安得以爲炎帝別號乎?"梁氏認爲朱襄氏乃太昊帝之臣子，非炎帝之別號，高注將人物誤爲姓氏。

又如《呂氏春秋》"解在乎白圭之非惠子也"，高注："白圭，周人也。"梁案："白圭有二，一在魏文侯時，圭是其名，周人。《史·貨殖傳》所謂'觀時變治生'。《鄒陽傳》所謂爲魏取中山者也。一與惠施並時，名丹，字圭，魏人。《孟子》所謂'治水以鄰國爲壑'。《韓子·喻老》所謂'行堤塞穴'者也。此及趙岐注並云周人，恐誤。揚子《法言》曰'子之治産，不如丹圭'，則已先錯合爲一人矣。"梁氏不僅指出高注對"白圭"身份的認定有誤，而且追溯了造成這種錯誤的淵源。（關於白圭身份，梁氏在《人表考》中亦有考證，參前第二章第二節。）

（2）地理之誤：高注對地理方面的錯誤判斷，如《呂氏春秋》"乃稅馬於華山"，高注："在華陰南，西嶽也。"梁案："華山乃陽華山，在今陝西商州雒南縣東北，非太華西嶽也。閻百詩《尚書古文疏證》卷六下辨之甚明。"對《呂氏春秋》提到的華山，高誘以爲即西嶽華山，梁氏以閻若璩之說爲據，指出非西嶽華山，而是山西之陽華山。

又如高注："秦周，齊城門名也。"梁案："注'秦周，齊城門名'，東吳惠氏據之，謂《左傳》襄十八年'秦周'即此，以杜注'魯大夫'爲非，其說似勝。曰：惠氏是也。魯從晉伐齊，帥師者爲季武子、孟莊子。即有秦周其人，亦偏裨下僚，安得主兵？且《傳》云'十一月丁卯朔入平陰，遂從齊師。十二月戊戌及秦周，伐雍門之荻。己亥，焚雍門及西郭、南郭。壬寅，焚東郭、北郭。甲辰，東侵及濰，南及沂'。文法一例,則秦周之非人名審矣。唯秦周當是近雍門之地名,高誘以爲城門名,恐未然。考《齊記》,古齊城,其西曰雍門,西北曰楊門。杜注亦欠明。"首先,《呂氏春秋》中的這個秦周非人名。其次,高誘注"城門名"亦不確,梁氏認爲當指地名①。

(3) 認識之誤:高注對某些文句的理解有誤,如"命僕及七騶咸駕",高注:"七騶,於《周禮》當爲趣馬,掌良馬駕税之任,無七騶之官也。"梁案:"蔡邕《月令問答》云'七當爲六',而鄭注'七騶'謂趣馬,主爲諸官駕説者。疏引皇甫侃曰'天子馬六種,種別有騶,則六騶也,又有總主之人,並六騶爲七,故爲七騶'。高與蔡義全非。"高誘認爲古無"七騶"之官,《呂氏春秋》中的"七騶"乃《周禮》"趣馬"之誤。梁氏引孔穎達《禮記正義》"七騶"之説爲據以駁高氏②。

又如《貴因》"賢者出走矣",高注:"謂箕子奔朝鮮。"梁案:"此謂向摯、太師疵、少師彊之類。箕子封朝鮮,乃商亡後事也。"高誘對《呂氏春秋》之文的理解有誤,將"賢者"誤以爲是箕子。

(4) 字詞之誤:高注對字詞的注解有誤。譌文如高誘序"乃集儒書,使著其所聞",梁案:"《意林》注作儒士,是也,書字譌。"指出"書"乃"士"之譌。

---

① 　陳奇猷認爲高注無誤,梁氏有誤,他説:"惠氏棟説見其所著《左傳補注》,其説至確。高誘謂秦周爲齊城門名,必有所據。考《韓非子・外儲説右上》謂田成氏施德於民,'秦周之民相與歌之',秦周之民謂居於秦周城門下屬於上層階級之市民,比之則如居稷門下之士謂之稷下士,詳余所著《韓非子集釋補》頁二十四。秦周之爲齊城門名,不容置疑矣。梁氏謂近雍門之地名,無據。"《呂氏春秋校釋》第876頁。

② 　陳奇猷曰:"趣馬職亦見《夏官》。騶、趣同。《荀子・正論》'騶中《韶》《護》',楊注:'騶當爲趨(同趣)。'《漢書・古今人表》有趣馬蹶,蓋'趣馬'者,以官爲氏,顏師古注云:'趣音子後反',是顏讀趣騶,並其證。然則趣馬即騶馬。以天子馬六種,各以一騶馬掌之,加一總主之騶馬,故謂之'七騶馬',省稱則爲'七騶'矣。高謂'無七騶之官',非。"《呂氏春秋校釋》第475頁。

脫文如"中行寅染于黃藉秦",高注:"寅,晉大夫中行穆子之子荀子也。"梁案:"注中'荀子'當作'荀文子',中行寅即荀寅,亦稱中行文子也。"指出高注脫一"文"字。

詞義如《長攻》"我死已葬,服衰而上夏屋之山以望",高注:"服衰,謂朞年,勿復三年也。"梁案:"《史·趙世家》因《左傳》'趙孟降於桑食'之文,謬謂簡子居定公喪,改三年爲朞。高氏仍《史》誤。而又移爲襄子居父喪朞年。其實服衰者,謂服未除也。觀下'服衰以遊'可見。"對"服衰"一詞的解釋,梁氏認爲高誘沿襲《史記》之誤,謂乃將喪期由三年改爲一年之義。實則當爲"服未除"之義。

10. 補充畢沅校語

《吕子校補》是梁氏參加畢沅組織校刻《吕氏春秋》的產物,因此,對畢校本特別是自己所作校語的重讀和考訂是《吕子校補》的重要組成部分。當時參加審正工作的人很多,爲稱説之便,除個別指明校者姓名外,其餘皆統稱爲"畢校"。畢校對《吕氏春秋》和高誘注文作了不少的注解,梁氏又在這些注解的基礎上增加了一些材料,爲畢校尋找到更多依據以副翼之,從而更加有力地證明了畢校的正確性,也豐富了畢校的内容。

(1)用字:如《誠廉》"阻丘而保威也",畢校:"疑是阻兵",梁案:"《莊子·讓王》正作阻兵。"爲畢校之尚不確定者下定論①。高注如"高位實疾顛",畢校:"《周語》文。今本依宋庠改作僨,誤。誘注《知分》篇,亦是顛字。"梁案:"《必已篇》注亦引《傳》曰高位疾

① 陳奇猷云:"《左傳》隱四年:'衛州吁阻兵而安忍,阻兵無衆,安忍無親。'杜注'恃兵則民殘'。《後漢書》七十八《應劭傳》:'阻兵安忍,僵死道路'。李賢注'阻,持也'。由此可知,'阻兵'係古人恒言。"《吕氏春秋校釋》637頁。

顛。"畢校認爲今本《呂氏春秋》高注"顛"作"債"誤，梁氏又爲之增添一條證據。

（2）字音：高注"趨濟民而已"，畢校"趨與取同"，梁案："趨讀曰促，言急於濟民。"對"趨"字的讀音，梁氏作了進一步論説。

（3）字形：如《呂氏春秋》"姁姁焉相樂"，畢校"後作區區"，梁氏又列出了不同書中對同一字所用的不同的字形："後《務大篇》作區，乃嘔之省。姁、呴、嘔、煦並仝。"

又如《首時》"亦不忘王門之辱"，畢校："'王門'即'玉門'，古以中畫近上爲'王'字，'王'三畫正均即'玉'字。"梁案："《竹書》'夏發元年，諸夷賓于王門'。與此仝。考《周禮·九嬪》'玉齍'注'故書玉爲王'。《逸論語》有《問王篇》，《荀子·王霸》云'改王改行'，並是玉字。本書《過理篇》'公玉丹'亦作'公王丹'。"梁氏舉出"玉"字和"王"字互用的例子，以呼應畢校之説。

（4）詞義：如《論人》"馬利致遠，復食而不倦"，畢校："'復食'二字未詳。"梁案："復食者，行遠而後食，不以中途飢疲索食也。俗謂馬劣者爲奔槽。"①畢校不明"復食"之義，梁氏補充説明。

又如高注"舍采"云："舍，猶置也。初入學官，必禮先師，置采帛於前以贊神也。《周禮》'春入學，舍采合舞。'"畢校："舍采，《月令》作'釋菜'。鄭注《學記》：'菜謂芹藻之類'，與此注異。"梁案：

---

① 范耕研曰："'復食'即'後食'之譌，惟後食當係指御者言，梁謂指馬，似誤。"陳奇猷曰："'復食'不誤。《説文》'復，往來也'。是復有去而返回之義。《韓非子·外儲説左上》云'今返而御'，猶言今去他處，返回而後進食（詳《韓非子集釋》）。'反御'即此'復食'也，明'復食'自是古人恒言。'致遠復食而不倦'，蓋謂其御之善，使車馬輕而快，既致遠道，而又需時甚少，僅食時即可返還，且不覺疲倦也。每日三餐，早食後而去，則中午即是復食之時……每日三餐者，中午爲早食後復食之時，暮食則爲日食後復食之時也。"《呂氏春秋校釋》第166頁。

"贄帛，古禮也。似勝鄭注。此與《周禮・春官》'大胥'作'采'，蓋菜、采古通，故《月令》《文王世子》作'菜'。又《天官・夏采》，釋文或作菜。《隸釋・帝堯碑》以眉八采爲八菜也。鄭司農云：'或曰學者皆人君卿大夫之子，衣服采飾，舍采者，減損解釋盛服，以下其師。'說亦別。"畢校原只是說《月令》作"釋菜"，梁氏則解釋了《月令》作"釋菜"的原因，并補充了其他書的説法。

（5）斷句：《吕氏春秋》"以與陽城胥渠處無幾何"，畢校："梁仲子云：處字屬下，與上文'處一年'文義相似。"梁案："《知士》篇云'留無幾何'文法正仝。"爲畢校的斷句問題提供依據。

（6）譌字：《吕氏春秋》"高赦爲首"，畢校："《韓非・難一》《淮南・氾論》《人間》《説苑・復恩》《古今人表》並作'高赫'，《史・趙世家》作'共'，徐廣曰：'一作'赫'。'"梁案："作赫是也。赦與赫聲相近。'共'乃'赫'之譌脱。"畢校認爲《吕氏春秋》"赦"字誤，當作"赫"，梁氏舉例證之。

《吕氏春秋》"王孫雄"，畢校："《墨子》作'王孫雒'，《越絶》《吳越春秋》作'王孫駱'，《説苑》作'公孫雄'，《國語》舊本亦作'雒'，宋庠《補音》從《史記》定作'雄'，今各從本書。"梁案："雄當作雒，今本譌雄。《困學紀聞》六引《吕》是雒也，雒、駱古通。"畢校列舉諸書中作王孫雒之例，梁氏則進一步斷定今本《吕氏春秋》"雄"字誤[1]。

---

[1] 蔣維喬等曰："梁玉繩謂'雄當作雒'是也。盧文弨《鍾山札記》稱《吳語》'王孫雄'宋本作'王孫雒'，蓋古籍'雄''雒'二字往往互譌。'雒陶'，古籍每亦譌作'雄陶'，是其例。"陳奇猷曰："'雄'當作'雒'之説是也。《韓非子・説疑》作吳王孫頜，'頜'、'雒'通，亦可證。本書《淫辭》'空雒之遇'，今本'雒'譌'雄'，亦'雒'易譌'雄'之證。"《吕氏春秋校釋》第104頁。

（7）衍文：《吕氏春秋》“中行寅染于黄藉秦”，畢校：“《墨子》無‘黄’字。”梁案：“‘黄’字宜衍。”畢校只是舉他書之不同之文，梁氏則又進一步確定爲衍文①。

11. 駁正畢沅誤校

除補充畢校之説，梁氏還對畢校的有誤之處，作了糾正，如高注“禹，顓頊六世孫。伯益，皋陶之子也”，畢校：“皋陶子乃伯翳，非益也。益乃高陽之第三子名隤敳者，《路史》有辨甚明。”畢校承襲《路史》之説以爲伯益與伯翳非一人。對於伯益的考辨，梁氏在《史記志疑》《人表考》中已反復論到，在《吕子校補》中又重申了自己對該問題的看法：“《漢·律曆志》謂：鯀，顓頊五世孫，故此云六，然未確。不如《吴越春秋·無余外傳》言‘顓頊之後’爲得也。皋、益，仝族而異支。皋之父，微不著。益之父，但傳大業而已。自《列女傳》謂皋子佐禹，曹大家注以皋子爲伯益。鄭《詩譜》《潛夫論·志氏姓》及高注並因之，殊難依據。而伯翳即伯益，不得爲兩人。隤敳乃高陽第二子，亦非伯益。《路史》妄引《水經·洛水注》附會，尤不足信。”繼續堅持了對《路史》的批駁。

又如《吕氏春秋》“文摯因出辭以重怒王”，畢校：“此事姑妄聽之而已。”梁案：“《三國·魏志·華佗傳》：有一郡守篤病，佗以爲其人盛怒則差，乃多受其貨而不加治，無何，棄去。留書駡之。郡守果大怒，令人追捉殺佗。郡守子知之，屬使勿逐。首瞋恚既甚，吐黑血數升而愈。此實事與摯怒齊王類。”梁氏不贊同畢校不以爲然的態度，列類似之事以證事之不妄。

---

① 宋慈抱曰：“《史記》索隱引《世本》‘籍秦，晉大夫籍游之孫，籍談之子也’，《左傳》定七年冬‘晉籍秦送王’，十三年夏六月‘上軍司馬籍秦圍邯鄲’，即此也。《墨子》作‘籍秦’，此衍‘黄’字。”《吕氏春秋校釋》第 104 頁。

二、《呂子校補》的學術價值

在先秦諸子書中,《呂氏春秋》以博雜著稱,是雜家類著作中最突出、最重要的一部。後人爲之作注者,東漢盧植曾著有《呂氏春秋訓解》,後亡佚。高誘曾從盧植學,其所注《呂氏春秋》,是受到盧著影響的,他在序中說:"復依先師舊訓,輒乃爲之解焉。"自高誘注之後,《呂氏春秋》的研究進入比較沉寂蕭條的階段,明代以前,僅有唐魏徵《呂氏春秋治要》、馬總《呂氏春秋要語》等寥寥幾種節錄之作。至明代,《呂氏春秋》才逐漸受到廣泛的關注,出現了數十種研究之作,如李瀚《重校呂氏春秋》、許宗魯《校刊呂氏春秋》、宋邦義《校刻高注呂氏春秋》、朱東光《呂氏春秋高注參補》、陳世寶《呂氏春秋訂正》、姜璧《重訂校正呂氏春秋》、宋啟明《重刻呂氏春秋高誘注》、劉如寵《校刻呂氏春秋》、吳勉學《校刻呂氏春秋》、黃之寀《重訂呂氏春秋》、汪一鸞《重訂呂氏春秋》等校刊本,陸可教《呂子玄言評苑》、陳深《呂覽品節》、焦竑《呂氏春秋評林》《呂氏春秋品彙釋評》,凌稚隆《批點呂氏春秋》、李元珍《呂子類編》、歸有光《呂子評點》、黃甫龍《呂氏春秋彙評》、李明春《批點呂氏春秋》等評點本,還有黃鳳翔《呂氏春秋選》、沈津《呂氏春秋類纂》等節錄本。雖然數量大增,但多爲版本傳刻、斷句點評之類,對《呂氏春秋》的具體專門的研究還很不足。清代朴學興盛,乾嘉諸儒開始以考據的方法研究諸子學,惠棟、孫星衍、汪中、王念孫、王引之等,都以小學治諸子。支偉成在《清代樸學大師列傳》中說:

治諸子實較艱於群經,蓋自漢世罷黜百家而後,斯學銷

沉。六經有歷代注疏可資探討，諸子則舍《老》《莊》《孫》《吳》
爲講道談兵者所依託，餘悉以背聖門之旨，遂棄置不復齒及。
然則所釋《老》《莊》《孫》《吳》亦多空言，於訓義固無與也。殆
清儒理董經史，引據尚古，子書既多出先秦，不得不以餘力旁
治之，久乃覺其彌可珍貴，竟躋之群經之列，遍爲之注。①

乾嘉諸人的研究，爲後來的諸子學研究開了風氣之先。而在《呂氏
春秋》的研究方面，畢沅和梁玉繩堪稱中堅力量。

畢沅的《呂氏春秋新校正》，取元刊大字高誘注本爲底本，校李
瀚、許宗魯、宋啟明、劉如寵、汪一鸞、朱夢龍諸本及陳仁錫《奇賞》
本，加以綜合考證，成爲繼高誘注本之後最好的《呂氏春秋》校本。
而梁玉繩的《呂子校補》及後來陳其榮所輯《呂子校續補》，在完善
《呂氏》文、高注和畢校方面貢獻頗多。《呂子校補》在揭示《呂氏春
秋》本文中的某些深層含義，詮釋其中的隱藏之意，糾正《呂氏春
秋》之文，總結《呂氏春秋》的文獻價值等方面，都做了很大的努力。
高誘注文作爲《呂氏春秋》最重要的注釋之作，具有其他《呂氏春
秋》注本無可比擬的價值。而梁氏對高誘注文的大量考證，尤其是
對高注之誤的揭示和糾正，對完善《呂氏春秋》和高注，無疑是有積
極意義的。畢沅的《呂氏春秋新校正》在所有《呂氏春秋》的校本中
屬於上乘之作，梁氏對畢校的補充和訂誤，又進一步提升了畢校的
價值。同時，對自己在畢校本中校語的説明和修正，在很大程度上
完善了畢校，體現出梁氏嚴謹認真的治學態度。他本就是將《呂子

① 支偉成《清代樸學大師列傳·諸子學家列傳第二十·叙目》，1986 年 3 月嶽麓
書社，第 594 頁。

校補》作爲畢校本的"補遺"看待的,因此,盡力使畢校趨向更加完整、正確、嚴謹,一直都是他的努力方向。

總之,《吕子校補》以其明確的針對性和較强的校勘價值,在《吕氏春秋》研究領域、在先秦諸子學研究領域以及清朝乾嘉諸子考據學領域中,都具有重要的意義和價值,爲以後的《吕氏春秋》研究打下堅實的基礎。

第二節 《瞥記》的内容及價值

　　嘉慶三年，梁玉繩的《瞥記》定稿。此書是他的讀書劄記：
"余三時學暇，每有所得，輒舐筆以備遺忘。短書瑣語，積久遂
多。删存爲《瞥記》七卷。"①"瞥記"二字，源於梁朝王筠之語"遇
見瞥觀，皆即疏記。後重省覽，歡興彌深"。梁氏用此二字以明
該書内容之富，涉及之廣。既是隨時之得，則經、史、子、集，便無
所不包。書共七卷，卷一經九十四條，卷二經一百條、《檀弓剩
義》十八條、《説文偶經附證》十五條，卷三史一百八十八條，卷四
史一百七條，卷五子八十五條、《列女傳補勘》二百十九條，卷六
詩文八十四條，卷七雜事九十六條、《日本碎語》十六條。阮元將
其中對經書的考證部分，編成一卷，匯入《皇清經解》。《瞥記》成
書後，彙編進《清白士集》。民國十四年錢塘汪氏刻《食舊堂叢
書》，亦收録《瞥記》七卷。

一、對經部書的考訂

　　《瞥記》前兩卷爲考經之作，實則是以十三經爲序，對各家注疏
所作的考證。所考爲《周易》十六條，《尚書》二十條，《詩經》十五
條，《三禮》四十三條，《春秋三傳》五十條並論及《國語》五條，《孝
經》一條，《論語》十一條，《孟子》二十條，《爾雅》十一條，末議論兩

<hr />

① 《瞥記》梁玉繩自序。

條。對這些經書，梁氏或是糾正誤處，或是進行解説，作出了深入的探討。

1. 考釋經文

（1）發明古書之例：對某部書的格式、範例等，梁氏予以揭示。如揭示古書用韻之例：《爾雅》的《釋訓》"自'子子孫孫引無極'以下十六句，皆用韻語，如七言古詩。此訓詁之創格也。趙氏《孟子章指》效之。《黄石公三略》引《軍讖》'内貪外廉'至'是爲國奸'三十句，一韻連用（惟兩句不韻）。古書用韻無如是多者，亦奇。郭璞注《釋訓》篇，王逸注《楚辭》皆用韻"。

又如發明古人引書之例："《緇衣》引《尹吉》，即《書·咸有一德》篇名。古人每意改之，如《國語》以《康誥》爲先王之令，《周書》爲西方之書，《左傳》以《仲虺之誥》爲志爲傳，稱《五子之歌》爲《夏訓》。《荀子·解蔽》稱《大禹謨》爲《道經》，乃僞古文勦入《虞》《夏書》也。至《墨子·明鬼》以《大雅·文王》之詩爲《周書》，以《夏書·甘誓》爲《禹誓》，恐不可據。"古人引書時所稱書名，有時不規範，梁氏遂舉例證之。實則乃因古書名稱之不固定所致，徐時棟《煙嶼樓讀書志》中有説明①。

---

① 徐時棟《煙嶼樓讀書志》卷一一云："'一人有慶，兆民賴之'，《尚書·吕刑》文也；《荀子·君子》篇引之，稱'《傳》曰'。'惟則定國'，《吕覽·權勳》篇引之，稱'《詩》曰'，是逸詩也；而《左傳》僖四年公孫支引之，但曰'臣聞之'。'無過亂門'，《吕覽·原亂》篇引之，稱'《詩》曰'，是亦逸詩也；而《左》昭十九子産引之作'諺'，昭十二作'人有言曰：惟亂門之無過'。《國語》亦作'人有言曰：無過亂人之門'。'臣無或作威'及'毋或作惡，遵王之路'，《尚書·洪範》文也；而《韓非·有度》篇引之，稱'先王之法'。'勇則害上，不登于明堂'，《逸周書·大匡解》文也；而《左》文元年引之，稱'《周志》有之'。'唇亡則齒寒'，《公羊》僖二稱'記曰'，注：'史記也'；《穀梁》僖二稱'語曰'；《左傳》僖五作'諺'；《吕覽·權勳》篇作'先人有言曰'；《韓非·存韓》篇、《十過》篇皆作'臣聞'。《國策·齊》《趙》俱引作'唇亡'，《韓策》作'唇揭'；《莊·胠篋》《淮南·説林》與《吕覽》（轉下頁）

（2）制度和民俗：梁氏對經書中所言之制度和風俗等內容作了考證。如"《地官·媒氏》禁遷葬與嫁殤者，是古有冥婚之事，故立法禁之。然漢以前其事未聞，直至曹魏時武帝子沖亡，聘甄氏亡女合葬。明帝女淑亡，取甄后亡從孫黃與合葬。唐蕭至忠殤女與韋后弟洵合葬，遂有發壟歸柩之恥。此皆嫁殤也。若遷葬則無之。宋康與之《昨夢錄》：'北俗男女年當嫁娶，未婚而死者，兩家命媒互求之，謂之鬼媒人。'（《魏書·穆宗傳》《舊唐書·懿德太子傳》《肅宗子倓傳》，皆有冥婚事。）"以《地官·媒氏》所載為始，羅列史書中所載冥婚事。

再如"《春秋》襄六年莒人滅鄫，《公》《穀》二氏謂鄫以呂公子異姓為後，故書滅。異姓為後，古今全禁。犯此禁者，實自鄫始。嗣是無代無之，不可勝舉"。指出以異姓為後的起源。

（3）討論學術公案：梁氏在考證經書的有關問題時，往往涉及學術界有爭議的一些焦點，對此，梁氏也會發表自己的意見。如對於《詩經·大雅·抑》篇的主旨，前人所論不一，一說是刺厲王兼自警，《毛詩序》云："衛武公刺厲王，亦以自警也。"一說是只自警而無他意，《國語·楚語上》左史倚相云："昔衛武公年數九十有五矣，猶箴儆於國，曰：'自卿以下至於師長士，苟在朝者，無謂我老耄而舍我，必恭恪於朝，朝夕以交戒我。聞一二之言，必誦志而納之，以訓

（接上頁）作'唇竭'，'竭'當'揭'之譌，《國策》注：'揭，猶反也。'"伐柯伐柯，其則不遠'，《詩》詞也，而《越語》引之作'先人有言曰'。'樹德莫如滋，去疾莫如盡'，《左》哀元伍員引之，稱'臣聞'；而《戰國策·秦策》引之，以為《書》云'（'去疾'作'除害'）。'木實繁者披其枝'四語兩引于《秦策》，一以為《詩》'，一以為'臣聞之'。'於安思危'，《左傳》引之（'於'作'居'），《呂覽》注引之，皆稱：'《書》曰'，今見《逸周書·鄭典解》中；而《楚策》中虞卿引之，乃曰'臣聞之《春秋》'。"《續修四庫全書》據中國科學院圖書館藏民國十七年鉛印本影印。

道我.'在輿有旅賁之規,位宁有官師之典,倚几有誦訓之諫,居寢有褻御之箴,臨事有瞽史之導,宴居有師工之誦。史不失書,矇不失誦,以訓御之。於是乎作《懿》戒以自儆也。"《懿》即《抑》之篇。宋朱熹《詩集傳》同意《楚語》的觀點,他説:"衛武公作此詩,使人日誦於其側以自警。"對這兩種觀點,梁氏皆不完全認同。首先,他不同意《國語·楚語》純粹自警的解釋:

> 此詩若但肅儆己身,則當入《衛風》,不應登于《大雅》,列《板》《蕩》《桑柔》刺厲諸什之間。

根據《抑》在《詩經》中所處的位置來判斷其不單是自警之詩。其次,他不同意《毛詩序》所刺之王爲厲王的説法:

> 若説刺厲王,則武公即位在宣王十六年(孔疏引《史記》作三十六年,誤),平王十三年卒,而耄始作詩,其去幽滅於戲之歲已星過一終,更溯厲流于彘之前,歷七十餘載,何煩追刺?

根據推理得出所刺之人不可能爲厲王的結論,但他認同《毛詩序》刺王加自警的説法。那麼,所刺之王究竟是哪一位呢,梁氏認爲當是周平王:

> 余疑厲乃平之譌也。蓋平王原非中興令主,徒以冢嗣之故,倉卒援立,東保於洛,外有犬戎携王之逼,內有母家申許之專。武公手夷大難,目擊時艱,而平王幼弱,不撫其民,棄遺九族。恐亂猶未已,因作是詩以諷王,託言自儆耳。曰"其在于

今，興迷亂于政"，指申侯用事也。曰"謹爾侯度"，戒申侯也。
曰"實虹小子"，曰"亦既抱子"，謂平王幼小也。通《抑》詩十二
章，無一語似追刺，如以爲刺厲，則以在位三十七年之厲王而
曰小子，曰抱子，可乎？如祇以自警，則以九十五歲之老公侯
而自稱小子，自嘲抱子，可乎？於情事皆不合也。總之，梁氏
經過詳密考證得出自己的觀點：《抑》詩的主旨是衛武公託言
自警實際乃爲刺周平王而作。①

又如對"今月令"的考查：

鄭注《月令》引《今月令》十七條，《今月令》者，即《呂氏春
秋》也。其異文不止此，即以十七條而論，亦與高氏注《呂》本
不仝。"孟春鴻雁來"注云：《今月令》鴻皆爲候，而《呂》作候
雁北，則來爲北，不獨鴻爲候也……案孔仲達說《月令》出有先
後，入《禮記》者爲古，不入《禮記》者爲今。據鄭目錄則《禮
記·月令》即鈔合《呂氏春秋》十二月紀之首章，並無先後今古
之分，仲達之言殊無所據。又鄭與高誘仝時，所見《呂覽》亦不
應異仝若是。竊疑所謂《今月令》者乃漢時太史所上月曆，非
《呂覽》也(《後書·侯霸傳》"每春下寬大之詔，行四時之令，皆
霸所建"。是東漢自有所行月令矣)。

---

① 　對於《抑》所刺之王是否爲周厲王，宋代以來學者已有詳細考辨。宋戴埴《鼠
璞》說："武公之自警在於耄年，去厲王之世幾九十載，謂此詩爲刺厲王，深所未曉。"清閻
若璩《尚書古文疏證》卷五下云："衛武公以宣王十六年己丑即位，上距厲王流彘之年已
三十載，安有刺厲王之詩？或曰追刺，尤非。虐君見在，始得出辭，其人已逝，即當杜口
是也。"皆認爲《抑》所刺者不是厲王。從今天的各種材料來看，所刺者乃周平王是正
確的。

按孔穎達《正義》以鄭注所引之《今月令》指《呂氏春秋》十二紀。先儒已多非之①。梁氏遍舉鄭注所引之十七條《今月令》②與《呂覽》相較，皆有不同處。又鄭云《禮記·月令》乃鈔合《呂氏春秋》十二月紀之首章，因此梁氏據以駁孔穎達"入《禮記》者爲古，不入《禮記》者爲今"之説，認爲《禮記·月令》並無先後今古之分。所謂之《今月令》並非《呂覽》十二紀，而是漢時之月令。鄭玄爲漢人，因此稱當時月令爲"今月令"，與《呂氏春秋》十二紀無涉③。

（4）指出經書之誤：對十三經中的每一部，梁氏都提出了一些疑問，改正其中的謬誤。如《禮記》的《明堂位》稱"夏后氏之四璉，殷之六瑚"，以夏璉商瑚爲正。而梁氏則舉前人之説："《論語》瑚先於璉，包咸、鄭玄並稱夏曰瑚，商曰璉，賈、服、杜注《左傳》皆言夏曰瑚，朱子亦從舊説。"以明當以夏瑚商璉爲正，從而推斷《明堂位》之説誤。

又如指出《春秋》三傳之失：

《春秋》莊元年，夫人孫于齊，三傳皆以不稱姜氏爲貶絶。但貶絶當不稱夫人，不當去姜氏。且元年以後凡書姜氏者九，

---

① 亦有以《今月令》改《呂氏春秋》文者：楊寬《〈今月令〉考》稱："畢沅《呂氏春秋校本》，略取其説，如《季冬》'水澤復堅'，畢氏據《今月令》校删'堅'字；逮茆泮林作補校，乃益信其説，幾欲據《今月令》而盡改《呂紀》；近范氏耕研作《補注》，亦仍從之。"見《楊寬古史論文選集》，2003年7月上海人民出版社。

② 楊寬《〈今月令〉考》云："鄭注《月令》，引《今月令》凡十八條。梁玉繩《瞥記》、徐燕《讀書雜釋》謂十七條，蓋脱仲冬'淵澤井泉'一條。"見《楊寬古史論文選集》。

③ 關於《今月令》究竟指何書，清儒有兩種看法：一以爲即《明堂月令》，惠棟、錢大昕、陳喬樅、洪頤煊、蔡云、錢坫、徐鏽及葉德輝等人持此觀點；一以爲乃漢《月令》，梁玉繩首創之，桂馥《劄璞》、羅以智《七十二候表》、黃以周《禮説》皆從之。

書小君文姜者一,稱氏稱諡,何以又不貶絶乎?《春秋》於魯夫人皆書薨,惟文夫人不書,以其出也。而昭夫人孟子及哀母定姒獨變薨言卒,其義安在?

按《春秋》書"夫人孫于齊",《左傳》稱:"不稱姜氏,絶不爲親,禮也。"《公羊傳》稱:"夫人何以不稱姜氏?貶。"《穀梁傳》稱:"不言氏姓,貶之也。"三傳皆以《春秋》稱"夫人"而不稱"姜氏"爲貶絶之義。但梁氏以爲若是貶絶之義,則當不稱夫人才是,而非不稱姜氏。且下文中稱姜氏者又屢見,可知此處不稱姜氏並非貶絶之義,三傳皆誤會《春秋》原意。這些都是對經書文義的指正。

另外,梁氏對經書中有誤之字也作了糾改,如譌字:

《月令》仲夏毋燒灰,注云"爲傷火氣"。然則當如寒食之不舉火耶?《吕氏春秋》作"無燒炭",高誘注"草木未成,不欲夭物"。"灰"字必"炭"之譌。"季秋之月,伐薪爲炭",可互證。

脱文:

《詩·周南召南譜》疏引《樂記》説《大武》之樂象伐紂之事,云"五成而分陝,周公左,召公右。"今本《樂記》無"陝字",當是脱爾。《史記·樂書》《家語·辨樂》皆襲《樂記》之文,並有"陝"字。又日本山井鼎《考文》云"古本分下有'陝字'",尤足證今本之缺。

梁氏所見之"今本"《樂記》無陝字,所以引材料證爲脱文。倒文:

《祭義》"朔月月半"，或謂上"月"字乃"日"之譌，非也。朔月即月朔倒文爾。

2. 糾正舊注譌誤

歷代學者對經書作了大量的注解疏釋，對於後人準確理解經文有很大的幫助。但是這些注疏也有不當者，從大儒鄭玄到一般的注解家，都難免有失，對此，梁氏作出了糾正。如糾正鄭玄之誤，如《禮記·曾子問》"衛靈公適魯，遭季桓子之喪"一句，鄭注云："靈公先桓子以魯哀公二年卒，桓子以三年秋卒。是出公也。"而梁氏認爲："出公奔魯在哀公十五年冬閏月，經書於十六年正月，相隔十餘歲，安得遭桓子喪乎？"按鄭玄注以爲《曾子問》中的衛靈公乃衛出公之誤。梁氏則認爲非出公，因爲季桓子卒於哀公三年，出公奔魯是在哀公十五年、十六年之交，距季桓子之卒已十餘年。所以，"適魯，遭季桓子之喪"的君主既非衛靈公，也非衛出公，鄭玄的見解有誤。

又糾駁孔穎達之失，如指出他對緯書的態度自相矛盾："《乾卦》疏以漢高祖生秦世，隱泗水爲亭長，是潛龍勿用之象。釋'仝聲相應'一節云'周時獲麟爲漢高之應'。"此處孔穎達是信從緯書的，但在《書序》疏中却說："緯文鄙近，不出聖人，前賢共疑，有所不取。"在《易·正義論》中又說："緯文鄙僞，不可全信。"前後態度不一，矛盾畢現。梁氏說："東漢尚讖緯，故何休注《公羊》據緯解經，甚至以夫子之《春秋》因欲授漢高預作。彼是漢人，或藉以求道通，仲達何爲乎？"指出孔氏的不當。

再如對其他注經者之誤的糾正，如賈公彥之誤："賈公彥《周禮廢興序》曰'孝武帝始除挾書之律'。朱氏《經義考》百六十八引賈云：'古文《春秋》者，文帝除挾書之律，此本然後行於世。'考《漢書·惠帝紀》四年三月除挾書律。乃以爲孝文、孝武，何也？"除挾書律是在漢惠帝時，賈公彦誤，朱彝尊又誤襲。

再如杜預《左傳》注之誤："晉平公禱河稱曾臣彪，《禮》'臨祭祀，外事曰曾孫某侯某'。以曾孫爲曾臣，殆如《史·扁鵲傳》虢君不稱寡人，而稱寡臣，皆變文之僅見者。注疏謂曾臣猶末臣，謙辭，非也。《穆天子傳》曾祝佐之，亦全斯義。"按《左傳》襄公十八年："曾臣彪將率諸侯以討焉。"杜預注："曾臣，猶末臣。"孔穎達亦疏不破注："曾祖曾孫者，曾爲重義，諸侯之於天子，無所可重，曾臣猶末臣，謙卑之意耳。"而梁氏則以《曲禮》所載外事（即戰事）祭祀時應稱曾孫爲據，判定曾臣只是一變例，而非謙辭，因知杜注、孔疏皆誤。

再如《孟子》疏之誤："'西子'疏引《史記》云：'西施，越之美女，越王句踐獻之吳王夫差，大幸之。每入市，願見者先輸金錢一文。'《史記》無此事，不知出何書。《西域記》謂'欲見如來頂骨者，稅一金錢'，正相類。又'不虞之譽'章，注引尾生陳不瞻事，僞疏①亦以爲《史記》之文，云'其事繁，不重述'。邵武人士殆不信世間尚有讀《史記》者！"按《孟子》曰："有不虞之譽，有求全之毀。"趙岐注："言人之行，有不虞度其時有名譽而得者，若尾生本與婦人期於梁下，不度水之卒至，遂至没溺，而獲守信之譽。求全之毀者，陳不瞻將赴君難，聞金鼓之聲，失氣而死，可謂欲求全其節，而反有怯弱之毀者也。"疏云："此皆據《史記》之文而言之也。其事煩，故不重述

----

① 爲《孟子》作疏者是否孫奭，前人所論不一。晁説之、陳振孫認爲是孫奭。朱熹、《四庫全書總目》認爲不是孫奭，而是他人僞託。梁玉繩亦以爲僞作，因此稱"僞疏"。

耳."對疏所稱引自《史記》之文者,梁氏指出並不見於《史記》。作爲治《史》專家,他對《孟子》疏這種沒有根據的亂説表示了憤慨:"邵武人士殆不信世間尚有讀《史記》者!"

3. 補充舊注缺漏

梁氏並非一味地指斥前人之誤,在糾誤的同時,他對注疏也作了相關的補充。對某一個問題,注疏已經作了解説,梁氏又從別處發現新的資料可以進一步説明該問題,於是加以補充。如補充鄭注:"《坊記》'陽侯殺繆侯',注云'其國未聞'。據《淮南·氾論》繆侯是蓼侯之誤矣。"鄭注不明"繆侯"之國,梁氏據《淮南子》"陽侯殺蓼侯"一句認爲"繆"乃"蓼"之誤,從而知鄭玄所疑之國實乃蓼國。按《淮南子·氾論訓》"陽侯殺蓼侯而竊其夫人",高誘注云:"蓼侯,偃姓,庭堅之後。""蓼侯,皋陶之後,偃姓之國侯也,今在廬江,即此蓼國。"可證梁氏之見無誤。

又如對孔疏的補充:"文二年《傳》引《周志》'勇則害上,不登于明堂'。注《周書》也。疏云:'《周志》是周世之書,不知其書何所名。'案此語見《逸周書·大匡解》。"孔疏稱"不知其書何所名"。梁氏給以解釋,指出是《逸周書》。

又郭璞注《爾雅》時,嘗自謂"沈研鑽極,歷二九載,然未詳者尚有百數十事"。《瞥記》中論及《爾雅》者十一條,其中對郭璞注的補充就有五條:"《釋詁》'孟勉也',郭注未詳"、"《釋詁》'衛蹶嘉也',郭云未詳"、"《釋樂》'徒鼓磬謂之寋',郭云未見義所出"、"《釋木》'髡梱',郭云未詳"、"《釋鳥》'輿鶌鳩',郭未詳"。對此五條,梁氏皆就己所見,一一給予了補充解釋。

4.《檀弓剩義》

對經部書的考證末爲《檀弓剩義》十八條和《説文儷經附證》十

五條，乃是針對《檀弓》和《説文》的專門之作。

　　《檀弓》是《禮記》中重要的一篇，其文辭頗爲人所賞，梁氏説：“《檀弓》之文，左氏所不逮。”然而，《檀弓》在記事方面却“多失之誣，解家又增乖越”，是以梁氏病之，耽誦之餘，爲之糾誤，成《沽説》二卷。“沽者，略也。”後見徐穆如《檀弓通》和邵泰衢《檀弓疑問》與己所考多有仝者，因此又遍考諸書，重新一校，隨校隨删，僅存十八條，改名爲《剩義》，附於《瞥記》中。這十八條，有的針對某一句，則摘取該句，如“微子舍其孫腯”。有的針對某一段，則並不全録該段，只列出該段首句，下加“節”字，如“孔子少孤節”，即指《檀弓》中“孔子少孤，不知其墓，殯于五父之衢。人之見之者，皆以爲葬也。其慎也，蓋殯也，問于耶曼父之母，然後得合葬於防”一段。

　　在列出原文字句後，空一格列出自己的案語，這些案語有的指出《檀弓》之誤，如“兄弟，吾哭諸廟。父之友，吾哭諸廟門之外。師，吾哭諸寢。朋友，吾哭諸寢門之外。所知，吾哭諸野”。梁氏曰：“《奔喪》云：‘哭父之黨于廟，母妻之党于寢，師於廟門外，朋友于寢門外，所識于野張帷。’鄭注引《逸奔喪禮》曰：‘哭父族與母黨于廟，妻之党于寢，朋友于寢門外。’所説不全，疑《檀弓》誤，未必是殷周異禮，蓋師不當哭於寢也。”《檀弓》所載之文與他書所記不同，梁氏遂列他書之文以較之，且以爲“師不當哭於寢”，因此斷定《檀弓》有誤。

　　有的案語對《檀弓》之文進行申説解釋，如“文王舍伯邑考而立武王”，梁氏云：

　　　　文王舍伯邑考之子而立武王，但云舍伯邑考者，省文耳。

上言舍孫立子，下言立孫，其義已顯。《左傳》潘虺之黨申鮮虞之傅摯，并省去子字。《淮南・氾論》曰立之以長，文王舍伯邑考而用武王，非制也。《史記・管蔡世家》曰文王舍伯邑考而以發爲太子，《孔叢・雜訓》曰文王舍適立次，注疏謂文之立武王，伯邑考見在，似皆誤會《檀弓》之文。

《檀弓》載公儀仲子"舍其孫而立其子"，而按照制度，嫡長子死，則當立嫡長孫。因此檀弓以此問於子服伯子，伯子解釋道："昔者文王舍伯邑考而立武王，微子舍其孫腯而立衍也。"梁氏根據上下文之意，認爲上文説仲子是舍孫立子，下文説微子舍孫立子，則中間必也是文王舍孫立子。只稱"伯邑考"，不稱"伯邑考子"，即武王孫者，乃是省文，《左傳》中已有這樣的省文。而《淮南子》《史記》《孔叢子》等皆以爲是舍長子伯邑考而立次子發，實際是誤會了《檀弓》的表達方式。文王舍孫立次，原因正如《檀弓》注所説"文之立武王，權也"，當時周正處於崛起的關鍵時刻，需要一個年富力强的君主，而伯邑考子尚幼，因此就立了武王。這是從客觀現實出發而作出的選擇。

有的案語據《檀弓》文以發議論，如"父母之喪哭無時，使必知其反也"，梁氏曰：

　　《喪大記》云："君既葬，王政入於國，既卒哭而服王事。大夫、士既葬，公政入於家，既卒哭，弁絰帶，金革之事無辟。"《禮運》曰："三年之喪，期不使。"此後世奪情之藉口也。東漢斷大臣行三年喪，吴孫權時立制奔親喪者罪大辟，更屬道薄於當年，風頹于百代矣。

以《檀弓》所記引出《喪大記》和《禮運》的相關内容，從而引出對"奪情"一事的觀點，發表議論。

　　5.《説文僞經附證》

　　《説文僞經附證》因翟灝著《説文僞經證》一書而作。《説文》所引各經内容，往往與經書所載不同。對此，已有人做過考證，如吳玉搢《説文引經考》等。翟灝亦嘗著《説文僞經證》，梁氏曾經附校十五條。然而翟書"甫脱稿而殁，今不知落何處"①。梁氏所校十五條無法獨立成書，遂置於《瞥記》中以存之。梁氏的附證，七條是補充糾正翟灝之説，其餘八條是自己的發現。

　　補充翟説者，先列翟氏原文，如"亓部。《周禮》有郊宗石室。翟云：《周禮》未見，惟《通典·祫禘》上卷博士徐禪議引《春秋左氏傳》曰'歲祫及壇墠，終禘及郊宗石室'，然《左氏傳》中亦無。玉繩案：《舊唐書·禮儀志》《御覽》五百廿八引此文並作《春秋左氏説》，則是《周禮》者，周時典禮，非《周官書》之謂。祭酒凡引《緯》，但稱《禮》，或稱《周禮》也"。這是針對翟灝未解決的問題作進一步的探討，得出確定的結論。

　　又如"《詩》曰有嘅其聲。翟云：今《詩》無。王氏《詩考》引列于《大雅·云漢》篇，蓋以有嘒其星當之，似不可通。案《魯頌·泮水》曰鸞聲噦噦，《毛傳》噦噦，言其聲也。叔重頗有以傳注當經者，疑此即《魯頌》文而雜以《傳》耳。"也是補充翟灝之説。

　　梁氏自己的發現，有的是對《説文》之誤的糾正，如"鳥部。《詩》曰鳧鷖在梁。案《大雅·鳧鷖》篇言'在涇'、'在沙'、'在

---

①　《北京圖書館普通古籍總目》的"文字學門"著録《説文僞經證》清抄本一册。作者項題"（清）翟□輯"，乃只知爲翟姓人所作而不知其名。而據梁氏所説，可知作者當爲翟灝無疑。

渚’、‘在瀯’、‘在亹’，各用以爲韻，不應有別本作梁。《小雅》鴛
鴦在梁，《曹風》惟鵜在梁，又不應引于鷖字之下。梁字必誤”。
又如“《周禮》曰：孤服鷩冕。案《春官・司服》‘侯伯之服，自鷩
冕而下如公之服。孤之服，自希冕以下如子男之服’。則孤當
作公”。

　　有的則是指出他書之逸，如“土部。《禮》天子赤墀。案《漢
書・梅福傳》亦引此文，當是逸《禮》”。梁氏並不認爲《説文》引經
有乖原作，只是“古本各有師承，所傳多異。許氏從賈逵受古學，必
非無據”。因此他基本上還是盡力地爲《説文》作出合理的解釋的。

二、對史書和子書的考證

　　卷三卷四爲考史之作，所考史書，首《戰國策》三條，從第四條
開始是自《史記》至《明史》的歷代正史。卷五考證自先秦諸子直至
清代的各種子書。

　1. 糾正古書之誤

　　無論史書還是子書，對有誤之處，梁氏皆予以糾正。如指出
《漢書》人物有重複者：“《王子表》有金鄉侯、就鄉侯，皆東平思王
孫，皆名不害，皆元始元年二月丙辰封，疑是誤重。此卷《表》中
高城節侯梁亦兩見，誤出也。”又如《晉書》之誤：“《晉書・和嶠
傳》載庾敳嘆嶠‘森森如千丈松，雖礧砢多節目，施之大廈，有棟
樑之用’。案《庾敳傳》子嵩所器者乃温太真，非和長輿也。因二
嶠名同，遂誤屬於和。前後雙載，《世説》亦誤。”《晉書》的不同篇
章對同一事之主角的記載不一，自相矛盾：庾敳以“千丈松”之語
稱讚者，《和嶠傳》所記是和嶠，《庾敳傳》則記爲温嶠，梁氏認爲

當以溫嶠爲正①。

　　子書之誤，如《論衡‧感類篇》稱：“紂父帝乙，射天毆地，游涇渭之間，雷電擊而殺之。”梁氏說：“震死者乃紂之曾祖武乙也。帝乙賢君，寧有此事？”指出《論衡》所言之疏誤。又如《抱朴子》之誤，《抱朴子‧廣譬》云“晉文回輪於勇蟲而壯士云赴”。梁氏認爲此事乃齊莊公所爲，非晉文公：“螳螂搏輪迴車而避，事見《韓詩外傳》八，乃齊莊公，非晉文也。”今按《韓詩外傳》卷八：

　　　　齊莊公出獵，有螳蜋舉足，將搏其輪。問其御曰：“此何蟲也？”御曰：“此是螳蜋也。其爲蟲，知進而不知退，不量力而輕就敵。”莊公曰：“此爲人必爲天下勇士矣。”於是回車避之，而

———————

　　① 趙翼《陔餘叢考》卷六云：“《和嶠傳》太傅從事中郎庾敳見而歎曰：‘嶠森森如千丈松，雖礧砢多節目，施之大廈，有棟樑之用。’則此語本以稱和嶠也。而《庾敳傳》則又以此語爲稱溫嶠之辭。蓋因和嶠、溫嶠二名相同，遂不覺兩傳錯誤耳。今考和嶠歷官多在武帝之世，其卒也在惠帝元康二年，而《庾敳傳》云‘參東海王越太傅軍事’。《惠帝紀》司空越爲太傅在永興二年，敳佐府正當此時也。計和嶠之卒已踰一紀，何從見而歎之耶？惟時溫嶠官品甚卑，敳知其材堪大任，故爲之延譽用。則此語當屬之溫嶠。亦以溫嶠爲是。余嘉錫《世說新語箋疏‧賞譽》引姚範《援鶉堂筆記》三十三曰：“《晉書‧和嶠傳》云：‘太傅從事中郎庾敳見而歎曰，嶠森森如千丈松’云云。又《庾敳傳》云：‘敳有重名，而聚斂積實，談者譏之。都官從事溫嶠奏之，敳更器嶠，目嶠森森如千丈松’云云。宋王楙《野客叢譚》云：‘《世說》與《和嶠傳》並云目和嶠，疑《敳傳》作溫嶠誤。’按爲都官從事者實溫嶠，和嶠未嘗歷是職。且和嶠卒於元康二年，司馬越之爲太傅，則在永興元年。敳爲越從事中郎，上去元康二年相縣一紀，況其齒位亦復殊邈，和嶠豈待敳語爲重哉？《晉書‧敳傳》作溫嶠，自不誤。其《和嶠傳》乃又採《世說》語妄入之，斯爲誤耳。”余嘉錫案：“庾敳目和嶠語出自王隱《晉書》，見《御覽》九百五十三，而《世說》采之。《類聚》八十八引晉袁宏詩云：‘森森千丈松，磊砢非一節。雖無榱桷麗，較爲棟樑桀。’全用庾敳之語，知非始見於《世說》矣。至溫嶠舉奏庾敳，敳更器之事，出孫盛《晉陽秋》，見汪藻《考異》敬胤注中。今本《晉書》雜采諸說，失於契勘耳。凡《世說》所載事，皆自有出處，《晉書》往往與之同出一源。後人讀《晉書》，見其與《世說》同，遂謂採自《世說》，實不然也。”

勇士歸之。①

則知爲齊莊公事,而非晉文公。

2. 援古書以證今事

後世某種制度或習俗,往往能在古書中找到源頭,梁氏於是據以判斷今事的起源。如《三國志・魏志・東夷傳》稱"沃沮國女至十歲,壻家即迎之,長養爲婦",梁氏説:"此即今養媳,本夷俗也。"從《三國志》中發現童養媳的起源。又如"《金史・宣宗紀》興定二年憫京師丐食死於祁寒,諭有司令居獲燠所。今京師冬月設有乞丐棲息之處,俗謂之雞毛房,蓋即獲燠所也。今名爲棲流所"。從《金史》中知今"棲流所"之起始。再如從書中所載考知讖緯和符籙的起源:

> 《李尋傳》成帝時,齊人甘忠可詐造《天官曆包元太平經》十二卷,則讖緯不始於哀平。《藝文志》有《執不祥劾鬼物》八卷,則符籙不始於張陵(《楚辭》王褒《九懷》引用緯文。《史記・伯夷傳》"或曰:天道無親,常與善人",《後漢書・郎顗傳》引作《易》曰"。《禮經解》引"《易》曰:差若毫釐,謬以千里",蓋皆《易緯》,並在成帝前)。

另外,梁氏又常據古書考知後世某字詞的起源,如"總督"二字:"《漢書叙傳》述西域云:'總督城郭三十有六',後世官制有總督二字,見此。"或者指出某種説法所本,如《後漢書・靈帝紀》有"靈

---

① 許維遹《韓詩外傳集釋》,1980 年 6 月中華書局排印,第 303 頁。

帝之爲靈也優哉"之語,梁氏説:"蓋用《莊子·則陽》篇'靈公之爲靈也久矣'句法,而皆本《左傳》'君子是以知靈公之爲靈也'句來。"將各書之間承用的先後淵源梳理出來。

3. 評論諸子之書

梁氏在考證諸書内容的同時,常有對各書的評論之語,尤其是對諸子書,或褒或貶,不一而足。有整體的評價,有局部的論説。如對諸子寓言,他的評論是"諸子多寓言,往往時代隔越,不相應和。《莊》《列》尤甚。如仲尼與孫叔敖、市南宜僚言,孔子與柳下季爲友,晏平仲問養生於管夷吾"。對諸子寓言多虚構這一特點進行評論。對《管子》一書的評論是:"《管子》之文厚重奥峭,在諸子中別自一格。然多後人羼入,不獨《弟子職》一篇附列也。"首先從總體上論《管子》的獨特點,然後又指出其内容在流傳過程中發生了錯亂。

梁氏的評論有時又從書中的某一個方面着眼,或對書中的某種觀點進行評論,如《墨子·非儒下》載晏子對齊景公曰:"孔丘之荆,知白公之謀,而奉之以石乞,君身幾滅,而白公僇。……嬰不知孔丘之有異于白公也。"景公曰:"嗚呼!非夫子,則吾終身不知孔丘之與白公同也。"對於《墨子》這段記載,梁氏説:"無論孔子與白公無半面識,而以石乞爲孔子薦之白公,奇;以孔子比白公,尤奇。可謂飛談無忌。"用"飛談無忌"四字來評論,體現了他對《墨子》該段的不信從。而對《論衡》的《問孔篇》,更多不滿:"《論衡·問孔》篇最無忌憚,王充之爲人必傲愎不可近,他若説'孔子畏陽貨,却行流汗',亦猶莊生稱孔子謁盗跖,尚得以寓言戲談置之。充又言夷齊以庶兄奪國餓死,不知何據。"由論書上升到論人。

4. 議論史載之事

梁氏常常針對史書中所載之事進行一番議論。如《漢書·袁盎傳》載盎兄子種謂盎曰:"吳王驕日久,國多奸。今絲欲刻治,彼不上書告君,則利劍刺君矣。南方卑濕,絲能日飲,亡何,説王毋反而已。"梁氏論道:"兩稱叔父之字,可乎? 凡子孫稱祖、父之字,皆在卒後,未有生而稱之者。《晉書·胡母謙之傳》呼其父字曰'彦國,年老不得爲爾'。《外戚傳》王濛字其父曰'王文開生如此兒耶'。放誕不羈,不可爲訓。"①

又如《漢書·五行志》載建元六年,遼東高廟及高園便殿災,董仲舒上言宜誅親戚近臣,視災之甚不甚爲輕重。梁氏説:"此豈醇儒之語哉,爲忌者所奏下吏幾死。固其自取也,好談災異,未免流爲讖緯,故其治《春秋》獨信《公羊》,多違聖旨。"體現了他對董仲舒及其學的看法和認識。

再如關於科舉試題:"《金史》載章宗明昌元年令:'舉人程文所

---

①　按《史記·袁盎晁錯列傳》:"吳王驕日久,國多奸。今苟欲劾治,彼不上書告君,即利劍刺君矣。南方卑濕,君能日飲,毋何,時説王曰毋反而已。"《漢書》的很多篇章都改寫自《史記》,本篇顯然也是自《史記》而來,但《史記》中袁種對袁盎的稱呼是"君",而並未稱袁盎的字"絲",《漢書》中爲何要改爲"絲"呢? 這可能是班固想要表現袁種性格之故。袁種足智多謀,自視很高。所以,班固就采用人物的用語來表現人物的内心,稱叔父的字,正反映了袁種内心頗爲自負的一面,也正如梁氏所説是"放誕不羈"的表現。至於當時袁種究竟是怎樣稱呼袁盎的,《史記》與《漢書》的記載究竟何者爲確,梁氏没有加以説明。至於《晉書》中記載的胡母謙之和王濛都直稱父字,也都是那個時代社會風氣的真實反映。《晉書》載胡母輔之"性嗜酒,任縱不拘小節"。魏晉時期崇尚放誕自由的風氣,胡母輔之本人又性情豪爽,他的兒子胡母謙之的狂傲於他有過之而無不及,《晉書》稱謙之"才學不及父,而傲縱過之。至酣醉,常呼其父字,輔之亦不以介意"。所以他直呼其父字也就不難理解了。而其父也並不以爲意,反而拉他一起飲酒。同樣,王濛的"字其父"也是時代和個人性格的結果,這些語言體現了人物的放誕不羈,但却爲後世禮法和像梁玉繩這樣的封建士大夫所不容,所以,梁氏説"不可爲訓",以誡世人。

用故事,考試官或遽不能憶,誤失人材,可自注出處。'出題亦于題下注其本傳,此善法也。前輩言八股盛而六經微,恐不盡然。特以今之所習,謬種流傳,大抵'因陋就寡,赴速邀時'(二句見《唐書·薛謙光傳》)。欲除文弊,當行此法。題注出處,免却多少揣摩。載籍極博,雖通人不能盡識,且試人優劣全不係乎是也。"此段議論表達了梁氏對這一規定的讚賞。

5. 搜輯補史之料

一部史書對某一事的記載,或許有不完整、不詳細時。梁氏從其他書中發現了新材料,以爲可以補充史書之說,遂録存於《瞥記》中。如《梁書》言鄱陽王世子嗣中流矢,卒於陣,未嘗言及其妻。《南史》雖有提及,但也只是説妻子爲任約所擄。梁氏在《顏氏家訓·養生》篇中發現了相關資料:"侯景之亂,鄱陽王世子謝夫人,登屋詬怒,見射而斃。夫人,谢遵女也。"遂録之以補《梁書》和《南史》之闕。

又如唐僖宗之崩,《新唐書》云:"文德元年二月乙亥不預,三月壬寅疾大漸,癸卯崩。"《舊唐書》云:"三月庚子上暴疾,壬寅大漸,癸卯崩。"所説遘疾月日,兩書不同。梁氏遂録方回《虛谷閒抄》的記載加以補充:

> 僖宗寵内園小兒張浪狗,一日浪狗買得好馬一疋。時駕方自岐陽回長安,馬畜宣徽南院。僖宗潛行看之。巡繞馬左右,馬忽騰躍,右足踏僖宗左脅,便倒地不蘇。浪狗驚惶,急取銀水盂,以尿灌僖宗,良久方蘇。歸後稱氣疾,以紿醫。凡二十餘人,候脈出藥,皆言是膀胱之氣,並無瘳效。脅痛轉劇,卧十二日崩。

詳細記載了僖宗暴崩之故,因此梁氏稱"可補史未備"。

　　6. 辨別古書真偽

　　梁氏對古書的辨偽問題也有一定的探討,他的辨偽方法是看該書是否見於前錄,如《宋史・藝文志》有《夾氏春秋》三十卷,梁氏稱:"《漢志》夾氏未有書,《隋志》謂亡於王莽之亂,則此三十卷必偽撰也,故今亦不傳。"《漢志》《隋志》未録《夾氏春秋》,而《宋史・藝文志》却忽然冒出該書,則其偽無疑。

　　又如"《子華子》,不見前錄,《通考》引朱子及晁氏、周氏、陳氏,極論其偽。考《呂氏春秋・貴生》《先己》《誣徒》《明理》《知度》,俱有引《子華子》語,今分見偽書各篇。知先秦有其人,著書傳世,特久亡佚爾。故高誘注曰'古體道人'。據《莊子・讓王》《吕氏春秋・審爲》言'子華子說昭釐侯',司馬注云魏人,作偽者失檢,乃嫁名于晉。程本爲程嬰之後,與孔子仝時,其偽繆更顯然也。《韓詩外傳》二稱齊程本,則亦非晉人"①。《子華子》,舊本題晉程本撰。

━━━━━━━━━━

① 今所傳《子華子》一書乃是偽書,已爲前人所證。《四庫全書總目》有詳細的考辨:"舊本題晉人程本撰。案程本之名見於《家語》,子華子之名見於《列子》,本非一人。《吕氏春秋》引《子華子》者凡三見,高誘以爲古體道人。是秦以前原有《子華子》書。然《漢志》已不著錄,則劉向時書亡佚。此本自宋南渡後始刊版於會稽。晁公武以其多用《字說》,指爲元豐後舉子所作。朱子以其出於越中,指爲王銍、姚寬輩所託,而又疑非二人所及。周氏《涉筆》則據其《神氣》一篇,指爲黨禁未開之時,不得志者所爲。今觀其書,多采掇黄、老之言,而參以術數之說。《吕氏春秋・貴生篇》一條今在《陽城渠胥問篇》中,《知度篇》一條今在《虎會篇》中,《審爲篇》一條則佚不載,以掩剟剟之跡,頗巧於作偽。然商榷治道,大旨皆不詭於聖賢。其論黄帝鑄鼎一條,以爲古人之寓言,足正方士之謬。其論唐堯土階一條,謂聖人不徒貴儉,而貴有禮,尤足砭墨家之偏。其文雖稍涉曼衍,而縱横博辯,亦往往可喜,殆能文之士發憤著書,託其名於古人者。觀篇末自叙世系,以程出於越,睠睠不忘其宗,屬其子勿有二心以事主,則明寓宋姓。其殆熙寧、紹聖之間,宗之忤時不仕者乎? 諸子之書,偽本不一。然此最有理致文彩,辨其贋則可,以其贋而廢之則不可。陳振孫謂其文不古而亦有可觀,當出近世能言之流,實爲公論。晁公武以謬誤淺陋譏之,過矣。"

程本之名,見於三國魏王肅所傳《孔子家語》,而名爲"子華子"者非只一人,《列子·黄帝》篇有晉國"善養私名、舉國服之"的范氏"子華",《周穆王》篇有"病忘"的宋陽里"華子",《莊子·讓王》有韓昭侯時魏賢人"子華子",《戰國策·楚策》有"莫敖子華",《吕氏春秋·去宥》篇有"沈尹華"。戰國時,曾有《子華子》一書,《列子》《莊子》《吕氏春秋》皆有所引述,然此古書《子華子》早已亡佚,《漢書·藝文志》未著録,漢劉向時此書已不存在了。今傳本爲宋南渡後所刊行,前有漢成帝時劉向校讎《子華子》後所撰《序》,乃後人僞託之作。今傳本《子華子》既爲僞書,則《莊子·讓王》《列子·黄帝》與《周穆王》、《吕氏春秋·貴生》與《審爲》諸篇中的子華子,便與今傳本《子華子》無關了。

再如"亢倉子,即莊周所謂庚桑楚,其書九篇,僞也。余讀其書,如稱周靈王致帛璐、陳懷君賓亞寢、答國産、哭秦佚,時代皆不相及。猶云諸子多寓言,不足爲訾,至稱荆君熊圍,欲拜亢倉爲亞尹,楚官亞尹有無不可知,而自春秋至戰國,楚君無名熊圍者,空撰事端,强安名號,作僞者何不一檢史籍?"指出《亢倉子》之僞。

7.《列女傳補勘》

卷五末爲《列女傳補勘》。劉向《列女傳》,梁玉繩曾與孫志祖、梁履繩據明張溥翻宋本"粗校一過",本欲"再加搜討,刻入抱經堂《群書拾補》中",但因盧文弨及梁履繩相繼去世而未果。後顧之逵重刻《列女傳》卷末有顧廣圻的《考證》,多與梁氏等人向校同,梁氏遂"取顧本參對,蕆其繁復,只就所未及者條録於此,以補涓銖",得219條。其中,孫志祖所校條目最多,梁玉繩次之,履繩再次之,盧校最少。採用摘句形式,先列篇名,再列人名。一篇之中有許多人物都需要考證者,則將人名一一列出,下附考證語。同一人物有若

干句需考證的,則將句子一一列出,下附考證語。文中梁氏之語稱
"案",孫志祖之語稱"孫云",梁履繩之語稱"仲云",盧文弨之語稱
"盧校",以志區別。

《列女傳補勘》完全採用他校法,以張溥翻宋本之《列女傳》爲
底本,與兩類書作比,一類是引用過《列女傳》之書,如《太平御覽》
《初學記》《後漢書》《史記》三家注、《文選》注、《韓詩外傳》《家範》
《藝文類聚》《玉篇》等,通過比較,發現了一些不同點:底本無某
句,如"號曰重華。孫云:《後漢書·張衡傳》注引無此句"。底本
多某字,如"契母簡狄,有娀氏之長女。孫云:《初學記》九引此句,
上有'帝嚳之少妃'五字"。底本少某字,如"目不視于邪色,耳不聽
于淫聲。仲云:《大戴禮》注、《溫公家範》《朱子·小學·立教篇》
引皆無兩'于'字"。底本與諸書所引某字不同,如"以進婦道。案
《崔琦傳》注引'進'作'盡'"。底本與諸書所引文句不同,如"今將
滅羊舌氏者必是子也。案《文選·爲袁紹檄豫州》注引'長姒產男,
叔姬往觀之,曰:其聲狼也。狼子野心,非是莫威羊舌氏乎?'與今
本異"。

《補勘》一般只是列出底本與諸書所引内容的不同,很少發表
意見,評論正誤,不過有時也會有所闡發,如"周室三母,有吕氏之
女。案'吕'爲'台'之譌,《御覽》百三十五引作台,與邰全",指出底
本字譌。又有用來作他校的另一類書是與《列女傳》所記之事相同
者,如《左傳》《國語》《渚宮舊事》《晏子春秋》《史記》《漢書》《後漢
書》等。比較的結果,有用字不同,如"無自以殆。孫云:《國語》
'自'作'日'"。譌文或衍文,如"嚴廷年母,論府下。仲云:《漢
書·酷吏傳》'會府論上',此作'下'譌"。"二三婦之辱其祀先祀
者。孫云:上'祀'字衍,《國語》無。"文句不同,如"若令無神不可

誣。孫云：《左傳》襄十四年云‘無神何告，若有不可誣也’。文義較明”。所載人或事不同，如“齊靈聲姬，佐遂奔莒。孫云：《左傳》成十七年奔莒者，高無咎，非國佐也。時高無咎之子高弱以盧叛，故盧剋帥師圍盧，亦未嘗圍莒”。

　　梁氏兄弟和孫志祖在作校勘時，也會有所討論，有時對同一句話會有不同的意見或者一人之見另一人又有新的補充，梁氏將這些內容也都保存下來。如“投其畚萊而去。孫云：《選》注引無‘萊’字，疑衍。余謂：上文有‘戴畚萊’句，似非衍字”。梁玉繩不同意孫志祖的意見，給以反駁。又如“衛宗二順，衛宗室靈王之夫人。孫云：衛無靈王，未詳何人。下文‘封靈王世家’，語亦未詳。仲云：王即玉字，靈其氏，玉其名，故後稱靈氏，蓋靈公之後，以謚爲氏者也”。孫志祖未詳之內容，梁履繩又給以補充。“此之謂也。孫云：‘《文選·琴賦》注引游女，漢水神，鄭大夫交甫於漢皋見之。聘之橘柚。今本無此條，附記於此。’余案：‘《江賦》注引《韓詩内傳》曰：鄭交甫遵彼漢皋臺下，遇二女，與言曰：願請子之珮。二女與交甫，交甫受而懷之。超然而去，十步，循探之，即亡矣。回顧二女，亦即亡矣。事與《琴賦》注相類。’仲云：‘游女事出《列仙傳》，《選》注誤以爲《列女》也。’”乃是列上三個人各自的意見。

8. 梁氏著述的自我補充

　　梁氏撰《史記志疑》《人表考》等書成，又陸續有新的發現和論證，但因諸書已刻，遂將新發現放在《瞥記》的相應篇章中。其中補《史記志疑》四十五條，補《人表考》五十四條，補《吕子校補》九條，這些補遺大都有專門的說明性文字，如補《史記志疑》末云“以上各條因《史記志疑》已刻，不及增改，故錄此”。而補《人表考》則在第一條下注"以下補《人表考》"。對《吕子校補》的補遺放在卷五論子書部分,共九條,前三條爲補充《吕子校補》已論之文,后六條在《吕子校補》中並未提及者的新發現,因此加以特別説明:"以下六條《吕子校補》未及載,故記此。"後被收入《吕子校續補》中。所補内容或是針對已刻者進行增改,或是又有新的發現。

三、對前人詩文的考證

卷六爲詩文評論,其中論詩三十六條,論文四十八條。雖間有賞析,但大都還是以考據的方法來研究詩文的。

1. 對詩的考證

論詩自陶淵明起,大量摘録前人詩句。從内容上看,以論詩和考詩爲主,兼及論人。論詩有總體論説,如"詩忌襲前人,然古人作詩往往不忌用舊句"。有個別評價,往往録詩而後評,如"劉後村《詠彭祖》詩'活得如彭祖,憂愁八百春,頻爲哭殤叟,屢作悼亡人'。謔而趣,絶唱也"。"膠州李霞裳進士《詠甘草詩》'歷事五朝長樂老,未曾獨將漢留侯'。揚州張哲士《詠胭脂》云'南朝有井君王辱,北地無山婦女愁'。詠物雄俊,不可多得。"

又有在論詩之前先用一小段文字介紹作者,然後論其詩,如"錢塘諸生洪豆村名簡,字辟支,工詩,人無知者。著有《激提集》。卒於乾隆乙亥年,八十餘。豆村之門人汪毅山愛其詩,毅山死,以其稿殉葬。近人朱文藻搜録如干首,跋而藏之。余猶記其《詠算盤》一聯云:'合定二五耦,分開上下牀。'警絶"。"吴江郭麐字祥伯。磊落士也,眉中有白毛,人以白眉稱之。詩筆清俊,嘗於嚴歷亭司馬處識其人,記起《過友人村居次韻》二絶。"

又有先介紹其人而後錄其詩者："玉几山人陳撰字楞山，以詩話名一時。杭董浦太史作《山人小傳》，稱其詩有逸才，天然高澹。所刊《繡鋏集》《秋吟擬古》各一卷。……山人無子，以弟之子仁瞻爲後，家業蕩泯。乾隆甲寅，仁瞻年七十四，以貧病死，一子震，字東起。""明魯王時大司馬張忠烈公煌言葬南屏山荔子峰下，在昌化伯邵林墓之西。乾隆壬子杭人勒碑表其墓。錢廣伯《弔忠烈》一絶云：'華表何年立，豐碑此日題。從教樵采者，不到邵墳西。'"

又有通過讀其詩而評其人者："晚唐詩人中，薛能最庸妄。觀其《詠海棠荔枝詩序》《柳枝詞》注，高自夸詡，蔑視劉白，不知其所謂不媿不負者何在。《籌筆驛》詩譏諸葛武侯非王佐才，直是病狂之人，其慘遭禍固宜。獨張乖崖重次其詩，而序之曰'放言既奇，意在言外'。能之知己，惟張尚書而已。"

論詩部分更多的是對詩中之語進行考證，有的考證地理："陳陶《隴西行》'可憐無定河邊骨，猶是深閨夢裏人'。無定河在今陝西綏德州，即圓水也。圓字變作銀，《宋史·神宗紀》元豐四年，种諤敗夏人於無定河，即此。""武進閨秀吳文璧詠虞姬云：'大王真英雄，姬亦奇女子。惜哉太史公，不紀美人死。'案：姬墓在靈璧縣東三十里虹縣道南陰陵山北，蓋姬死於陰陵失道時也。"

有的指出詩人之誤："太白《早發白帝城》詩'兩岸猿聲啼不住'。案《水經注》：'瞿塘峽多猿，不生北岸，非惟一處。或有取之放著北山中，初不聞聲，將全貌獸渡汶而不生矣。'則白詩誤。"

有的對詩歌形式進行探究："元白次韻，自號元和體，以爲古所未有。案《洛陽伽藍記》王蕭繼妻代答蕭故妻謝氏詩，次用絲、時兩韻。梁武帝仝王筠《和太子懺悔詩》云'仍取筠韻'。此和韻之始。"①

有考證詩中之詞的來源："韋莊詩'蛛羅滅又光'。案《意林·傅子》曰：'蜘蛛作羅，蜂之作窠，其巧亦妙矣。'蛛羅二字本此。""王元之《牡丹詩》：'顏生如見此，未免也醺酣。'自注：'顏回不飲酒。'孫頤穀云：'此語見《莊子·人間世》。'"按《莊子·人間世》記顏回對孔子說："回之家貧，唯不飲酒不茹葷者數月矣。"

2. 對文的考證

論文主要是就文中所言而作考證，有指出文中所言不實："《琴操》言王昭君，齊國王穰女。適單于，生子世達，依其俗，欲妻母，昭君吞藥而死。元馬致遠《漢宮秋》曲言，明妃和親，行至黑龍江，投江而死。皆與《漢書》不合。蓋詞家假設之言，非關事實，猶《文選·長笛賦》所云'屈平適樂國，澹臺載尸歸'也。"

有據文中語推知名物，如據宋祁《荆王墓誌銘》"奉樟宮自京師如河南之永安"一句得出"天子之棺謂之梓宮，下天子一等則曰樟宮"的結論。據《祭統》所云"其先祖無美而稱之是誣也"，得出"非人人有銘"的結論，從而發出"今世無人不作誌傳，徒爲識者厭笑"的感慨。

有的糾正前人文中之誤：如顏真卿《撫州寶應寺律藏院戒壇記》"姚萇"當作"姚興"，《東方先生畫贊碑陰記》"太史公書"當作"續太史公書"。韓愈《柳子厚墓誌銘》"曾伯祖奭"當爲"高伯祖奭"等。

---

① 關於次韻詩之始，前人有始於唐代元積、白居易之說。如張表臣《珊瑚鉤詩話》云："前人作詩，未始和韻。自唐白樂天與元微之爲江浙觀察，往來置郵筒倡和，始依韻。"近代陳聲聰《兼于閣詩話》亦稱："詩次韻，始於唐之元、白、皮、陸，而盛於宋之蘇、黃。"而宋人程大昌《考古編》卷七"古詩分韻"謂："唐世次韻，起元微之、白樂天二公，自號元和體，曰古未之有也。抑不知梁、陳間已嘗出。"所言與梁玉繩同。

有的考證文中之語的出處:"楊植《許由廟碣》云'堯而許之,日而月之'。獨孤及《仙掌銘》云'月而日之,星而辰之'。王厚齋《困學紀聞》載之,以爲同一句法。案《管子·小問》篇'五而六之,九而十之',《莊子·庚桑楚》篇'尸而祝之,社而稷之',《吳子·治兵》篇'圓而方之,坐而起之,行而止之,左而右之,前而後之,分而合之,結而解之',句法從此化出。""范仲淹'先天下之憂而憂,後天下之樂而樂'之句來自《大戴禮·曾子立事篇》'先憂事者後樂事,先樂事者後憂事'。"

梁氏所論之文還包括時人的奏章:"今大司寇胡公季堂,當乾隆壬辰司臬江蘇,奏請貤封兄嫂。其略曰:'臣先有兄三人,均已授室,於臣父煦年七十歲以後,三兄四嫂先後物故,臣父暮年惟賴臣長兄已故生員長望之妻甘氏,矢志守節,奉養無違,後四年而臣始生,四齡臣母即亡,臣甫八歲,臣父又故,孤苦論零丁,存亡莫保,獨賴臣嫂提携教養,始能存活,嗣爲臣營葬雙親,又爲臣延師授室,是臣嫂乃臣家存殁咸賴之人,于臣父實無忝孝婦,於臣實恩均慈母,往歲本省撫臣以臣嫂守節已逾三十年,奏請旌表,今臣嫂已故六載,雖聖朝旌節之典已得叨沐于生前,而微臣銜報之私猶思永酬其身後,仰懇聖慈垂憐格外,將臣本身及妻室應得封典貤贈臣兄嫂'云云。此奏情詞真摯,不可多見。"又乾隆四十六年十一月大理寺少卿劉天成上疏請嚴禁浮費,梁氏録其中一段,稱"此言切中時弊,宜聖主以爲佳奏疏也"。

四、雜考

卷七雜事,所考極雜,既有對學術問題的探討,也有對日常生活習俗的考究。

1. 學術

對某一學術問題進行探究,如指出丁度《集韻》的錯譌之處,考證"滿洲"乃"滿珠"之譌轉,解釋法律術語"摘由"、"斷由"、"詳由"等,討論文學史上的問題,如《水滸傳》一百零八人原爲三十六人,永城人宋獻策即傳奇所謂宋矮兒,皆是對學術問題的探討。有時又評論前人之書,如説劉敞《續謚法》"取古聖賢文學之姓氏名字以爲謚,如'教化無方曰尼'、'先覺重任曰摯'之類,殊不可訓"。又云"《廣韻》注錯誤甚多","《太平御覽》所引諸書,半爲人間未見"。

2. 習俗

社會上的各種民風習俗,都是有歷史淵源的。這種淵源或者是統治者的硬性規定,或者是人們的日常生活習慣,梁氏對某些習俗來源進行了追溯:"漢哀帝尊祖母定陶恭王太后傅氏爲帝太太后,後又尊爲皇太太后。此婦人稱太太之始也。""俚俗有借壽之説,其始昉於九齡夢之附會乎? 父既可損年以與子,則子亦得減算以增親。此説相沿久矣。""官衙驅使之僕謂之長隨,蓋本前明内官之名。"或從古書中找到某些習俗的印證:元姚燧《浙西廉訪副使潘公澤神道碑》有云:"凡人鬻人皆畫男女左右食指横理於券爲信,以其疏密,判人短長壯少,與獄辭全。"所説的畫指券即今之手印,名稱不同而其實一也,都是用作憑證的依據。又如梁氏説"俗間以放債爲業者,京債最重,人每爲所累"。而這種京債,在漢代已有了,"《漢書·王子表》旁光侯劉殷坐貸子錢不占租取息過律免,陵鄉侯劉訴坐貸穀息過律免"。因此梁氏説"知取息有律,而重息之罪甚嚴,以其病民也。"

同時,梁氏對一些陋習進行了批判,如"今俗拜盟之風最爲濫雜,其弊更甚於連宗",不滿社會上流行的拜盟之風。"古者婦人稱太最重,古列侯之夫人非子復爲列侯不得稱太夫人(見《漢書·文紀》注)。乃自明末以來風俗替弊,無貴賤皆稱之,如翟晴江《通俗編》所載者,不亦大可笑乎。"婦人的稱呼中有"太"字,乃是一種極爲高貴的象徵,而民間無貴賤皆稱"太",梁氏認爲甚是不經。

3. 姓名

對人的姓氏、名字、命名特點等方面進行解説和考證,如列舉多例證明古人以形體命名、以獸畜命名者多有。又後世人取名有同於古之聖賢者,如箕子、比干、伯夷等。有同於人之所惡者,如盗跖、曹操等。而古今同姓名者多有,"《左傳》而下,若《史》《漢》,若《晉書》《魏書》,凡年表、紀、傳中宗室之仝名者,觸手皆是",梁氏嘗欲與弟履繩輯《宗族仝名録》,因翁誦芬以爲徒費心力,無所用之,遂輟不爲。但梁氏在《瞥記》中遍列古之與始祖、遠祖、高祖、曾祖、父仝名者。又云"滿洲書名多不繫姓,公私稱謂截取首一字代姓呼之","蓋稱謂之間既不知其氏族,又不可全舉其名,不得已而呼之如此。故又有單稱下一字者"。又謂"古人數世次有連身、離身二法,而連身數者爲多","古姓最古"等等,皆是對人姓名的考證。

4. 時事

梁氏記録了乾隆朝的一些雜事,如"本朝狀元出身無戴孔雀翎毛者。乾隆四十一年四月大學士于敏中賞戴花翎,及圖形紫光閣,又賞戴雙眼翎。七月山西巡撫畢沅賞戴花翎,前此未有也"。又如記載了詔改村名、地名之事:乾隆五十一年,林爽文作亂,某村村民與官兵共擊之,乾隆帝下詔將村名改爲"恩義"。嘉慶二年,詔改南籠府爲興義府,安籠鎮爲安義鎮。再如文淵閣因《四庫全書》置官員之事:"文淵閣在文華殿之後,乾隆四十一年建,以貯《四庫全書》,置領閣事二員,以大學士、協辦大學士、翰林院掌院學士兼充。置直閣事六員,以科甲出身之内閣學士、詹事、少詹事、講讀學士兼充。置校理十六員,以庶子、講、讀、洗馬、中、贊、修撰、編、檢及科甲出身之内閣侍、讀等官兼充。又設檢閲官八員,以科甲出身之内閣中書兼充,另派内務府大臣一員,兼充提舉閣事,掌管鎖鑰啟閉,琅函蔚焕,誠千古未有之盛也。"

5. 其他

卷七雜事還記載了其他各個方面的内容,如醫學,"脈有反關,有歇至。近有人衹一手有脈,一手無脈,此理殊不可曉。前人未聞論及此"。如佛經,從《阿育王譬喻經》中抽取有人買智慧的小故事,"此與馮煖爲齊市義全一機趣"。又對各種市井雜藝進行論説,如補牙,自古有之。又摘記古書中所記載的各種奇異之説,如"五官不相通而古有眉語之説,特虚爲形容耳。若獸則有牛以鼻聽,龍以角聽,蛇以眼聽,非人所能也"。又如以足作書、雙手寫二牘、無臂道人以肘夾筆寫字等異事。其他如討論三弦不始於元代,説明鹽神的原型,考證煙的起源,駁高士奇《天禄識餘》關於摺扇的説法,考證摺扇的起源、在摺扇上題詩的起源等等,極其駁雜。

6.《日本碎語》

卷七末附同鄉汪鵬《日本碎語》十六條。汪鵬,字翼滄,號竹裏山人,經商海外。他將在日本的見聞著爲《日本碎語》一書,又名《袖海編》,對日本的風土人情、中日之間的貿易情況等,有翔實的記載。梁氏説此書"備記彼國之山川風物俗産,史家作外國傳,必有取乎此”。欲讓鮑廷博刻入《知不足齋叢書》，未果①。他就先摘了其中的十六條録於《瞥記》中。

五、《瞥記》的特點和價值

1. 博涉多識

作爲讀書劄記，《瞥記》非常全面地體現了梁玉繩的治學範疇和在不同學術領域所取得的成就。既爲劄記，則有所得即記，不論古今，不分門類，但凡思考所及無不録，因此，劄記文章最能反映一個人的研究廣度，體現治學的博涉多識。很多大學問家也都很重視讀書劄記的寫作和價值。清代顧炎武的《日知録》、王念孫的《讀書雜誌》等，皆具有極高學術價值和學術含量。乾嘉學人在治學上雖各有專長，但同時也廣搜博取，對各個學術領域都有所涉及，既專又博。錢大昕就是一個學綜各家的通人，經、史、子、集，無所不能。許宗彦除了治傳統學問，尤精於天文、曆數，曾用西洋推步法，自製渾金球，探求地球公轉自轉規律。梁玉繩雖然没有達到錢大昕的高度，也没有許宗彦那樣的專長，但他在吸取各門學科知識方面，是極爲努力的，《瞥記》就是他這種努力的結晶。

《瞥記》一書，涉及經、史、子、集四部。梁玉繩的著作中，《史記志疑》《人表考》是對史書的專門考證，《吕子校補》是對子書的考證，《蜕稿》則是他詩文才能的體現，唯獨没有考證經學的專著。這樣，《瞥記》的卷一卷二，就成了體現他經學觀點的集中之作。因

---

① 　按：《知不足齋叢書》中没有《袖海編》，而《昭代叢書》戊集續編和《小方壺齋輿地叢鈔》第十帙皆收録。

此，雖然是劄記性質的作品，但《瞥記》在全面反映梁氏的治學內容
和學術觀點方面，具有重要的意義和價值。特別是前兩卷對十三
經的探究，對經書的闡釋和發明，對各種注疏的補充和糾正，以及
對前人所作各種研究的論說和評價，深刻而詳明。《清史稿》稱《瞥
記》"多釋經之文，有裨古義"①，主要就是指的前兩卷。

2. 保存遺聞軼事

梁氏在《瞥記》中錄存了大量的學術資料，他讀書時，遇到有價
值的資料，就會摘抄甚至全錄下來，從而使得《瞥記》具有極高的文
獻價值。儘管有些資料可以在原書中看到，但梁氏將各種資料分
門別類地排列，更有利於閱讀和使用。

梁氏錄存的材料，首先是學人的論說之文，如吳省欽《成都重
建靈應寺碑記》中關於釋家紅教、黃教始末的材料，程大中《在山堂
集》中的《蘄州毀悟空像記》，梁氏記其大略。其次是論詩文時摘抄
前人和當代人的詩文。

《瞥記》在摘錄資料方面有一個比較顯著的特色：當所論問題
與皇帝的詔書有關時，則全抄或者摘抄當時詔書的內容，如《禮
記·月令》"仲冬之月麋鹿解"，《夏小正》《吕氏春秋》《淮南子·天
文》《時則》並與《禮記》全。孔穎達謂說者多家，皆無明據。梁氏於
是錄乾隆三十二年十一月九日上諭：

> 《月令》有冬至麋角解之文，欽天監《時憲書》久經沿襲登
> 載，前以鹿與麋皆解角於夏，即疑《禮》經傳襲不無承譌，嘗著
> 《鹿角記》爲之辯論，而未究其所由。昨因時值冬至，偶憶南苑

---

① 《清史稿》卷四百八十一，第 13205 頁。

向有馴育之麢，俗名長尾鹿者，此時曾否解角？令侍衛五福前
往驗視，則脫角或雙或隻，正與節候相叶，並將新脫之角呈覽，
自來疑義爲之頓釋。《説文》有馴麢爲麤鹿之語，名苑又稱大
者曰麢，然三者實迥然不同。北人知之而南人則弗能辨。是
以輾轉滋疑。夫窮理格物，乃稽古所必資，已詳爲著説以辨。
並交欽天監，自後《時憲書》内即行改麤爲麢，俾信示四海無仍
昔誤。

又如乾隆四十年十一月上諭獨子出嗣，乾隆四十一年上諭命將古
書中關羽之諡號改爲忠義，乾隆四十二年上諭改"徹"字爲"漢武"，
不將漢武帝與秦皇、曹丕並立。乾隆四十九年正月上諭兄弟中有
一人犯罪，無罪者不受牽連，梁氏皆録於《瞥記》中。另外，他還録
存了一些大臣的詔書，如乾隆四十二年十一月兩江總督高晉奏程
允元與劉氏女堅守婚約五十餘年之事，乾隆五十七年十一月紀昀
奏會試出題罷胡安國傳，以《左傳》本事爲主，參用《公羊》《穀梁》
之説。

　　除了録存資料外，梁氏還在《瞥記》中保留了一些書籍存亡的
線索，如"聞前輩言湯若士有《宋史》改本，朱墨塗乙，某傳當削，某
傳當補，某人宜合某傳，某人宜附某傳，皆注目録之下，科段分明。
王阮亭《分甘餘話》謂臨川舊本在吳興潘昭度家，恨無從購之。許
周生云：潘中丞昭度曾欲重修《宋史》，先爲《宋史抄》，撫拾最富。
友人楊鳳苞見其殘稿十餘册，其全書則散佚久矣"。又如"桓譚《新
論》二十九篇，凡十七卷。其書蓋亡於宋世，故《宋史》《志》《文獻通
考》皆無之。明陳氏《世善堂書目》有《新論》二卷，當是後人所掇拾
也。仁和孫之騄搜采群書，輯成二卷，昔年曾借觀于孫氏，未及録

副而還之。今復索,已不可得矣"。

　　梁氏善於總結,常將古籍中所載相類之事匯總到一起,如卷五"《抱朴子·登陟》篇云:'古人入山皆佩黄神越章之印,行見新虎跡,以印順印之,虎即去,以印逆印之,虎即還。'因思唐段秀實倒用司農印追賊,雖一時權宜,或亦用此法。宋陳善《捫蝨新話》謂今州縣獄中走去罪人,但倒用印印所追捕文書,賊可必得。五代劉皇后遣人殺郭崇韜,李崧倒用都統印,以定人心。漢隱帝詔殺郭威,詐作詔書,以留守印倒用之。倒印又有此二事。"匯總列舉古時用倒印之例。將相類之事並列匯總,既是因一事引發對相似之事的勾稽羅列,以進行類比,同時也帶有類書分類排列的性質,具有一定的資料性和索引價值。

第三節　《蜕稿》的内容及價值

梁氏一門多能詩者,梁文泓、梁夢善、梁啟心、梁詩正、梁同書、梁履繩、梁德繩等皆有詩集。梁玉繩十五六歲時從嚴琪學詩,嘗和其所作《食玉麥詩》,爲其所推賞①。同時,他也得到不少名家的指點:"自束髮至今,蹤跡所到,嘗得奉教于名耆碩彦"②,青年時期詩歌創作達到頂峰,後則漸以學術研究爲主,詩文只是閒時之務了。在他看來,義理、考據、詞章三者中,詩文創作只是副業而已,考據才是正途。許宗彦跋《蜕稿》云:"餘暇爲文章,下筆吐霶霈。尚言非所長,輕比蟬羽蜕。十才存二三,謂餘更洮汰。"梁氏認爲"詩文多存不如少存,可以藏拙"③。乾隆三十九年,匯其三十歲以前所作詩四百餘首,分爲六卷,名爲《不暇懶齋詩集》。晚年又整理前作,删棄甚多,號曰《蜕稿》,取"譬諸蟬蛇所解"之義④。他的詩作雖然不多,但很有特色,徐世昌《晚晴簃詩匯》説:"諫菴詩雖不多,而清迥蒼堅,不作當時體,亦足稱其所學。"⑤

《蜕稿》共四卷,前三卷詩三百餘首,第四卷雜文六十篇。其中

---

① 梁玉繩《蜕稿》卷四《記嚴先生〈玉麥詩〉後》。
② 《蜕稿》梁玉繩自序。
③ 《庭立記聞》卷一。
④ 《蜕稿》景江錦跋云:"梁子曰:'是吾之委蜕已矣,詩學之燼喪而瀾縱久矣。家有敝帚而享之千金焉。'乃梁子之自視欲然若是。蟬之蜕也,振修綏;蛇之蜕也,化文雉;神龍之蜕也,中空而堅,精瑩奪目,扣之如玉石。梁子雖蜕名乎,吾竊慮夫逃名而名我追也。"
⑤ 徐世昌《晚晴簃詩匯》卷九七。

詩是主要部分,按照寫作的時間先後排列,從中可以清晰地看出他生活的痕跡和在技巧等方面的演變成熟的過程。詩歌形式比較齊全,以五言、七言爲主,也有其他形式,如《題楚士魏不矜庚甲集》:"仲晦詩編丁卯,潛夫雜識癸辛,此集署名庚甲,後先媲美三人。"乃是六言詩。

一、《蜕稿》中的詩

《蜕稿》中的詩豐富多彩,涉及廣泛,從内容上看,有描寫自然風景的、有記叙風土人情的、有感發思索慨歎的、有友朋贈答唱酬的。具體而言:

1. 貴州風情

梁氏年輕時曾隨父在貴州遵義任所居住,時爲大量作詩之始。《蜕稿》首即爲在黔時所作,描寫的都是貴州當地的風物和習俗。《同仁郡齋雙梅歌》《苗王坡》《黔中竹枝詞》《黔苗詞》《苗刀歌》《播州謡和馬魯浦》幾首,在標題中就已明確了創作的地點和對象①。這些詩描繪了苗族人民的生活習慣、風俗人情,具有鮮明的民族特色。梁氏以親身經歷寫作這些詩歌,更顯得真切可信,栩栩如生,因此這些詩對於了解和研究貴州苗族具有重要意義。

2. 旅途即興

梁氏一生輾轉經過不少地方,詩中有大量的旅途之作,記述了他的各種行程,構成他詩歌内容的一個特色。如從貴州遵義返家途中,經湖南、江西至浙江時,都有詩作:《龍坪道中》(廣西)、《雨

---

① 同仁市、苗王坡,都是貴州境内之地,播州是貴州遵義的古稱。

過馬蹄坡》(湖南懷化)、《舟中即目》《自辰溪至麻陽》(懷化)、《發黃溪口》(湖南辰溪縣)、《將抵長沙阻風》(湖南長沙)、《至湘東》(湖南)、《雨後放舟迅抵南昌》(江西南昌)、《過釣臺》(江西),從中可以清晰地看出他的行跡。又乾隆五十三年的武昌之行,一路沿長江舟行,幾乎每過一地都有詩作,如《毗陵道中》(湖北毗陵)、《謁史忠正公墓》(南京)、《燕子磯》(南京)、《采石磯守風》(安徽馬鞍山市)、《自板子磯至老鼠硤》(板子磯在安徽蕪湖市繁昌縣,老鼠硤在江西九江)、《吉陽湖》(江西南昌)、《過馬口》(江西省九江市永修縣馬口鎮)、《巴河晚泊》(四川省平昌縣)。又如某次出行,所作有《除夕次華陽鎮》(成都)、《三山硤遇雪》(南京)、《久宿葫蘆套遣悶》(山東滕州)《連過蕪湖龍江兩關喜而有作》(安徽)、《大風過黃天蕩》(蘇州)、《汪農祥壻偕女入都,送至蘇州口占志別》。這些旅途中的詩作,反映了梁氏當時高漲的創作熱情。

3. 友朋唱和

梁氏有時參加一些文人的集會,詩酒唱和,分韻作詩。如嘉慶三年春,"許恕堂招引湖莊,即席全賦"。《舒園銷夏次嚴歷亭司馬韻(會者十人)》《王述菴少寇招集湖上看牡丹,分得問字五古》都是聚會時所作。有時又與朋友互相聯句,如《雞毛帚聯句用韓孟鬥雞韻》,是與張雲璈和梁履繩三人聯句;《夜坐不暇孄齋聯句用皮陸寒夜聯句韻》,是與梁履繩的聯句詩。有時又與朋友書信往來,以作和詩,如《落花次金北瞻表兄韻》《雪人和翁誦芬孝廉韻》《和應叔雅熨斗曲》《和仲雅丈古鏡歌》《落葉和汪季懷》。有時則用古人的韻作和詩,如《江樓曲追和李長吉韻》《出浴用東坡安國寺浴韻》。

4. 生活場景

有的詩記載了日常生活場景,雖只是些微瑣事,但從中可見濃厚的生活氣息。如《除草》："小奴惰無匹，園荒久不掃。故欲勞其身，趁閒令除草。"以調侃戲謔的口吻表現出主僕之間的輕鬆愜意。《新屋》："老屋八九椽，歲久漸傾折。況復丁口增，戢戢蜂房密。墙東有隙地，寬廣可穿掘。吾翁底法勞，以次成堂室，伐木聲丁丁，五月功始畢。"描述了蓋新屋的全過程。又如《癸丑小寒後九日五十初度自述》："歲晚身閒無一事，助奴埽舍捲蛛羅。"身閒意淡之趣，躍然紙上。而老父親始終將自己當孩子看待的描寫更是令人莞爾："尚有老親呼小字，扶藜不敢過庭前。"（《癸丑小寒後九日五十初度自述》）"老親尚作嬰兒看，年例還分壓歲錢。"（《癸亥六十生朝口占》）已經五十歲的人了，老父親還是以小字稱呼自己；而到了六十歲的時候，竟然還能分到壓歲錢。這兩首詩體現了父子之間濃濃的情意，很有生活情趣。

5. 感慨議論

在心爲志，發言爲詩，《蛻稿》中的一些詩篇即是梁氏的内心感發，有時是對自己經歷的慨歎："忽見一顆蘭，芬香亦自好。顯晦信有時，何必争遲早。"（《除草》）包含功名無成之後豁達而又無奈的情緒。"寂寞寒冬夜，情閒坐竹亭……倦來思就枕，街柝夢中聽。"（《冬夜漫成》）又體現了一種蕭索寂寥之感。有時是由某事引發議論："偶游東城，見牆下石，是斷碑，漫漶莫識，僅存'號仲迁'三字，慨然有作：細認遺文記仲迁，何年殘毀委墙隅。即今荒冢憑誰問，但使名家亦已蕪。蕭懿墓碑成石筍，光堯經字壘浮圖。古來此物多磨滅，妄意流傳半似愚。"由斷碑殘文而引發聯想議論。

梁氏又將平日讀書之心得或感想形之於詩，如《讀賈島詩戲題》是據賈島之詩而作，《東城老父行》是據唐陳鴻所撰《東城老父傳》而作，《書〈東方朔傳〉後》《書〈劍南集〉》《書孫東掌〈青溪雜吟〉

後》,皆以詩爲跋語。又有《讀〈史記〉雜成》十首:《衛武公》《楚懷王》《項伯》《淮陰侯》《越句踐》《平原君》《陳平》《戚夫人》《秦穆公》《陳涉》,乃是對《史記》中人物的題詠,多有新意。

6. 題畫詠人

《蛻稿》中有不少題畫詩,有時是與友人分題,如《分題金南陵〈無雙譜〉》(金南陵名金古良,清初著名版畫家,《無雙譜》是其代表作),梁氏分得《博浪椎》《垓下歌》《趙娥怨》《并子三》《璇璣圖》《謫仙靴》六副題之。又有《分題閩人上官清指畫牧牛册》。有時是自己爲某副畫單獨題詩,如《題伊魯菴〈蝴蝶卷〉》《題高鐵舟調馬看劍圖》《題翟晴江丈書巢圖》《題黔苗圖》《題汪亢宗松石間圖》《題萬廉山立馬待渡圖》等。又有題人像之詩《題孫蘭圃照》:"是時天氣逼庚伏,醉後撩君腰腹大。朗吟魯直肉山詩,失笑傾杯衫袖涴。"活化出孫氏的形象和二人親密無間的交往。有些詩描繪了結交之人的形象,如《奉寄嚴璘如先生用黃山谷次謝師厚病間十首韻》:"夫子孤介士,性癖愛哦詩。家徒四壁立,巷冷無人窺。撐腸五千卷,枵然不救飢。自言貧非病,荼苦還如飴。"描繪出嚴琪孤高清貧之態。又如《讀王縠原比部遺稿詩以吊之》描繪了王的一生和性情:"先生讀書萬卷破,可憐一字不救餓。塊壘唯將杯酒澆,孤詠幽吟少人和。中年奔走向長安,長安熱客冷眼看。往來素心只三四,哀歌擊筑相鳴彈。久之入直中書省,涕長一尺衣衾冷。旋復對策該郎官,不樂文書樂閒靜。翻然便賦歸去來,老屋數間門不開。家徒壁立何所有,但有及榻青青苔。憶昔京華暫僑寄,我時幼小猶能記……"從中可見出王氏一生的軌跡。

7. 詠物叙事

詠物詩有《鳳仙花》《口琴歌》《萬年藤杖歌爲呂耜堂丈賦》《嘲

鼠須筆》《蠶豆十六韻》《筆飲歌》等。叙事詩不多,《徐孃歌》是一首長詩,前有小序,對所叙之事作了大體説明:"山陰何絅文,客居粤中,聞南海閨秀徐叶英能詩,娶以爲室。但其母已爲其聘全里胡氏女,兩未之知。居粤十年生二子,偕歸山陰。胡家欲絶婚,何母貪胡家富貴,逐徐。何遂娶胡氏,胡氏又逐二子。幼子病死。徐與大兒歸住尼庵。後徐之弟來訪,見此,欲訟諸官,徐不可。歸粤。無錫詩人吳一峰遇之,知其事,并見其詩三卷,寓書張雲璈述其事。梁氏因以撰長歌紀之。"

8. 集陶詩

卷三末爲集句詩《集陶》四十首。集句是一種特殊的詩歌創作方式,即集合前人詩中之句而成詩。本是一種文字遊戲,創始於晉代傅咸,至北宋發展、成熟起來,成爲一種正式的詩歌形式。至清,集句詩的創作登峰造極,數量龐大。梁同書就作過集杜詩二百八十首。集句詩要求用前人成句重新組織,使新詩流暢嚴密,具有一定的難度,而陶淵明的詩,"僅百六十餘首,造語淡峭,絶去蹊徑,故集靖節詩尤難"[1]。但梁玉繩翻舊生新,如自己出,在詩歌的音律、對仗等方面都極爲工整,達到了一定的藝術高度。

《集陶》每首詩後列所用詩句的出處,如《秋海棠》:

寒華徒自榮《九日閒居》,遊魂在何方《擬古四》。清涼素秋節《和郭主薄二》,憶此斷人腸《雜詩三》。

詩中的四句分别來自陶淵明的四首詩:《九日閒居》:

---

① 《集陶》許祖京跋。

> 如何蓬廬士，空視時運傾。塵爵恥虛罍，寒華徒自榮。

《擬古四》：

> 迢迢百尺樓，分明望四荒。暮作歸雲宅，朝爲飛鳥堂。山河滿目中，平原獨茫茫。古時功名士，慷慨爭此場。一旦百歲後，相與還北邙。松柏爲人伐，高墳互低昂。頹基無遺主，游魂在何方！榮華誠足貴，亦復可憐傷。

《和郭主簿》：

> 和澤週三春，清涼素秋節。露凝無遊氛，天高肅景澈。陵岑聳逸峰，遙矚皆奇絶。芳菊開林耀，青松冠岩列。懷此貞秀姿，卓爲霜下傑。銜觴念幽人，千載撫爾訣。檢素不獲展，厭厭竟良月。

《雜詩三》：

> 榮華難久居，盛衰不可量。昔爲三春蕖，今作秋蓮房。嚴霜結野草，枯悴未遽央。日月還復周，我去不再陽。眷眷往昔時，憶此斷人腸。

從這四首詩中各取一句，從而集成一首《秋海棠》。

從詩歌内容上看，梁氏在貴州時就已作《集陶》詩了，《鎮遠郡齋坐雪柬楊介侯孝廉》《晚渡羊巖河》中的鎮遠、羊巖河皆爲貴州之地。《集陶》並非純粹地集陶詩詩句,而是針對具體内容有感而發,有記旅途之作《晚渡羊巖河》《麻陽道中》《南昌遇閔廣如留舟中小飲即别》等,有寄人之作《酬趙秀才還山述懷之作》《誂吳主簿初歸即事二首》《奉承孫容齋先生》等,還有挽詩《輓趙秀才》《輓孫際和二首》等。有時又注意格式上的限制:《九日閒居》《乞食》《連雨獨飲》《詠貧士》《詠二疏》《詠三良》《詠荆軻》七首是在"禁用本題詩句"的要求下所作。

二、《蜕稿》中的文

卷四是雜文,雖僅一卷,但内容豐富,形式多樣。從文體上看,有賦、序、記、書、論等;從内容上看,則依文體不同而各異。

與詩的純文學性相比,梁氏所作諸篇雜文,更具考辨色彩,更能體現出他作爲考證學家的特點。因此,從總體上看,文可以分爲兩大類,一類貼近於文學性,一類偏重於考辨性。

1. 記叙文

在記叙文中,有些完全以記叙爲主,有些則在記叙的基礎上有所議論。

以記叙爲主的有賦、序、跋、銘、贊、頌、傳、祭文等。賦三篇,《冬草賦》《蠶豆賦》《王墳豆賦》,皆爲詠物之作。序文如刻書序《重刻岳忠武王集序》,介紹了他刊刻《忠武王集》的始末。爲他人詩文集所作序《張仲雅丈詩集序》《崔秋榖詩鈔序》,描繪了張、崔二人的形象,追溯了自己與他們的交往和友情。壽序《贈陳雲杓序》,記載了一位鐫石能手的事蹟。又有自序九篇,乃是爲自己的著作所作,《史記志疑序》《志疑後序》《人表考序》《吕子校補序》《元號略序》

《銍銘廣例序》《瞥記序》《蜕稿序》《清白士集序》,皆已見於各部著作中,又在此處彙集起來。跋文數篇,《記二鄉先生詩後》《記嚴先生〈玉麥詩〉後》《跋孫侍御〈家語疏證〉》《跋〈綏寇紀略〉》《跋炬曉上人手抄〈弘明集〉》等。銘,是古代刻在器物上用來警戒自己或者稱述功德的文字,後來成爲一種文體。這種文體一般是用韻的,內容多簡短,特別是刻於器物上申鑒戒的銘文,文字短小精悍却構思精巧,內容樸素而義理深邃,形式活潑且易於記誦。梁氏作銘兩篇:《慎旃族祖以子名硯命作銘》《諫菴硯銘》。贊,即讚揚之義,有《口贊》《蠅虎贊》兩篇。頌有《净慈僧覺非頌》。傳有《孫文樵小傳》《金星齋小傳》《志趙映辰殯》,皆是爲相交之友人卒後所作。祭文有《靖邊副將軍完顏公墓表》《周端辰夫子告窆文》《祭仲弟文》《薦亡妾倪氏疏》。另外,"記"中的《游龍巖記》,是一篇純粹的遊記,在貴州時游龍巖所作,光緒十七年王錫祺輯入《小方壺齋輿地叢鈔》第十二帙。這些都是以記叙爲主的文章。

有些記叙文在記叙的同時又有所議論。如"記"中的《重修鎮海丞署記》,贊乾隆三十九年建安范君捐俸以修茸丞署之事,發表了一番對官吏的議論:"今之爲吏者,視公廨如傳舍,隳摧圮漏,忍而不治。大抵勤于職守,營居無暇,其次塗飾耳目,不爲久遠計,最下各嗇財用,非支公帑,寧毀廢弗修,欥仄腐壞,轉以相付。"又如"説",更是偏重於議論,《唐花説》,表達對冬天在温室中培植鮮花違背花之本性做法的不滿,他説:"凡物,宜順其天以致其性,敷榮各有時,乃造作矯揉,苟悦一日,令先時而開,先時而萎,此與宋人揠苗助長奚以異。"又由花論及人:"士大夫飾名播譽,未嘗不照耀一時,爲庸耳俗目所驚詫,而須臾之頃,已與草木同腐,豈不悲耶!"《猴説》,先記叙了自己的一件事情:"余幼在黔,嘗畜二猴","噪急善攫”，後一日，令童子蒙虎皮以示猴，猴以爲是老虎，“驚竄上樹，既上復顛，跪地而號，自以掌摡目，蓋懼之甚”。而當得知是人假扮老虎時，猴又恢復了常態。梁氏於是歎道“無其實而襲其貌，又或自露其機，天下何一之能欺哉！”以對動、植物的描寫，引申出對社會現象的批判，夾叙夾議。

又有幾篇讀書心得，就書中的某一篇發表讀後感，如《書〈史記·酷吏傳〉後》，表達了自己對爲官之道的見解：《史記·酷吏傳》所載酷吏亦不乏有才者，但大都慘死，因此梁氏說：“後之爲吏者，無都、湯之才，有都、湯之罪，而未受都、湯之禍者，可不懼哉，可不戒哉！”《書〈宋書·孝義傳〉後》，表達了自己對孝的理解：《宋書·孝義傳》載郭世道家貧，佣力以養繼母。生一子，因恐養此子致廢侍養母而埋子。梁氏對此大加撻伐，斥郭世道連虎狼都不如。且若無子承繼，亦會傷母心，又何談孝道。稱郭之舉與易牙烹其子，王莽、武則天殺其子，鄧伯縛子于樹，“仝一忍也”，是忍人，而非孝子。《書〈南齊書·孔稚圭傳〉後》《書〈桃花源記〉後》《書昌黎〈徐偃王廟碑〉後》《書〈諱辨〉後》諸篇，皆是發表的讀後之感。

2. 考辨文

除了記叙文，雜文中還有很多考辨文，純粹是針對某一問題進行考證辯論，主要體現爲記、書、辯、論幾種形式。如《苗人擇婚記》爲糾正田雯《黔書》和陸次雲《北墅緒言·跳月記》對花苗擇婚的錯誤記載而作。梁氏在貴州八年，曾在鎮遠郡住過九個月，親見苗人擇婚事，因此以自己所見來糾正前人之誤說。又如與諸人論學的書信《復盧學士論諱書》《答錢詹事論漢侯國封户書》《答翟晴江丈書》《與景太守李門書》《寄項壽芝書》《寄弟處素書》，皆討論學術問題。而“辯”和“論”更直接體現了他的考辨之功，如《越殺伯嚭辨》，據《左傳》所載知"吳亡而嚭又降越用事"，梁氏認爲此事可信："夫勾踐長頸鳥喙人也，觀其賜文種劍使自盡，其信讒忘舊如是，安知不好面諛？況吳當全盛之時，越危如幕燕，賴嚭一言得以存國，則其待嚭以不死，似無足疑者矣。"《公儀子禁織辨》是對《史記·循吏傳》所載公儀子"見其家織布而疾出婦，燔其機"之事提出質疑和辯駁："燔機出婦，不可以訓。古者自王后夫人以至庶人之妻，莫不親執紡紝之事，以供衣服。""將謂不欲以食禄之家與民争利，則諭其婦輟梭投杼可也，出而燔之，不已甚哉！"從更加合乎人情事理的角度作出了分析。

"論"與"辯"相似，也是針對古書的内容作出討論，如《反蘇子范增論》對蘇軾《范增論》提出幾點質疑並發表自己的見解。一是蘇軾稱"增之去，當于羽殺卿子冠軍時也"。卿子冠軍即宋義。梁氏認爲"增爲羽謀主，羽之殺宋義，增教之也"。二是《范增論》稱義帝"天下之賢主"，"識卿子冠軍於衆人之中，而擢以爲上將，不賢而能如是乎？"以義帝爲賢。又説"爲增計者，力能誅羽則誅之，不能則去之"，批評范增不能誅殺項羽，梁氏稱蘇軾此言"毋乃庚乎"。而對於范增離去的具體時間，梁氏説"是必在鴻門罷會之時"，"增年已七十，知豎子之不足與謀，知吾屬之且爲所虜，可以乞骸骨而去矣，何待反間行於陳平，嫌疑起於惡食始願歸卒伍，疽死道路耶！"三是蘇軾稱"增，高帝之所畏也。增不去，項羽不亡"。梁氏稱"增去羽亡，不去羽亦亡，天方助漢，亦全歸于驅除而已矣"。對蘇軾之説作出一一的辯駁。而讀後感中，除了單純發表議論之外，還有專以考證爲目的的，如《書昌黎〈徐偃王廟碑〉後》，韓愈稱徐偃王爲仁義之人，而梁氏考證知其僭號黷武，其"行仁義者徒爲一時收拾人心之計"而已。《書〈諱辨〉後》，對韓愈《諱辨》有關問題作了糾正。

三、《蜕稿》的特點和價值

　　梁氏兄弟早年與張雲璈一同學習作詩,梁履繩曾言三人詩作的短處,梁玉繩的缺點在於"失之粗"①,這與玉繩豪放粗獷的性格有關,表現在詩裏,即成爲一種粗率的特點,但這並不妨礙他在文學創作上的成就,翟灝説:"嘗竊嘆董浦先生既逝,吾鄉文脈行就盡喪,迺今知秀異所鐘,薪傳無盡,繼董浦而起者,諫菴非其一耶。"②對梁氏高度讚揚。實際上,從詩歌創作和鑒賞的角度看,《蜕稿》的成就不高,也並没有達到翟灝所説的水平。但從詩言志的角度分析,却是研究梁氏生平和性情的寶貴資料。由於他在《志疑》《人表考》等學術研究著作中很少提及自己的生活和性格等内容,因此《蜕稿》中的詩文就成爲他流露感情的極佳媒介。他不僅將自己的旅途所感以詩歌的形式記録下來,而且描繪了諸多生活場景,如《仝應叔雅及仲雅丈往毗陵過黄埠墩坐篷頂玩月小飲》云"不坐舟中坐舟頂",《題孫蘭圃照》:"是時天氣逼庚伏,醉後撩君腰腹大。朗吟魯直肉山詩,失笑傾杯衫袖涴。"《題叟湘芷丈花隖讀書圖》:"吾翁惡醋飲,作詩戒酒友。予性不能止,往往遭訶詬。先生胡爲乎,忽與一瓻酒,雲是數年陳,不比沽來醜。題我花隖圖,枯腸可潤否。"既體現出友人間的志趣相投、親密無間,也反映了梁氏性格中豪爽的一面。而《雪後愁坐書懷(倪氏妾初亡)》:"未必愁緣杯

────────

① 張雲璈《簡松草堂文集》卷二《梁孝廉〈澹足軒遺詩〉序》。
② 《蜕稿》跋。

力減，可憐人共雪痕消。”《哭小女阿冰》：“竟隨亡母去，不爲乃翁留。”則流露出親人逝後的悲苦心境，讓讀者看到一個有真情實感的梁玉繩。另外，從《蛻稿》雜文部分的議論，可見梁氏對某些事情的見解。如《重修鎮海丞署記》和《書〈史記·酷吏傳〉後》二文，表達了他對正直官吏的讚揚和對貪官污吏的憎恨。《書〈宋書·孝義傳〉後》，通過對郭世道因恐廢侍養母而埋子之事的鞭撻，體現了他對孝的理解。《書〈南齊書·孔稚圭傳〉後》，對傳爲佳話的孔稚圭不除院中雜草，以蛙鳴當鼓吹之事提出了不同意見，反映了他對作表面文章以嘩衆取寵行爲的不屑。

梁氏是考據學家，詩文並不是他的專業，他也不欲以詩文名。但通過《蛻稿》，我們可以看出他的文學創作與學術考據之間的關係。尤其是雜文部分，大都針對各種問題作考辨和議論。翟灝爲《蛻稿》作跋稱其文“多本經術出之”，精確地指出梁氏之文的特點，也反映出梁氏考據學家的本質。

結語：對梁玉繩學術成就和
歷史地位的總體思考

　　清朝乾嘉時期是中國學術史上的一個重要階段，考據學繁榮鼎盛，考據大家輩出，考據成果豐碩。作爲乾嘉考據學的代表人物之一，梁玉繩雖不如戴震、錢大昕、王念孫等經學、史學大家那樣聞名，但他結合自身的特點，在自己的研究範圍內，取得了很大的成就，爲推進學術的發展作出了自己的貢獻。

　　中國古代的學術領域中，經學始終佔據着主導位置，清朝的乾嘉時期，尤其如此。乾嘉考據大家多以經學研究爲主業，惠棟、戴震、王念孫等乾嘉名儒，皆以經學家著稱，就連史學大家錢大昕、王鳴盛等人也都在經學方面取得很大成就。在這樣一個經學盛行的時代，身處其中的梁玉繩也曾在經學研究方面作過一些努力，其成果保存在《瞥記》的卷一卷二中。不過，總體上他在經學研究上並沒有什麼突破和獨特性。而且他的經學研究，是對經書做了一些考證，而非在經學方面有專門的深入研究。所以，他不是經學家。但他却找到了一條適合自己的治學道路，那就是史學考證，從而以史學考據家的身份出現在乾嘉學術領域中。

　　隨著學術自身的不斷發展和學者們的深入研究，經學考證取得了很大成就,但也出現了可供考證的經書範圍縮小,考證方向和方法趨於一致的問題。於是,學者們開始擴大治學領域,拓寬考證空間,他們首先注意到的就是史部著作,將經學考據的方法運用到史學研究領域,成果豐碩,如《史記》三家注之類的各種史注,錢大昕、王鳴盛、趙翼等人的通史研究,都是史學考據的具體運用。考據學還延伸到對子部甚至集部的研究方面,如對《墨子》《莊子》等先秦子書及《文選》、杜《詩》等文學作品的注解和考證。

　　梁玉繩正是在這樣一個學術背景下,結合自身的特點,選擇了史學考證。不過,與乾嘉著名史學家錢大昕、王鳴盛等人的治史角度不同,他走出了一條具有自身特色的治史之路。乾嘉時期的史學研究主要體現在對史料的修補鑒別,對史籍編著源流的釐定,對史書記載真偽異同的考訂,對各史書表、志的訂補以及對遺文軼事方面材料的搜集辨證等等。梁玉繩的研究,也主要圍繞着這些方面展開,他的治史方法也采用了本證和旁證等方法,乃是由於他長期沉浸於史學領域,對這一領域的作品和材料都已經非常熟悉,所以運用起來能够得心應手。而且,與錢大昕、王鳴盛等人對歷代正史的全面研究相比,梁玉繩的研究在廣度上遠遠不如。在這種情況下,若還是沿襲前人,只能是重復勞動,不會有什麼突破。於是,他便選擇了專精的道路,在研究的深度上下功夫,作出更爲集中和深入的研究。基於此,他以先秦兩漢爲重點研究時段,以《史記》《漢書》等著作爲主要研究對象,撰寫了《史記志疑》《人表考》這兩部最能代表他史學考據成就的專著。這種結合自身特點作出專精研究的選擇是明智的,正確的。專事一書甚至一卷,使得他的研究成果在某些方面超越了同時代甚至是前代學者:雖然《史記》的研究之作很多,但自三家注之後,如此大篇幅的細緻考證却少之又少。《志疑》無論是在内容的豐富性，還是在研究的深入性方面，都處於領先位置，既超越同時代人的《史記》研究成果，也是自三家注以來考《史》之作的翹楚。而《人表考》更是專精之作的典範，開創了《漢書》研究的新領域和《人表》研究的新模式，全面體現出梁玉繩鉤稽資料、繫連索隱的考證能力，與《志疑》一同反映了他的考據之功。《人表考》既是專精角度的選擇，同時也體現了他善於發現問題的特點。這一特點同樣適用於其他著作，比如《吕子校補》是他參加畢沅校刻《吕氏春秋》的産物。梁氏在選題上注意互相繫聯和引申，因此能夠不斷地發現問題，從而作出考證，解決問題。最終，梁氏選取了自己擅長的對象和角度作出研究，從而取得既具有時代性又具有濃郁個人特色的成就，在乾嘉學術領域中佔有一席之地，成爲乾嘉史學考據的重要代表人物。

梁玉繩的學術研究取得了卓著的成果，這些成果是中國傳統學術研究寶庫中的重要組成部份，有待後人的繼承和探討。而他的治學精神更值得我們學習：雖出身世家大族，過着衣食無憂的生活，但他從來都沒有放鬆對學術研究的追求，終於留下了可觀的學術成果。在治學中，他既遵循實事求是的乾嘉風尚，以探求歷史真實爲旨歸，同時又本着批判的態度，對《史記》等前賢名著，保持清醒的認識。清代考據學界雖不乏批判繼承者，但大多數學者還是從維護典籍神聖的角度進行考據，對前人作品本身，並無太多質疑，更多對古籍在流傳過程中造成的謬誤作出品評考證。而梁玉繩則以一種辯證的眼光來看待前人著作，敢於發表自己的不同見解。這些學術精神，在今天仍有其現實意義，值得我們繼承和發揚。

參考文獻

著作

1. 《十三經注疏》,清阮元校刻,1980 年 9 月上海古籍出版影印本。

2. 《今文尚書考證》,清皮錫瑞撰,1998 年 12 月中華書局排印本。

3. 《韓詩外傳集釋》,漢韓嬰撰,許維遹校釋,1980 年 6 月中華書局排印本。

4. 《左通補釋》,清梁履繩撰,《續修四庫全書》影印清道光九年汪氏振綺堂刻光緒元年補修本。

5. 《十七史商榷》,清王鳴盛撰,2005 年 12 月上海書店出版社排印本。

6. 《廿二史劄記校正》,清趙翼著,王樹民校正,1984 年 1 月中華書局排印本。

7. 《廿二史考異》附《三史拾遺》《諸史拾遺》,清錢大昕撰,2004 年 4 月上海古籍出版社排印本。

8. 《百衲本二十四史校勘記》,張元濟著,1997 年 12 月商務印書館寫印本。

9. 《校史隨筆》,張元濟撰,張樹年、張人鳳導讀,1998 年 12 月上海古籍出版社排印本。

10.《史記》,漢司馬遷撰,1982 年 11 月中華書局排印本。

11.《校刊史記集解索隱正義劄記》,清張文虎撰,1977 年 8 月中華書局排印本。

12.《望雲寄廬讀史記臆説》,清楊琪光撰,《四庫未收書輯刊》影印清光緒十年刻本。

13.《史記訂補》,李笠撰,《四庫未收書輯刊》影印民國十三年瑞安李氏刻本。

14.《史記新證》,陳直著,1979 年 4 月天津人民出版社排印本。

15.《史記會注考證附校補》,日本瀧川資言考證,水澤利忠校補,1986 年 4 月上海古籍出版社排印本。

16.《史記管窺》,程金造著,1985 年 3 月陝西人民出版社排印本。

17.《史記研究》,張大可著,1985 年 4 月甘肅人民出版社排印本。

18.《史記探源》,崔適著,1986 年 9 月中華書局排印本。

19.《歷代名家評〈史記〉》,楊燕起、陳可青、賴長揚編,1986 年 3 月北京師範大學出版社排印本。

20.《漢書》,漢班固撰,1962 年 6 月中華書局排印本。

21.《漢書補注》,清王先謙撰,1983 年 9 月中華書局影印本。

22.《漢書新證》,陳直撰,1959 年 10 月天津人民出版社排印本。

23.《漢書古今人表疏證》,王利器、王貞珉著,1988 年 8 月齊魯書社排印本。

24.《史記漢書諸表訂補十種》,清梁玉繩等撰,1982 年 7 月中華書局排印本。

25.《後漢書》,劉宋范曄撰,1965 年 5 月中華書局排印本。

26.《三國志》,晉陳壽撰,1959 年 12 月中華書局排印本。

27.《三國志集解》,盧弼撰,1982 年 12 月中華書局排印本。

28.《宋書》,梁沈約撰,1974 年 10 月中華書局排印本。

29.《魏書》,北齊魏收撰,1974 年 6 月中華書局排印本。

30.《隋書》,唐魏徵等撰,1973 年 8 月中華書局排印本。

31.《清史稿》,趙爾巽等撰,1976 年 7 月中華書局排印本。

32.《資治通鑒》,宋司馬光撰,1956 年 6 月中華書局排印本。

33.《路史》,宋羅泌纂,民國二十五年中華書局鉛印本。

34.《繹史》,清馬驌纂,王利器整理,2002 年 1 月中華書局排印本。

35.《清代碑傳全集》,清錢儀吉等撰,1987 年 11 月上海古籍出版社影印本。

36.《國朝先正事略》,清李元度著,1991 年 5 月嶽麓書社排印本。

37.《歷代兩浙詞人小傳》,清周慶雲纂,民國十一年周氏夢坡室刻本。

38.《漢學師承記》,清江藩纂,清光緒十五年刻《玲瓏山館叢書》本。

39.《清史列傳》,王鐘翰點校,1987 年 11 月中華書局排印本。

40.《中國史學家傳》,張舜徽主編,1984 年 3 月遼寧人民出版社排印本。

41.《中國史學家評傳》,陳清泉、蘇雙碧主編,1985 年 3 月中州古籍出版社排印本。

42.《清代朴學大師列傳》,支偉成著,1986 年 3 月嶽麓書社排印本。

43.《文獻家通考》,鄭偉章著,1999 年 6 月中華書局排印本。

44.《中國古代史學家年譜》,張愛芳輯,2005 年 6 月北京圖書館出版社排印本。

45.《錢大昕》,方詩銘、周殿杰著,1986 年 8 月上海人民出版社排印本。

46.《林紓》,曾憲輝著,1993 年 8 月福建教育出版社排印本。

47.《中國方志叢書·華中地方》,民國十一年鉛印本,成文出版社有限公司印行。

48.《清代職官年表》,錢實甫編,1980 年 7 月中華書局排印本。

49.《史諱舉例》,陳垣撰,1998 年 4 月上海書店出版社排印本。

50.《四庫全書總目》,清永瑢等撰,1965 年 6 月中華書局影印本。

51.《鄭堂讀書記》,清周中孚撰,1959 年 1 月商務印書館排印本。

52.《越縵堂讀書記》,清李慈銘著,2000 年 6 月上海書店出版社排印本。

53.《續修四庫全書總目提要(稿本)》,中國科學院圖書館整理,1996 年 10 月齊魯書社影印本。

54.《周秦漢魏諸子知見書目》,嚴靈峰編著,1993 年 4 月中華書局影印本。

55.《清人別集總目》,李靈年、楊中主編,2000 年 7 月安徽教育出版社排印本。

56.《清人詩文集總目提要》,柯愈春著,2002 年 2 月北京古籍出版社排印本。

57.《歷代正史研究文獻叢刊·二十二史考論》,清杭世駿、牛運震等撰,2005 年 3 月北京圖書館出版社影印本。

58.《史通通釋》,唐劉知幾撰,清浦起龍釋,1988 年 3 月上海古籍出版社排印本。

59.《讀通鑒論》,清王夫之著,1975 年 7 月中華書局排印本。

60.《文史通義》,清章學誠撰,呂思勉評,2008 年 12 月上海世紀出版集團排印本。

61.《諸史然疑》,清杭世駿撰,民國十七年北京文化學社鉛印本。

62.《呂氏春秋》,漢高誘注,1986 年 7 月上海書店排印本。

63.《呂氏春秋校釋》,陳奇猷校釋,1984 年 4 月學林出版社排印本

64.《呂氏春秋集釋》,許維遹著,1985 年 5 月中國書店排印本。

65.《白虎通疏證》,漢班固撰,清陳立疏證,光緒元年淮南書局刻本。

66.《家語疏證》,清孫志祖撰,《續修四庫全書》影印清嘉慶刻本。

67.《世説新語箋疏》,余嘉錫撰,周祖謨、余淑宜整理,1983 年 8 月中華書局排印本。

68.《本草乘雅半偈》,明盧之頤編,冷方南、王齊南校點,1986 年 8 月人民衛生出版社排印本。

69.《容齋隨筆》,宋洪邁撰,2007 年 9 月中華書局排印本。

70.《萬曆野獲編》,明沈德符撰,1959 年 2 月中華書局鉛印本。

71.《通俗編》,清翟灝撰,《續修四庫全書》影印清乾隆十六年翟氏無不宜齋刻本。

72.《陔餘叢考》,清趙翼撰,1963 年 1 月中華書局排印本。

73.《十駕齋養新録》,清錢大昕著,陳文和、孫顯軍校點,2000 年 5 月江蘇古籍出版社排印本。

74.《讀書雜誌》,清王念孫著,1985 年 3 月中國書店排印本。

75.《拜經日記》,清臧庸撰,《續修四庫全書》影印清嘉慶二十四年武進臧氏拜經堂刻本。

76.《群書拾補》,清盧文弨撰,《續修四庫全書》影印清《抱經堂叢書》本。

77.《鄭堂劄記》,清周中孚撰,《續修四庫全書》影印清光緒趙氏刻《仰視千七百二十九鶴齋叢書》本。

78.《娛親雅言》,清嚴元照撰,《續修四庫全書》影印清光緒湖城義塾刻《湖州叢書》本。

79.《浪跡三談》,清梁章鉅撰,陳鐵民點校,1981 年 9 月中華書局排印本。

80.《兩般秋雨盦隨筆》,清梁紹壬撰,《續修四庫全書》影印清道光十七年汪氏振綺堂刻本。

81.《煙嶼樓讀書志》,清徐時棟撰,《續修四庫全書》影印民國十七年鉛印本。

82.《郎潛紀聞二筆》,清陳康祺撰,清光緒六年刻本。

83.《蕉廊脞録》,清吳慶坻撰,《續修四庫全書》影印民國十七年劉氏求恕齋刻《求恕齋叢書》本。

84.《鮚埼亭集》,清全祖望撰,《續修四庫全書》影印清嘉慶九年史夢蛟刻本。

85.《道古堂文集》《道古堂詩集》,清杭世駿撰,《續修四庫全書》影印清乾隆四十一年刻光緒十四年汪曾唯增修本。

86.《紫竹山房文集》,清陳兆倫傳,《四庫未收書輯刊》影印清嘉慶刻本。

87.《袁枚全集》,清袁枚撰,王英志主編,1993 年 9 月江蘇古籍出版社排印本。

88.《抱經堂文集》,清盧文弨撰,《續修四庫全書》影印清乾隆六十年刻本。

89.《頻羅庵遺集》,清梁同書撰,《續修四庫全書》影印清嘉慶二十二年陸貞一刻本。

90.《春融堂集》,清王昶撰,《續修四庫全書》影印上海辭書出版社圖書館藏清嘉慶十二年塾南書社刻本。

91.《甌北集》,清趙翼撰,1997 年 4 月上海古籍出版社排印本。

92.《潛研堂集》,清錢大昕撰,1989 年 11 月上海古籍出版社排印本。

93.《嘉定錢大昕全集》,清錢大昕撰,1997 年 12 月江蘇古籍出版社排印本。

94.《經韻樓集》,清段玉裁撰,《續修四庫全書》影印清嘉慶十九年刻本。

95.《簡松草堂文集》《簡松草堂詩集》,清張雲璈撰,《續修四庫全書》影印清道光刻《三影閣叢書》本。

96.《孫淵如先生全集》,清孫星衍撰,民國八年商務印書館《四部叢刊》影印清嘉慶刻本。

97.《揅經室集》,清阮元著,清道光三年文選樓刻本。

98.《鑑止水齋集》,清許宗彥撰,《續修四庫全書》影印清嘉慶二十四年德清許氏家刻本。

99.《頤道堂文鈔》,清陳文述撰,《續修四庫全書》影印嘉慶二十二年刻道光增修本。

100.《柯家山館遺詩》,清嚴元照撰,《續修四庫全書》影印清光緒陸心源刻《湖州叢書》本。

101.《清尊集》,清汪遠孫輯,道光十九年振綺堂刻本。

102.《借閒生詩》《借閒生詞》,清汪遠孫撰,《續修四庫全書》影印清道光二十年錢塘汪氏振綺堂刻本。

103.《甘泉鄉人稿》,清錢泰吉撰,《續修四庫全書》影印清同治十一年刻光緒十一年增修本影印。

104.《青學齋集》,清汪之昌撰,民國二十年刻本。

105.《兩浙輶軒錄》,清阮元輯,清嘉慶六年刻本。

106.《兩浙輶軒續録》，清潘衍桐輯，《續修四庫全書》影印清光緒十七年浙江書局刻本。

107.《湖海詩傳》，清王昶輯，《續修四庫全書》影印清嘉慶八年三泖漁莊刻本。

108.《湖海文傳》，清王昶輯，《續修四庫全書》影印清道光十七年經訓堂刻本。

109.《晚晴簃詩匯》，清徐世昌輯，《續修四庫全書》影印民國十八年退耕堂刻本。

110.《清詩紀事》，錢仲聯主編，1989 年 7 月江蘇古籍出版社排印本。

111.《國學演講録》，章太炎撰，1924 年 6 月上海梁溪圖書館鉛印本。

112.《清代學術概論》，梁啟超撰，1996 年 3 月東方出版社排印本。

113.《中國近三百年學術史》，梁啟超撰，2006 年 8 月團結出版社排印本。

114.《梁啓超論清學史二種》，梁啓超著，朱維錚校注，1985 年 9 月復旦大學出版社排印本。

115.《校勘學釋例》，陳垣撰著，1959 年 5 月中華書局排印本。

116.《紀念陳垣誕辰百周年史學論文集》，1981 年 9 月北京師範大學出版社排印本。

117.《寒柳堂集》，陳寅恪著，1980 年 6 月上海古籍出版社排印本。

118.《中國近三百年學術史》，錢穆撰，1997 年 8 月商務印書館排印本。

119.《傅斯年全集》，傅斯年撰，2003 年 9 月湖南教育出版社排印本。

120.《古書版本常談》,毛春翔著,2003 年 1 月上海古籍出版社排印本。

121.《王欣夫説文獻學》,王欣夫撰,2000 年 12 月上海古籍出版社排印本。

122.《清人筆記條辨》,張舜徽著,2001 年 2 月遼寧教育出版社排印本。

123.《戲曲小説叢考》,葉德均著,1979 年 5 月中華書局排印本。

124.《清初學術思辨録》,陳祖武著,1992 年 6 月中國社會科學院出版社排印本。

125.《清代學術探研録》,王俊義著,2002 年 8 月中國社會科學院出版社排印本。

126.《文獻學概要》,杜澤遜撰,2002 年 4 月中華書局排印本。

127.《清代乾嘉歷史考證學研究》,羅炳良著,2007 年 2 月北京圖書館出版社排印本。

期刊文章

1. 俞樟華《論乾嘉學派考證〈史記〉的成果》,《古籍整理研究學刊》1996 年第 5 期。

2. 戴逸《乾嘉史學大師錢大昕》,《文史哲》1997 年第 3 期。

3. 魏宗禹《明清時期諸子學研究簡論》,《孔子研究》1998 年第 3 期。

4. 陳其泰《錢大昕治史特色略論》,《齊魯學刊》1998 年第 5 期。

5. 張晶萍《論乾嘉考據學的經史關係》,《湖南教育學院學報》1999 年第 3 期。

6. 羅炳良《略論乾嘉史家的考史方法》,《求是學刊》2000 年第

1 期。

7. 張晶萍《乾嘉學者的學術交流》,《安徽史學》2002 年第 2 期。

8. 來新夏《清人筆記隨録(二)》,《中國典籍與文化》2004 年第 2 期。

9. 王記録、王青芝《評乾嘉學者的馬班異同論》,《商丘師範學院學報》2004 年第 6 期。

10. 羅軍鳳《從杜注的遭遇看乾嘉漢學的學術規範》,《中國典籍與文化》2008 年第 4 期。

11. 雷平《從經學復興到乾嘉考據學派的形成》,《湖北大學學報(哲學社會科學版)》2008 年第 6 期。

12. 程嫩生《戴震治〈詩〉中的考據方法與乾嘉考據學》,《山西師大學報(社會科學版)》2008 年第 6 期。

13. 伏濤《從〈趙翼詩編年全集〉看乾嘉士風與詩風》,《淮陰工學院學報》2008 年第 6 期。

後　　記

　　二〇一〇年夏天的濟南，蟬噪林茂，酷暑襲人。我收拾行囊，離開了山東大學，離開了求學十年的城市，結束了我的學生生涯。如今，博士論文要出版了，我不禁感慨，又一個十年過去了。回憶當初的求學時光和校園往事，百感交集。

　　猶記初識導師杜澤遜先生時，先生已是學術達人，業界翹楚，而我於讀書治學，懵然無知。先生並不介懷，對於我提出的那些幼稚問題，耐心解答，諄諄教誨，並親自幫我確定了碩士論文題目：梁玉繩與《史記志疑》研究。我不知入學門徑，先生告訴我，用最傳統的方法：抄卡片。於是，我一頁一頁地讀書，一張一張地做卡片，一點一點地明白學問之道。後來，博士論文還是以梁玉繩爲研究對象，研究範圍擴大到梁玉繩的所有著作，題目就叫《梁玉繩研究》。無論是碩士論文還是博士論文，都離不開先生的悉心指導和時時督促。先生性格溫和，儒雅君子，從學六年，我從未見先生批評過誰，但他總能一針見血地指出你的問題所在，讓你如坐針氈，如芒在背。現在想來，很懷念那段時光，懷念坐在教室裏聽先生講課的情景，懷念跟著先生做項目的情景，懷念與同門兄弟姐妹一起學習一起嬉鬧的情景，懷念師母做的美食和杜門的聚餐……

　　博士畢業後，我進入河南中醫藥大學工作，曾有意継续對梁玉繩著作的整理和研究，奈何人懶事多，未能有所成就，但博士论文的出版始终是一个心结。如今，心愿达成，不勝欣喜。感謝先生在百忙之中賜序，感謝單位和領導的大力支持，感謝編輯郭沖師弟的寶貴意見。疫情當頭，象牙塔內無力去衝鋒陷陣，惟願陰霾早退，國泰民安！

二〇二二年三月